HANNS-JOSEF ORTHEIL

Italienische Momente

btb

Italienische Momente

Vor genau fünfzig Jahren bin ich als junger Mann zum ersten Mal nach Italien gereist. Seither habe ich das Land im Süden jedes Jahr zumindest für einige Wochen besucht. Meistens bin ich aber länger geblieben, denn ich wollte nicht als flüchtiger Tourist auftreten und leben. Natürlich war ich anfänglich genau das und bin es in den Augen der Einheimischen vielleicht auch heute noch. Ich selbst habe mir aber Mühe gegeben, das touristische Dasein zu überwinden und (soweit irgend möglich) immer mehr auszulöschen.

Das gelang vor allem durch die Sprache. Italienisch mit den Bewohnern zu sprechen, ihre Tagesabläufe zu teilen, mit und unter ihnen zu leben – das hat mir große Freude gemacht. So habe ich in diesem Land oft eine Nähe und Herzlichkeit kennengelernt, die mich vergessen ließ, dass ich eigentlich woanders zu Hause war.

War ich das? Ja und nein. Mit den Jahrzehnten ist Italien für mich zu dem geworden, was ich heute »die zweite Heimat« nenne. Mit ihr verbinden mich durchaus Heimatgefühle, ähnlich denen zu Orten meiner deutschen Herkunft. Diese Gefühle sind aber abgeleiteter Natur, denn so ganz verschwindet während meiner Aufenthalte nie das Empfinden, in einer Fremde zu leben.

Gerade diese Spannung macht die Italienaufenthalte interessant: Das Gefühl, dazu- und doch nicht dazuzugehören, viele Empfindungen mit den Einheimischen zu teilen – und doch zu spüren, dass man nur eine Art integrierter Beobachter ist.

Was aber hat mich so stark gerade an diesem Land fasziniert? Der Zusammenklang von Kultur und Natur, die Schönheit der alten Innenstädte, die noch überwältigendere Schönheit der weiten Landschaften, Malerei, Musik und Filme, die hellwachen und anregenden Unterhaltungen mit italienischen Freundinnen und Freunden, ihre enorme Lockerheit und Eleganz.

Ein guter Bekannter, der Jahrzehnte in Rom verbracht hatte und doch irgendwann wieder für immer nach Deutschland zurückkehrte, stellte im Blick auf solche Freundschaften eine Differenz fest, die auch mir immer stark aufgefallen ist: »Etwas müssen die Deutschen noch üben: das Küssen, das Umarmen und das Lächeln!«

Ach ja, genau das habe ich auch erst üben und lernen müssen, seit meinen ersten Wochen in Rom. In der Ewigen Stadt habe ich am meisten Lebenszeit verbracht, dann folgt Venedig, dann die adriatische Küste und schließlich Sizilien. Ligurien, die Toscana und Umbrien, aber auch Apulien habe ich ebenfalls gut kennengelernt, mich aber nie länger dort aufgehalten. Ich bin meinen zuerst aufgesuchten Regionen vielmehr bis heute treu geblieben. Ich liebe sie und viele ihrer Bewohner sehr. Auf eine einfachere Formel kann ich meine jahrzehntelange Anhänglichkeit nicht bringen.

Diese Liebe fand ihre Erweiterung in zahllosen Lektüreerlebnissen, über die ich ebenfalls ausführlich schreiben könnte. Das würde dann ein eigenes Buch ergeben. Genau erinnere ich mich etwa noch daran, dass ich während meiner ersten römischen Monate Jacob Burckhardts Die Kultur der Renaissance in Italien *las. Schon dieses Buch flößte mir einen großen Respekt vor den italienischen Lebensformen ein, und ich fragte mich, ob ich ihren Kulturen auch gewachsen sein würde.*

Mit Jacob Burckhardts Cicerone *in der Hand legte ich dann meine frühsten Wege durch Rom zurück. Der Respekt wurde grö-*

ßer und größer – und schlug schließlich um in Dankbarkeit: eine Welt zu erleben, die aus einem jungen Mann einen anderen Menschen machte.

Genau das verdanke ich nämlich Italien: Dieses Land hat aus mir einen anderen Menschen gemacht. Unglaublich. Aber wahr.

Hanns-Josef Ortheil
Köln, Wissen/Sieg, Rom, Venedig – im Frühjahr 2020

Römisches Leben

Erste Ankunft in Rom

Anfang der siebziger Jahre bin ich nach meinem Abitur zum ersten Mal für längere Zeit nach Italien gereist. Ich war achtzehn Jahre alt und träumte davon, nach bestandenem Konzertexamen als Konzertpianist leben zu können. In Rom wollte ich mich zunächst um ein Stipendium am berühmten Conservatorio *bewerben.*

Seit dem fünften Lebensjahr hatte ich Klavierunterricht erhalten und mich zuletzt in meiner Kölner und Westerwälder Heimat durch intensives Üben auf die römische Aufnahmeprüfung vorbereitet. Damals sprach ich kein Wort Italienisch und fühlte mich bei meiner nächtlichen Ankunft auf der Stazione Termini *zunächst unsicher und ängstlich. Dann aber durchstreifte ich Rom und erlebte eine der schönsten Nächte meines Lebens. Keinen Moment fühlte ich mich als Fremder, der eine starke Distanz zur Umgebung hätte empfinden können. Vielmehr erlebte ich Rom vom Anfang an als einen Stadtkörper, der mir entgegenkam und sich bereits während meiner ersten Schritte öffnete.*

Mein nächtlicher römischer Spaziergang führte mich zum Petersplatz und am frühen Morgen auf die Höhe des Gianicolo. Von dort erhielt ich einen ersten Eindruck von der gesamten Anlage des alten Zentrums, dessen Straßen und Bauten sich lange Zeit kaum verändert hatten.

Ein Bruder meiner Mutter, der als Pfarrer in Essen lebte, hatte mir eine erste Adresse mit auf den Weg gegeben. Es war die der Kir-

che Santa Maria dell' Anima, *die seit Langem die Hauskirche der deutschen Gemeinde in Rom war. Völlig unerwartet wurde ich dort spontan und herzlich aufgenommen und erhielt gleich eine erste Anstellung: Ich sollte im Frühgottesdienst die Orgel spielen.*

So kam ich nicht nur in einem oberflächlichen Sinn glücklich in Rom an. Ich wurde vielmehr schon am ersten Tag meines Aufenthaltes »eingemeindet« und fühlte mich wie jemand, der sich genau dort befand, wohin er sich seit Jahren gesehnt hatte und wohin er nun auch gehörte.

Jetzt, ja. Ich sehe mich jetzt, wie ich zwei Tage nach dem endlich bestandenen Abitur auf der Stazione Termini in Rom ankomme. Ich habe nichts als meinen alten Seesack mit wenigen Utensilien dabei, und als erste Anlaufstation besitze ich nichts als die Adresse einer Kirche, die der deutschen Rom-Gemeinde gehört. Die Adresse habe ich von meinem Onkel erhalten, der mit dem Pfarrbüro der Gemeinde telefoniert und mich für den Morgen des kommenden Tages angemeldet hat.

Jetzt aber ist Nacht, es ist meine erste römische Nacht, und ich werde das wenige Geld, das ich bei mir habe, nicht für eine Übernachtung ausgeben, nein, ich werde meine erste römische Nacht im Freien verbringen. Und so gebe ich meinen alten Seesack an der Gepäckaufbewahrung ab und gehe ohne jedes Gepäck und nur mit einem kleinen Geldbetrag in der Tasche einfach los.

Ich stehe jetzt draußen im Freien, es ist kurz nach zweiundzwanzig Uhr, vor der *Stazione Termini* drängen sich die Ankommenden in die Busse und verschwinden ins Zentrum. Ich atme durch, ich bleibe stehen und schaue. Dort geht es zur Piazza della Repubblica, ja genau, und dort drüben ist das Thermenmuseum. Vor dem Bahnhof ballt sich eine wohltuende Wärme, die nach der langen Zugfahrt beruhigend wirkt. Ich gehe ein paar Schritte, spüre aber, dass mich etwas davon abhält, immer weiterzugehen. Ich habe es nicht eilig, ich habe Zeit, mich hier in der Nähe des Bahnhofs auf eine Bank zu setzen und nichts anderes zu tun, als zu schauen. Es sind etwa zweihundert Meter bis zur Piazza della Repubblica, einem kreisrunden Platz mit einer großen Brunnen-anlage. Von dort geht der Blick einen breiten Corso hinab in die vom gelben Straßenlicht durchfluteten Häuserschluchten. Der unermüdlich fließende Verkehr. Die Kaffeearomen in der Nähe der Brunnen. Die hohen Pinien mit ihren hellbraunen, gefleckt im Neonlicht schimmernden Stämmen.

Ich setze mich auf eine Bank, es ist eine breite, kühle Marmorbank ohne Rückenlehne, es ist eine Bank für mindestens sechs Perso-nen, die ringsum auf ihren Rändern sitzen könnten.

Ich sitze und schaue weiter, ich bin ganz ruhig, es ist seltsam, aber ich habe nicht das Gefühl, an einem fremden Ort angekommen zu sein. Woher kommt das? Warum fühle ich mich nicht fremd? Was ist mit dieser Stadt?

Ich sitze da, als könnte ich mich nicht von der Bank lösen, be-vor ich diese Fragen nicht beantwortet habe. Irgendetwas ist seit meiner Ankunft geschehen, aber ich verstehe nicht, was es ist. Ich spüre nur, dass ich anders als bei meinen sonstigen Fluchten und Reisen weder eine gewisse Anspannung noch irgendeine Unruhe empfinde, im Gegenteil, ich fühle mich leicht, unbeschwert, ja kurz davor, etwas zu singen. Ich will singen? Wieso will ich sin-gen? Was, verdammt noch mal, ist denn bloß mit mir los?

Endlich stehe ich auf, überquere den Platz und gerate unter die hohen Arkaden eines Cafés. Die Menschen sitzen draußen im Freien, niemand nimmt von mir Notiz, ich kann an all diesen kleinen Tischen entlanggehen, ohne beachtet zu werden. Und wie ist es drinnen? Ich gehe in das Café und setze mich an die lange Theke der Bar, ich will etwas auf mein Wohl trinken, ja, ich will diesen einzigartigen Moment feiern, meine Freude, meine Erleichterung.

Als ich den Caféraum verlasse und wieder draußen unter den Arkaden stehe, habe ich die Ankunft hinter mir. Wie leicht und schön es war, in Rom anzukommen! Und wie leicht mir hier alles fällt! Ich spüre mich kaum noch, ich habe fast keine Erinnerung mehr daran, wie umständlich und schwer alles einmal war! Ist das Freude? Reine Freude? Ist das, was ich gerade empfinde, nicht die reinste, unbeschwerteste Freude?

Als sich die Fragen und Gedanken so zuspitzen, spüre ich eine plötzliche Hitze im Kopf. Es ist wie ein glimmendes Kribbeln, wie ein sich entzündendes kleines Feuer, das Flammen nach allen Seiten sprüht. Was ist mit mir? Ich verlasse den Arkadenbereich rasch und eile zurück zu der Marmorbank, auf der ich zuvor gesessen habe. Ich zwinge mich, jetzt an nichts Schlimmes zu denken, aber es geht schon, die Hitze lässt bereits nach. Ich brauche mich nicht zu beunruhigen, nein, ich brauche es nicht. Und warum nicht? Weil ich fort bin, ja, ich bin fort, ich lebe nicht mehr in dem Land, in dem ich so viel Angst ausgestanden habe, ich bin fort.

Als sich diese drei Worte immer wieder in meinem Kopf wiederholen, verstehe ich plötzlich, was seit meiner Ankunft in Rom geschehen ist. Ich fühle mich frei, ja, das ist geschehen, die Ankunft in Rom ist verbunden mit dem Gefühl einer einzigen, großen Befreiung. Niemand umkreist mich, nichts rückt mir auf den Leib, man lässt mich in Ruhe, zum ersten Mal in meinem Leben lässt man mich ganz und gar in Ruhe. Ich bin fort, murmle ich und sage dann den ersten lauten Satz in der Ewigen Stadt: *Johannes, du bist jetzt fort!* Und weiter: *Ich bin draußen, ich habe es endlich geschafft.*

Etwas später habe ich mir das Gesicht mit dem Wasser eines großen Brunnens gewaschen und gehe wirklich den breiten Corso hinab in die Stadt. Von einem der römischen Hügel gehe ich hinab in die römische Ebene. Dort sind die Kaiserforen, und dort hinten, das ist das Kolosseum. Ich gehe eine breite, nur noch wenig befahrene Straße an den Kaiserforen entlang auf das Kolosseum zu. Ich bleibe nicht vor ihm stehen, sondern umrunde es langsam. Von den sandigen Höhen, die es umgeben, weht ein weicher Kieferngeruch. Überall verstreut auf dem Boden liegen die Nadeln, braun und von der Sonne verbrannt. Der römische Teppich, der Teppich aus Pinien- und Kiefernnadeln.

Ich will jetzt nirgends lange verweilen, sondern eine nächtliche Spur durch die Ewige Stadt ziehen. Deshalb bewege ich mich einfach weiter und gehe die breite Straße zurück. In den dunklen, kaum angestrahlten Ruinen- und Tempelzonen brennen kleine Feuer. Ich sehe Menschen hin und her huschen, aber ich kümmere mich nicht weiter darum. Mein Ziel ist der Corso, die breite Gerade, die das römische Herz der alten Wohngegenden wie ein scharfer, massiver Hieb durchschneidet. Ich gehe auf einen fernen Obelisken zu, ich habe ihn fest im Blick.

Als ich ihn erreicht habe, biege ich linker Hand Richtung Tiber ab. Dort muss der Tiber sein, und dort ist wahrhaftig der Tiber. Ich habe den Plan der römischen Innenstadt genau im Kopf, ich sehe ihn vor mir, Vater wäre stolz, wie genau ich den römischen Stadtplan im Kopf habe. Und wo ist Norden? Ich weiß genau, wo Norden ist, etwas nördlich des großen Obelisken muss sich die Milvische Brücke befinden, an der Konstantin gesiegt hat. Ich werde mir irgendwann einen ganzen Tag und eine Nacht Zeit für diese Brücke nehmen. Jetzt, wo ich auf den dunklen Tiber in der Tiefe blicke, ahne ich, wie es an der Milvischen Brücke aussieht. An den tief liegenden, breiten Ufern werden Feuer brennen, und die Bogen der alten Brücke werden im Wasser matt schimmern.

Ich gehe aber nicht nördlich, sondern mit der Strömung des Flusses. Die hoch liegenden Uferstraßen werden von mächtigen Platanen gerahmt. Allmählich lässt der Verkehr nach, ich passiere mehrere Brücken, und dann, unerwartet, nach einer kleinen, unmerklichen Krümmung des Flusses, ist es so weit: Ich sehe die Peterskirche, ich sehe sie jenseits des Flusses, ich sehe die ausatmende, mächtige, ruhende Kuppel und das schwache, letzte Licht in ihrer schmalen Laterne hoch oben. Das Bild, das ich sehe, erscheint unglaublich entrückt, denn das, was ich nun sehe, ist keine Kirche mehr, sondern wirkt wie ein unbetretbares Jenseits. Wer hat das gebaut? Hat das überhaupt jemand gebaut? All das, was ich sehe, wirkt so makellos schön und so stimmig, als handelte es sich um eine Verkörperung der Schönheit selbst, um eine Verkörperung ihrer Idee, wie das Maß aller Dinge. Ich kann diesen Bau nicht in seinen Einzelheiten betrachten, sondern sehe ununterbrochen das Ganze, und dieses Ganze erscheint wie ein Modell.

Ich gehe über die Engelsbrücke hinüber zur Engelsburg, passiere sie aber, ohne sie weiter zu beachten. Dann biege ich auf die menschenleere Straße ein, die direkt auf die Peterskirche zuführt. Ich schaue auf die Uhr, es ist kurz nach zwei, mitten in der Nacht. Gleich werde ich den Petersplatz erreichen. Das große Oval liegt im Dunkel, nur die beiden Brunnen rauschen noch leise. Ich gehe auf den Obelisken zu und setze mich auf die Stufen, die zu seiner Basis führen. Ich habe die Peterskirche jetzt im Blick, das Hauptportal, die Loggia, die beiden Uhren, die Apostel Petrus und Paulus zu beiden Seiten und die ausschwingenden Kolonnaden. Hier werde ich eine Weile sitzen, hier werde ich das erste Licht abwarten.

Seltsam, dass ich nicht müde bin. Ich habe eine lange Zugfahrt hinter mir, komme mir aber vor, als wäre ich vollkommen frisch und bereits seit vielen Tagen hier. Lange habe ich nichts gegessen, aber das macht nichts. Ich habe zwei Gläser Wein und hier und da Wasser aus einem Brunnen oder einem der Wasserspender an den Straßen getrunken. Ich habe das starke Summen der Stadt noch in den Ohren, jetzt aber verebbt es langsam. Das vereinzelte Quietschen von Busbremsen. Der Windhauch, der lange auf dem Platz kreist und dann durch die Kolonnaden abzieht. Die klar leuchtenden Sterne, hinter die Kuppel gespannt, wie Leuchtsignale auf schwarzem Tuch. Ich lehne mich zurück gegen die Basis des Obelisken, ich strecke die Beine aus, was höre ich denn, ah, das ist es also, was ich höre, ich höre den alten Gesang: Deus, in adjutorium meum intende/ Domine, ad adjuvandum me festina ... – zwei-, dreimal höre ich dieses Summen, wie einen Refrain meines ersten römischen Spaziergangs. Herr, ich danke Dir, dass Du mich hierhergeführt hast, Herr, ich danke Dir! Der Herr ist mein Hirte, mir wird nichts mangeln, auf grünen Auen lässt er mich lagern; an Wasser mit Ruheplätzen führt er mich…

Ich sitze wahrhaftig bis zum Morgengrauen. Da kenne ich die breite Fassade der Peterskirche bis ins letzte Detail. Ich habe gesehen, wie sie weich wurde von der Wärme der Nacht, wie sie nachgiebig schwankte und in der morgendlichen Frühe wieder zu erstarren begann. Ich stehe auf und laufe auf dem weiten Platz ein paar Runden, sehr langsam, immer an den Kolonnaden entlang. Dann setze ich mich ab und folge weiter dem Fluss. Zu meiner Rechten führt eine Straße steil in die Höhe, das ist gut, ja, es könnte schön und genau das Richtige sein, jetzt diesen Hügel hinaufzugehen, um von dort oben auf die morgendliche Stadt zu schauen. Eine Kirche, eine Pinienallee, zwei Hunde, die mir voranlaufen.

Oben, auf der Höhe des Hügels, liegt mir die Stadt im dünnen Morgenlicht zu Füßen. Die Häuser und Bauten wie geduckt, und darüber die Kuppeln der vielen Kirchen. Die Kirchen werden mir ein gutes Zuhause sein, ja, das ahne ich schon. Immer, wenn ich für einen Augenblick ein gutes Zuhause brauche, werde ich in eine der vielen Kirchen gehen. Sitzen, warten, ein Gebet sprechen, vielleicht aber auch schauen, ob es eine Orgel gibt, auf der ich spielen kann.

Wie leicht wird es sein, in dieser Stadt zu leben, ganz leicht. Eine Kirche, ein Café, eine Unterhaltung, noch eine Unterhaltung, diese Stadt ist wie für mich geschaffen, einerseits lässt sie mich vollständig in Ruhe, und andererseits bietet sie mir alles, was ich brauche. Das, was ich brauche, ist einfach vorhanden, an jeder Ecke, es steht da zur freien Verfügung.

So müssten alle Städte gebaut sein, nicht zu hoch, mit ihren

Häusern in eine Flusskrümmung geschmiegt, alles dicht, sehr dicht beieinander, viele kleinere Plätze, Pinienalleen, ein Kranz von Hügeln und überall unerwartete Orte der Stille. Und viele Kirchen, an jedem Platz eine Kirche. Im Grunde ist das Zentrum Roms leicht zu überblicken, es ist nicht allzu groß, es ist eine weite, verstreute Sonnenlandschaft mit einigen Thronsitzen und Aussichtsterrassen.

Ich setze mich auf eine Balustrade und lasse die Beine baumeln. Ich versuche, einige der vielen Bauten zu erkennen. Kurz schließe ich die Augen und lasse den römischen Stadtplan vor meinem inneren Auge entstehen, um in Gedanken ein Stück durch Rom zu wandern. Hier unterhalb, das muss das Viertel Trastevere sein, und dort oben, zur Rechten, das ist der Aventin mit seinen Klöstern. Was die Patres wohl sagen würden, wenn sie mich hier sähen! Einer von ihnen hat einmal vermutet, dass aus mir noch ein Priester oder sogar ein Mönch werden könnte. Jetzt kann aus mir aber kein Priester mehr werden, diese Versuchung habe ich hinter mir.

Als wenige Meter von mir entfernt eine kleine Bar geöffnet wird, gehe ich sofort hin. Der Mann hinter der silbernen, gerade sauber gewischten Theke begrüßt mich leise, und ich murmle die Klanglinie nach, die ich gerade gehört habe, ohne ein Wort zu verstehen. Er fragt mich etwas, wahrscheinlich nennt er den Namen eines Getränks, ich wiederhole, was er gesagt hat, und sofort beginnt er, sich um mein Getränk zu kümmern. Es kommt wenig später in einer großen weißen Tasse und duftet nach einem starken Kaffee. Seine Oberfläche aber ist mit dichtem Milchschaum bedeckt. Etwas Kakao? Ja, das habe ich jetzt sogar verstanden, etwas Kakao!

Es ist ganz einfach, mit diesem Mann zu sprechen, er baut sich nicht vor mir auf und macht aus mir keinen sprachlosen, fremdsprachigen Clown, nein, er bietet mir laufend Bruchstücke seiner eigenen Sprache an. Ich muss nur genau hinhören und sie aufschnappen und sie dann wieder zurückgeben.

Ich habe verstanden, ich habe bereits ein wenig verstanden, wie das Italienische geht. Das Italienische geht vollkommen anders als das Deutsche. Es ist ein Geben und Anbieten von Sätzen, die das Gegenüber dann wieder zurückgibt. Was der eine sagt, greift der andere auf, dreht es um eine Nuance und sagt dann den Satz leicht verändert noch einmal. Und so geht es weiter und weiter, ohne Pause. Es ist mit einem guten Duett zu vergleichen, mit Gesang und Gegengesang. Das Deutsche aber ist anders. Im Deutschen sagt einer einen Satz, um den Satz irgendwo in die Landschaft zu stellen und dort stehen zu lassen. Danach ist es still. Derjenige, der antwortet, sagt einen anderen Satz und stellt ihn in etwas größerer Entfernung ebenfalls in die Landschaft. So ist zwischen den Sätzen viel Raum und viel Schweigen.

Ich tauche die Lippen in den weichen, porösen Milchschaum und nippe an dem Getränk. Durch die dichte Milchdecke sauge ich an einem sehr starken Kaffee, dessen Wirkungen ich sofort spüre. Nach dem zweiten Schluck ist jede Müdigkeit verflogen, und ein wohltuendes Leben durchströmt den ganzen Körper. *Acqua?*, fragt der Mann hinter der Theke, und ich sage: *Acqua!* Latein ist die höflichste Sprache überhaupt, Latein ist uneitel, sanft, geduldig und hilfreich, so wie jetzt, wo ich es einfach verwenden kann, um zu sagen, dass ich Durst habe.

Ich trinke die Tasse Kaffee leer und anschließend noch das Glas

Wasser, ich zahle, der Kellner schaut nicht lange auf und verabschiedet mich wieder mit einem Gruß. Wir sprechen so leise miteinander, als befänden wir uns in einer Kirche oder als dürften wir niemanden stören oder als wären wir alte Freunde. Im leisen, vorsichtigen Sprechen des Kellners ist von alldem etwas, und darüber bin ich denn doch so erstaunt und verwundert, dass ich beim Abgang hinab in die Ebene vor mich hin summe. Nein, ein Sänger werde ich gewiss nicht mehr werden, aber ich werde in dieser Stadt ein guter Pianist werden, ja, auch das weiß ich jetzt bereits genau. Und wieso weiß ich das? Und was soll das heißen, dass ich in dieser Stadt ein guter Pianist werde?

Ich bin gerade unten in der Ebene auf einem Platz angekommen, wo viele Marktstände aufgebaut sind und längst Gemüse und Obst, Käse, Wurst und Brot verkauft werden. Moment, einen Moment! Was habe ich gerade gedacht? Ich werde in dieser Stadt ein guter Pianist werden! Ja und? Und was heißt das? Das heißt, mein Gott, das heißt, dass ich nicht für zwei Wochen in die Ewige Stadt gereist bin, nein, auch nicht für drei. Ich bin hierhergereist, um ein guter Pianist zu werden, deshalb bin ich hierhergereist. Das hier ist also keine Ferienreise, sondern eine Reise dorthin, wo aus mir ein guter Pianist werden wird.

Ich werde also hier in Rom mein Studium beginnen, natürlich, das ist jetzt bereits klar. Ich werde diese Stadt nicht wieder verlassen, nein, ich werde sie auf keinen Fall wieder verlassen, sondern mich hier um einen Studienplatz bewerben. Dass ich diese Idee nicht längst hatte! Aber ich konnte diese Idee ja noch gar nicht haben, weil ich diese Stadt ja noch nicht so kannte, wie ich sie jetzt bereits kennengelernt habe. Nach meiner ersten römischen

Nacht ist jedoch alles anders. Ich gehe hier nicht mehr weg, denn ich bin genau an dem Ort und in der Stadt angekommen, wo ich nun hingehöre. Ich gehöre nach Rom, für ein Jahr, für zwei Jahre, vielleicht sogar für immer.

Ich lache, ich kenne mich nicht mehr wieder. In mir ist eine Ausgelassenheit, wie ich sie noch nie erlebt habe. Was habe ich mir für unnötige Sorgen gemacht, wie falsch habe ich jahrelang darüber gegrübelt, ob es mit mir im Ausland gut ausgehen würde. Was für ein Unsinn ist das alles gewesen, was für ein merkwürdig verschrobenes, verqueres Denken! Rom ist doch gar kein Ausland, ach was, Rom ist das eigentliche Inland, ja, Rom ist das Inland.

In der Mitte des Marktes trinke ich an der Theke einer Bar erneut einen Kaffee und esse dazu eine Art von Croissant, für die ich keinen Namen habe. Im Französischen sagt man Croissant, doch dies hier ist kein Croissant, sondern die Variation eines Croissants. Sie ist noch warm und schmeckt nach einem Hauch duftender, guter Butter, die sich jedoch ganz in den Teig verzogen hat. Der Milchschaumkaffee und die Variation eines Croissants, das werde ich jetzt jeden Morgen essen, das reicht, damit werde ich ein paar Stunden auskommen.

Es wird heller und heller. Das Sonnenlicht glimmt zunächst oben an den Giebeln der Häuser und fällt dann hinab in die Schluchten. Auf dem Marktplatz wälzt es sich bereits zwischen den Ständen. Die Menschen bewegen sich nicht besonders schnell, sie sprechen unaufhörlich miteinander, aber nie allzu lange, sondern meist nur ein paar Minuten, danach setzen sie ihren Weg fort. Was gäbe ich darum, mich einmal so unterhalten zu können! Im Grunde ist auch diese Art von Unterhaltung wie für mich geschaffen! Kein Ausfragen und Anstarren, keine schweren Einzelsätze, in die Landschaft platziert! Stattdessen ein Auftakt, eine Wiederholung, eine Variation, ein Abgesang! So etwas könnte ich sogar lernen, ja, bestimmt, nach einer Weile werde ich so etwas ebenfalls können. Vielleicht ist das Italienische die einzige Fremdsprache, die ich am Ende einmal wirklich beherrschen werde. Vielleicht.

Ich überquere den Tiber und sehe die Kuppel der Peterskirche jetzt aus der Entfernung. Seltsam, sie schrumpft nicht, im Gegenteil, sie bleibt immer dieselbe noble, ideale Erscheinung, ob man sie nun aus der Nähe oder der Ferne betrachtet. Sicher liegt der Konstruktion dieses Baus ein Geheimnis zugrunde, anders kann ich mir seine Wirkungen auf den Betrachter nicht erklären. Ich werde Zeit haben, das herauszubekommen, vielleicht werde ich sogar Zeit haben, neben meinem Klavierstudium noch Kunstgeschichte zu studieren.

In Rom Kunstgeschichte zu studieren – auch auf diese sehr naheliegende Idee bin ich in Deutschland nicht einmal gekommen. Jetzt aber habe ich einen Plan, ein Projekt, eine Zukunft. Was ich nun noch brauche, ist ein preiswertes, gutes Quartier. Ein einfaches Zimmer mit einer schmalen, flachen Liege, einem Tisch, einem Schrank. Mal sehen, immerhin habe ich eine Adresse, die Adresse der deutschen Gemeinde in Rom. Ihre Kirche liegt ganz in der Nähe der Piazza Navona.

Wenig später erreiche ich die Piazza, und als ich sie betrete, werde ich von dem Eindruck erneut überwältigt. Ich nähere mich durch eine schmale Gasse und stehe dann plötzlich mitten im Licht einer weiten, ovalen Öffnung. Ein Haus fügt sich nahtlos ans andere, so dass der Platz wie die Bühne eines Theaters erscheint und die Häuser ringsum wie Kulissen. Drei Brunnen messen die Länge des Platzes aus. Ein wenig erinnert das alles an den ovalen Platz vor unserem Kölner Wohnhaus, nur dass dort die Häuser von sehr unterschiedlicher Größe waren und daher keinen homogenen Eindruck erweckten. Ich gehe bis zur Mitte und setze mich an den Rand des größten Brunnens. Direkt gegenüber befindet sich eine Kirche. Der Platz ist fast vollständig leer, selbst die umliegenden Cafés sind noch nicht geöffnet. Das Sonnenlicht füllt ihn in seiner vollen Länge, der Platz badet bereits in diesem Licht.

Ich sitze eine Weile auf dem Brunnenrand und frage mich, wann ich jemals so glücklich gewesen bin wie gerade jetzt. Und wodurch entsteht dieses Glück? Durch das Licht, durch die großzügige Wohnlichkeit all dieser Räume und dadurch, dass ich weder an die Vergangenheit noch an die Zukunft denke. Ich lebe jetzt, in diesem Augenblick, ich bin hier, nun muss ich nur noch die ersten Kontakte knüpfen.

Die Kirche der deutschen Rom-Gemeinde liegt nur wenige Schritte entfernt. Ich mache mich auf den Weg dorthin und biege in eine kleine Gasse ein, ja, es sind wirklich nur wenige Schritte. Da ist die Kirche, *Santa Maria dell' Anima,* ich habe sie gleich entdeckt. Ich gehe hinein, es ist kurz nach acht, anscheinend hat bereits ein Frühgottesdienst stattgefunden, der Weihrauchduft ist noch sehr stark.

Ich setze mich in eine Bank und schaue mir alles an. Da bleibt mein Blick an der kleinen Chororgel neben dem Altar hängen. Es ist eine Orgel, wie man sie zur Begleitung des Gesangs der Gemeinde benutzt, es ist eine Gottesdienstorgel, in der Klosterkirche habe ich oft auf einer solchen Orgel gespielt. Ich kann die starke Anziehung, die von ihr ausgeht, nicht unterdrücken. Ich gehe hin und nehme an ihr Platz, ich beginne, auf ihr zu spielen, ich sitze an meinem ersten römischen Morgen in der Kirche *Santa Maria dell' Anima* und spiele die Orgel.

Nach wenigen Minuten erscheint ein Priester. Er unterbricht mich nicht, nein, er macht sogar ein Zeichen, dass ich zu Ende spielen soll. Ich spiele einen Choral von Johann Sebastian Bach, ich spiele den alten Choral *Jesu bleibet meine Freude,* es ist ein Stück, das ich immer wieder von großen Pianisten gehört habe, so etwa von Dinu Lipatti, der es am ergreifendsten in seinem letzten Konzert kurz vor seinem Tod gespielt hat.

Als ich den Choral beendet habe, stehe ich auf, gehe auf den Geistlichen zu und spreche ihn auf Deutsch an. Ich erkläre ihm, wer ich bin und was mich in diese Kirche geführt hat. Der Geistliche spricht ebenfalls Deutsch, er gibt mir die Hand und fordert mich auf, ihn in die Räume des Konvents zu begleiten, die an die Kirche angeschlossen sind. Sie spielen sehr gut, sagt der Geistliche und geht etwas voran. Dann aber bleibt er mitten im Gehen stehen und dreht sich noch einmal nach mir um: Hätten Sie Zeit und Lust, in unseren Frühgottesdiensten werktags diese Orgel zu spielen?

Ich schaue ihn an, ich glaube, nicht richtig zu hören. Dann aber antworte ich: Ja, ich habe Zeit und Lust, die habe ich natürlich auch. Wenn Sie wollen, kann ich schon morgen früh anfangen.

Goethes Ankunft in Rom

Während meines ersten Rom-Aufenthaltes beschäftigte mich vor allem Goethes »Italienische Reise«, denn ich wollte genauer erfahren, wie Goethe sich Rom angeeignet hatte und wie er im Detail dabei vorgegangen war.

Es war nicht schwer, ihm auf seinen römischen Spuren zu folgen, zumal sich die Stadt in ihrem Zentrum noch in denselben architektonischen Formationen präsentierte wie zu Goethes Zeiten im späten achtzehnten Jahrhundert. Am 29. Oktober 1786 war er mit dem Reisewagen von Norden kommend auf der Piazza del Popolo *angekommen. In der nahe gelegenen* Locanda dell'orso *hatte er die erste Nacht verbracht, bevor er am nächsten Morgen zu seinem Freund, dem Maler Tischbein, in die* Via del Corso *gewechselt war und in dessen Mietwohnung ein Zimmer bezogen hatte.*

So manchen Abend stellte ich mir auf der Piazza del Popolo Goethes Ankunft in Rom ganz konkret vor. Allmählich bemerkte ich, dass diese Imaginationen denen eines Voyeurs glichen, der die Ankunft beobachtete. Durch solches Phantasieren entstand die zweite Hauptfigur meines später geschriebenen Romans Faustinas Küsse, *der von Goethes Rom-Aufenthalt aus dem Blickwinkel des römischen Vagabunden Giovanni Beri erzählt. Mit den Tagen wird aus dem Voyeur Beri ein Spion, der Goethes Leben in Rom auf seine ganz eigene Weise erkundet…*

Am frühen Abend des 29. Oktober 1786 sah der junge Giovanni Beri, der eben auf einem herbeigerollten Stein Platz genommen hatte, um in Ruhe einen Teller Makkaroni zu verzehren, einen Fremden dem aus nördlicher Richtung auf der Piazza del Popolo eingetroffenen Reisewagen entsteigen. Beri hatte gerade die Finger seiner Rechten in die noch heißen Nudeln getaucht, um sie bündelweise, wie weiße Würmer, in den Mund zu schieben, als der Fremde seinen Reisehut lüftete und ihn immer wieder hoch in der Luft schwenkte, sich dabei im Kreise drehend, als wollte er sich der ganzen Stadt Rom als Liebhaber und Freund präsentieren.

Der junge Beri hatte schon viele Reisende aus dem Norden auf diesem ehrwürdigen Platz ankommen sehen, doch noch selten hatte sich einer so merkwürdig benommen wie dieser stattlich gewachsene Mann in weitem Überrock, dem sich jetzt eine Gruppe von Wachbeamten näherte, um seinen Namen in die dafür vorgesehenen Listen einzutragen. Das Betragen des Fremden ähnelte einem Auftritt im Theater, es hatte etwas von Leidenschaft und großer Aktion, und doch fehlten ihm auf dem weiten Platz, der durch die Parade der Kutschen beinahe vollgestellt war, die passenden Zuschauer.

»Mach weiter so, mach nur weiter!« dachte Beri, insgeheim belustigt, während er mit Daumen und Zeigefinger nach den entwischenden ölgetränkten Nudeln griff und sie langsam durch den über den Teller verstreuten Käse streifte. Jetzt riss sich der Fremde den Überrock vom Leib, warf den Hut auf den kleinen Koffer, breitete die Arme aus und dehnte den ganzen Körper wie eine gespannte Feder. Beri grinste, vielleicht hatte man es mit einem Schauspieler zu tun! Doch das Grinsen verschwand augenblicklich, als er bemerkte, dass ihn das merkwürdige Gebaren zur Unachtsamkeit verführt hatte. Für einen Moment hatte sich der Teller offensichtlich in Schräglage befunden, ein kleinerer Haufen der köstlichen Makkaroni lag schon auf dem Boden.

»Daran bist du schuld!« entfuhr es Beri, der sich jedoch gleich darüber wunderte, wie brüderlich er den Fremden insgeheim anredete. Irgendetwas Anziehendes hatte dieser Tänzer, irgendetwas, das einen noch schlummernden Teil seiner Seele berührte! Beri hielt den Teller für einen Augenblick mit der Rechten und fuhr sich mit der Linken durchs Gesicht. Träumte er? Hatte ihm das Glas Weißwein zugesetzt, das er an diesem warmen Nachmittag getrunken hatte?

Der Fremde ließ die Wachbeamten einfach stehen. Er durchmaß den weiten Platz mit großen Schritten, stemmte dann und wann die Hände in die Hüften, ging in die Hocke, drehte sich plötzlich nach allen Seiten und warf immer wieder die Arme in die Höhe, als wollte er die ganz fernen Abendwolken herbeilocken, zu seinem Auftritt tanzend zu wirbeln. »Warte nur«, dachte Beri, »das geht nicht lange gut«, doch die beiden Wachbeamten, die den Mann endlich erreicht hatten, wurden dadurch überrascht, dass der Fremde sich nun rasch in Bewegung setzte, zunächst quer über den Platz, dann, langsamer werdend, im Kreis um den hohen Obelisken, der etwa in der Mitte des Platzes stand.

Immer dann, wenn die hinter dem Fremden herhastenden Beamten ihr Opfer gestellt zu haben schienen, brach der Herumeilende wieder nach einer anderen Seite aus, so unerwartet, so gewitzt, als wollte er mit den beiden atemlos werdenden Verfolgern seinen Spaß treiben. Beri lächelte, dann aber begann er immer lauter zu lachen; er hielt den warmen Teller krampfhaft in der Rechten, um nichts von der wertvollen Speise zu verschütten, doch das Lachen rüttelte ihn so durch, dass die weißen Nudelkäsewürmer auf dem Teller zu tanzen begannen. Immer wilder hüpften sie umeinander, sprangen über den Rand, warfen sich übermütig auf das Pflaster, so dass Beri, lauthals lachend, den Tränen nahe, sie in einem Gefühl plötzlichen Überschwangs in einem großen Bogen durch die Luft fliegen ließ.

Was tat er? Warum war er so außer sich? Der Fremde schien das üble Spiel, das er mit den beiden Wachbeamten trieb, gar nicht zu bemerken, jetzt hatten sie ihn eingeholt, an der kleinen Wasserstelle neben dem Obelisken, einer von ihnen hatte ihn fest zu packen bekommen, oben, an der Schulter, so dass er sich heftig herumdrehte.

Was für eine Nase! Beri grinste, ruhiger werdend. Was für ein unruhiger Mund, die Lippen zuckten unaufhörlich, als hätten sie sich an den heißen Würmern verbrannt! Nun hatten sie ihn also gestellt, nun würde er niemandem mehr entkommen!

Beri saß da mit offenem Mund, der leere, ölverschmierte Teller glitt ihm aus der Hand und zersprang auf dem Pflaster. Der Fremde umarmte die beiden Beamten. Er drückte sie an sich, als sei er guten Freunden begegnet, er hakte sich bei ihnen ein und ging mit ihnen langsam, schlendernd, als habe er sie nie düpieren wollen, zu seinen Koffern zurück. Jetzt hatte er beide Arme um ihre Schultern gelegt, sie lachten sogar, sie ließen es sich gefallen, offenbar machte er einige Scherze, offenbar unterhielt er sie gut.

Beri hustete. Der Teller war zersprungen, über die Nudeln machten sich die Katzen her. »Du bist mir was schuldig«, dachte er und wischte sich mit der Linken über den Mund. Dann stand er langsam auf, streckte sich, scharrte die Scherben des Tellers mit der Fußspitze zusammen und ging quer über den Platz, dem Fremden seine Dienste anzubieten.

Der aber gestikulierte noch vor den Wachbeamten, als Beri sich der Gruppe mit einem der hölzernen Karren näherte, die auf dem weiten Platz zu jedermanns Gebrauch abgestellt waren. Jetzt hörte er den Fremden sprechen, er sprach ein fehlerhaftes, aber frisch daherfließendes Italienisch, das sich aus lauter aufgeschnappten Wendungen zusammenzusetzen schien. Auch auf die Beamten schien er einigen Eindruck zu machen, denn immerhin hatten sie sich auf eine kurze Verhandlung darüber eingelassen, ob er den Reisewagen wieder besteigen müsse oder den Weg zum Packhof auf eigenen Wunsch zu Fuß zurücklegen dürfe.

Als der Mann den jungen Beri mit seinem Karren gewahr wurde, geriet die Szene gerade zu einer kleinen Debatte. Die Wachbeamten bestanden darauf, dass er mitsamt seinem Gepäck wieder einsteigen müsse, während er Beri als einen guten Geist vorstellte, der das Gepäck auf dem kleinen Karren rasch zum Packhof befördern werde.

Die Widerreden schienen sich immer mehr zu beschleunigen, als der Neuankömmling plötzlich ruhig wurde, sich sammelte, den Blick starr in die Richtung der langen Meilen des Corso richtete und mit wiederum verblüffender Hingabe davon sprach, wie schön der Abend sei. Die Wachbeamten schienen sich auch sofort zu besinnen, sie schauten seinen Blicken hinterher, der mit einem Male in beredten Worten den leuchtenden Abend schilderte, die sonntäglichen Paradefahrten der Kutschen hin zur Piazza Venezia, das Leben auf den Balkonen, das Rufen, Winken und Plärren aus den Fenstern, alles aber so freundlich und warm, als begrüßte er Szenen seiner Heimat.

Die Wachbeamten fragten denn auch sofort nach, ob der Fremde Rom schon früher einmal besucht habe, worauf er erwiderte, mit seiner Seele habe er die Stadt bereits Hunderte von Malen in Besitz genommen, während er nun bemüht sei, auch seinem Körper die Gegenwart dieses Paradieses zu gönnen.

Die unerwartete Erwähnung des Paradieses (»il paradiso«, sagte er, mit einem solchen Nachdruck auf dem langen »i«, als wollte er immerfort darin verweilen) in Verbindung mit der Stadt Rom ließ die Wachbeamten jedoch anscheinend umdenken. Durch ein knappes Zeichen verständigten sie sich darauf, dass der Fremde den eingetroffenen Postkutschen auf dem Weg zum Packhof zu Fuß folgen dürfe. Einer von ihnen setzte sich denn auch bald an die Spitze des Zuges, und so ging es den Corso hinab, die Kutschen voran, der große Mann hinterdrein und ganz am Schluss der junge Beri mit seinem Karren, auf dem man das Gepäck des Fremden untergebracht hatte.

Jetzt hatte Beri wieder Zeit, ihn zu beobachten. Hatte er ihn vor wenigen Minuten noch für einen Schauspieler gehalten, so war er sich längst nicht mehr sicher. Denn nun, auf dem Weg zum Packhof, wirkte er inmitten der großen Menschenmenge, die den Corso entlang flanierte, plötzlich wie einer der Vielen, nicht fremd, nicht herausgehoben, sondern… wie, »ja, wie ein Sohn, der nun heimkommt«, dachte Beri, als er bemerkte, dass der Neuankömmling den Menschen auf den Balkonen zuwinkte. »Er tut so, als hätten sie gerade auf ihn gewartet«, dachte Beri weiter und lächelte vor sich hin, als sich der Fremde unerwartet zu ihm umdrehte und wartete, um neben ihm hergehen zu können.

»Du bist von hier?« fragte er, und Beri beeilte sich zu bestätigen, dass er ein Römer sei.

»Wie alt bist du?«

»Zweiundzwanzig«, antwortete Beri.

»Leben deine Eltern noch?«

»Nein, Signore«, antwortete Beri, »meine gute Mutter ist vor einem Jahr, mein Vater vor acht Jahren verstorben.«

»Und du, wovon lebst du?«

»Ich arbeite mal hier, mal dort, wie es sich so ergibt.«

»Hast du kein Handwerk gelernt?«

»Nein, Signore. Mein Vater war Fährmann auf dem Tiber, und ich erhielt später keine Lizenz, da ich zu jung war, als er starb.«

»Hast du noch Geschwister?«

»Einen jüngeren Bruder, Signore, der sich nach dem Tod unserer guten Mutter davongemacht hat. Ich hatte ihr versprochen, für ihn zu sorgen, doch er ...«

Beri kam nicht weiter, denn der fremde Mann war inmitten des Getümmels plötzlich stehen geblieben. »Schau!« rief er und deutete auf die nahe Fassade einer Kirche.

»Was ist?« fragte Beri.

»Das ist außerordentlich«, sagte der Fremde.

»Pah«, entfuhr es Beri, »von solchen Kirchen haben wir Tausende.« Beri tat der leichtfertig hingesagte Satz sofort leid, als er bemerkte, dass ihn der andere als hochmütig zu verstehen schien. Nun wollte er sich nicht weiter unterhalten, sondern ging schnelleren Schrittes wieder voraus, still, in sich gekehrt, als habe Beris Bemerkung ihn in seinem Überschwang gebremst. Beri bemühte sich, mit seinem Karren Schritt zu halten.

»Dort«, rief er dem Mann hinterher, »dort ... schauen Sie, Signore, San Carlo al Corso!«

Anstatt sich umzudrehen und seinen Hinweis zu beachten, schaute er sich jedoch kein einziges Mal mehr um. Beri hatte es jetzt schwer, ihm zu folgen, so eilig blieb er hinter den Kutschen. Erst als man auf dem Packhof ankam, würdigte der Fremde ihn wieder eines Blickes.

»Wenn das hier vorbei ist, wird er mich zur Locanda begleiten«, sagte der Fremde.

»Zum Spanischen Platz, wo die Fremden ihr Quartier nehmen?« fragte Beri.

»Ich gebe ihm schon Bescheid«, wich der Fremde aus und bedeutete Beri, wohin er das Gepäck zu bringen habe.

Im Packhof musste man einige Zeit warten, endlich war auch der Fremde an der Reihe. Die beiden kleinen Koffer wurden geöffnet, allerhand Bücher kamen zum Vorschein, sogar eine Sammlung von Steinen, dazu Papiere und Hefte, Kleidung obenauf, auch der Mantelsack und ein kleiner Dachsranzen wurden geleert. Die Bücher wurden zur Kontrolle über Nacht einbehalten, der Fremde erhielt eine Marke und konnte den Packhof mit seinen übrigen Sachen wieder verlassen.

Sofort war Beri mit seinem Karren zur Stelle.

»Zur Locanda dell'orso!« entschied der Fremde.

»Die Locanda, Signore, liegt nicht am Spanischen Platz, sie liegt abseits, am Tiber«, sagte Beri.

»Zur Locanda dell'orso!« wiederholte der Fremde, lauter als zuvor, und Beri nickte.

Jetzt ging er wieder hinter ihm her. Mit einem Mal hatte der Mann aus dem Norden etwas Stolzes, Unnahbares, als wollte er sich kein zweites Mal mit Beri gemein machen. »So sind sie, die hohen Herren!« dachte Beri erbost, fragte sich dann aber sofort, warum er ihn nun für einen hohen Herrn hielt. Seine beinahe abenteuerliche Kleidung, die lose Weste mit den verschmutzten Ärmeln, die halblange, schäbige Hose und die leinenen Strümpfe machten ihn jedenfalls nicht zum hohen Herrn, höchstens sein jetzt fester, abweisender Blick.

Vor der Locanda setzte Beri den Karren mit einem leichten

Stöhnen ab. Der Mann wollte den Gasthof schon betreten, als er zur Linken den Tiber gewahr wurde und sich umdrehte. »Mein Gott!« entfuhr es ihm, und Beri folgte seinem Blick, der sich nun auf die nahe Engelsburg und die große Kuppel von Sankt Peter richtete, die hinter der Tiberschleife im weichen Abendlicht auftauchten.

»Sankt Peter«, sagte Beri, »die Stätte des Heiligen Vaters!«

Doch der Fremde schien ihn nicht mehr zu hören. Er starrte hinüber auf das über den Wassern aufschimmernde Bild, ohne sich noch zu regen. Die Lippen waren straff zusammengespannt, der Kopf lag beinahe im Nacken, und die Augenbrauen schienen ein wenig zu zucken, als müssten sie eine aufdringliche Erscheinung verscheuchen und abwehren.

Beri wartete, minutenlang. Er trat auf der Stelle und traute sich nicht, noch etwas zu sagen. Was war mit dem Mann? Fühlte er sich nicht wohl? Beri betrachtete ihn verstohlen von der Seite, um Anzeichen von Übelkeit zu entdecken. Die Nase erschien ihm noch gewaltiger als zuvor. Die Stirn war breit und von roten Flecken überzogen.

Beri räusperte sich.

»Kann Er warten?« fragte der Fremde.

»Solange der Signore befiehlt«, antwortete Beri.

»Ich werde Ihn mit einer Botschaft beauftragen, in einer halben Stunde«, sagte der Fremde.

»Ich werde zur Stelle sein«, sagte Beri, trug das Gepäck in die Locanda und schlenderte wieder nach draußen, um sich ans Ufer des Tiber zu setzen.

Dort drüben, stromaufwärts, ganz nahe am Porto di Ripetta, hatte sein Vater als Fährmann gearbeitet. Dort hatten sie gewohnt und ein sparsames Leben geführt. Der Vater hatte gut zu tun gehabt, und er, Giovanni, hatte sich auf die Fremden verstanden. Schon als Kind hatte er dem Vater helfen dürfen, sogar des Nachts, wenn die Überfahrt schwierig gewesen war, da die meisten Fahrgäste dann reichlich getrunken und sich manchen Spaß erlaubt hatten. Er, Giovanni, hatte ihre Sprachen gesprochen, etwas Englisch, etwas Französisch und sogar das knarrende Deutsch!

»Ob er ein Deutscher ist?« fragte sich Beri und schaute zur Locanda hinauf, in der der Fremde Quartier bezogen hatte. ›Vielleicht ist er aber auch ein Engländer, ein Herr vom englischen Land, wie die vielen, die oft schon frühabends schläfrig waren vom heimischen Bier und nicht mehr zurückfanden und sich von Vater hin und her fahren ließen, weil sie vergessen hatten, auf welchem Ufer sich ihr Hotel befand ...«

Beri lachte kurz auf, dann saß er still. Es war ein herrlicher Abend, mildwarm, in den Weinbergen am anderen Ufer schien die Erde zu summen. Beri schaute hinüber nach Sankt Peter. Nur zu gern hätte er gewusst, was den merkwürdigen Fremden so beschäftigte. »Ich werde es schon erfahren«, flüsterte er vor sich hin und schnitzte mit dem Messer an einem Stück Holz. »Zeit habe ich genug.«

In einer römischen Pension

Durch Vermittlung des Pfarrers der deutschen Rom-Gemeinde fand ich Aufnahme in einer kleinen Pension, die von einer älteren Dame aus Südtirol geleitet wurde. Sie beherbergte vor allem Priester aus den deutschsprachigen Ländern, die wegen ihrer Exerzitien einige Wochen in Rom verbrachten. Da ich mir ein kostspieliges Pensionszimmer nicht leisten konnte, stellte sie mich als ihren Gehilfen an. So wohnte ich umsonst und erledigte dafür vieles für meine Vermieterin. Ich kaufte ein, unterhielt den Kontakt mit dem Portier und machte die Bekanntschaft der anderen Mieter in dem großen Mietshaus in der Via Bergamo 43.

Mein Aufenthalt gestaltete sich mit den Monaten als eine leidenschaftliche Suche nach dem schönen, römischen Leben. Ich geriet in Kontakt mit vielen Menschen des Quartiers und führte mit den Bewohnern (zunächst meist noch auf Englisch) erregte Debatten über seine Rituale und Gesetze. Daneben lernte ich rasch, nach welchen Regeln das Leben in der kleinen Pension verlief. So entwickelte ich mich zu einer Art Hausdiener und Boten, der den halben Tag unterwegs war und sich während der anderen Hälfte des Tages am Klavier auf seine Aufnahmeprüfung ins Conservatorio *vorbereitete.*

Signora Adele war eine streitbare Dame von beinahe siebzig Jahren und Herrin der kleinen Pension, in der ich mich in Rom einquartierte. Sie hatte sofort Zutrauen zu mir, bereits am ersten Abend meines Aufenthaltes wollte sie meine Geschichte hören.

Schon am darauffolgenden Tag führte sie mich in die ungeschriebenen Gesetze ihrer Pension ein. Besucher, die längere Zeit hier verbringen wollten, mussten sich Monate im Voraus anmelden und hatten Referenzen vorzuweisen. Frauen waren nicht zugelassen und wurden an die Nonnenklöster auf den vatikanischen Hügeln verwiesen. Morgens gab es ein karges Frühstück, für das ich zuständig war. An jedem Tag ging ich gleich nebenan auf dem kleinen, überdachten Markt, wo es die frischsten Waren gab, einkaufen. Das Mittagessen nahmen die Gäste im Kloster ein; am frühen Abend wurde ihnen zu einer festgesetzten Stunde eine kleine Abendmahlzeit serviert. Dabei bediente ich die geistlichen Herren; ich sorgte für den reibungslosen Ablauf des Zeremoniells, achtete darauf, dass niemand auf den Gedanken kam zu rauchen und erkundigte mich nach besonderen Wünschen. Da Signora Adele mit dem Hausmeister beständig Krieg führte, verlief der Kontakt zu dieser wichtigen Person nur über mich; sie notierte ihre Anweisungen auf kleine Zettel, die ich mit unschuldiger Miene auszuhändigen hatte. Außerdem hatte ich nach dem Abendessen den Advokaten Cesare Caterino, einen glatzköpfigen, redegewandten Menschen, zu uns hinauf in die Pension zu bitten. Er residierte im ersten Stock des Hauses, zu dritt nahmen auch wir dann eine kleine Mahlzeit ein, die sich häufig so sehr in die Länge zog, dass ich mich bald für den weiteren Abend verabschiedete, um zu einem meiner weiten Spaziergänge und Eroberungszüge aufzubrechen ...

Von Tag zu Tag lebte ich auf. Ich hatte in Goethes römischen Aufzeichnungen gelesen, und obwohl ich gerade zu diesem ekstasetrunkenen Menschen einigen Abstand halten wollte, vermutete ich bald, dass meine Erlebnisse den seinen nicht ganz unähnlich waren. Denn er hatte von der Wiedergeburt geschrieben, die er in Rom erlebt habe, davon, dass er hier zum ersten Male in seinem Leben völlig glücklich gewesen sei. Das Glück – ich spürte es bereits, wenn ich in der abendlichen Stille aus dem Haus trat, gelockt von der Versuchung, den Straßen ohne weitere Orientierung zu folgen, einzutauchen in die Dunkelheit der Borghesischen Gärten, weitergetrieben auf die Höhe des Pincio, wo sich Trauben von Menschen versammelten, oft erstarrt im Blick auf das vom samtgoldenen Abendlicht eingehüllte Häusermeer, die künstlich erleuchteten Kirchenkuppeln, die Schwaden von Rauch, die sich zwischen den Straßenzügen verfingen, auflachende, von der Lust der Bewegung getriebene Menschen, die den Hügel von allen Seiten her aufsuchten, während ich die Treppen hinab zur Piazza del Popolo nahm, wo sich die Straßen verzweigten, tief ins Innere des weit sich dehnenden Kessels, den die anderen Hügel krönten. Ein gewaltiger Baumeister hatte dieses Schauspiel entworfen und die Stadt zu einer einzigen Bühne verzaubert, ein in Jahrhunderten gewachsener festlicher Raum, der Tag und Nacht andere Einblicke erlaubte ...

Wenn ich spät in der Nacht in die Pension zurückkehrte, wartete Cesare, den ich nur als den *professore* anredete, meist noch auf mich. »Ecco!«, rief er mir entgegen, »was hat unser Studiosus denn heute wieder entdeckt? *Chi cerca trova!*« – »*Dio buono, professore!*«, erwiderte ich, so gut es ging, »ich habe mich wieder heißgelaufen, wie Sie es nennen, heiß, *da capo a piedi!* Sagen Sie mir doch, wo ich anfangen soll! Diese Stadt überwältigt mich, und es gibt kein Entrinnen mehr. Gestern trieb es mich noch zu den etruskischen Figuren, den mannshohen Terrakotten, die so ganz anders sind als die griechischen, römischen, weniger ernst und bestimmt, lächelnde Engel, die ein dunkler Glaube erfunden hat, als könne das Sterben nichts Schreckliches sein und als sei der Körper eine schöne Erscheinung, in die manchmal ein Blitz vom Himmel fährt. Heute aber verlor ich mich in eine Kirche der Jesuiten, die nach dem heiligen Ignatius benannt ist, und starrte lange Zeit hinauf zum Deckengemälde Andrea Pozzos, wo alle Gestalten von der Erde fortwollen, hineingezogen in einen lichten Strudel, der sich zu einer fernen Sonne verdichtet. Dann eilte ich durch das mächtige Rund des Kolosseums und lief immer weiter hinauf bis zu den höchsten Stufen des Ovals, und ganz nahe leuchtete die Fassade der lateranischen Basilika, die ich noch nicht aus der Nähe gesehen hatte, so dass ich mich gleich auf den Weg machte…« – »Sie übertreiben, mein Freund«, erwiderte Cesare, »Sie wollen alles im Fluge genießen. Muten Sie sich nicht zu viel zu, betrachten Sie nur einmal Ihr gerötetes Gesicht und die weit geöffneten Augen im Spiegel, es ist, als hätten wilde Furien Sie erfasst.« – »So muss es sein, *professore*, vorerst gönne ich mir keine Ruhe. Sicher wäre es gescheiter, eins nach dem anderen zu erledigen, mit den römischen Altertümern zu beginnen, mit den Sarkophagen des Thermenmuseums, mit den Standbildern des großen Augustus, langsam aufsteigend zur frühen christlichen Kunst, den flimmernden Mosaiken der kleinen Kirchen Trasteveres, die etwas haben von kühlen Grotten, um – das Mittelalter lasse ich aus – dann die großen Maler der Renaissance zu studieren, Raffaels philosophische Werke und die Schlachten zwischen dem Guten und dem Bösen, die in Michelangelos berserkerhaften Entwürfen toben… – aber ich kann mich an keine Ordnung mehr halten!«

Cesare schüttelte bei solch aufgebrachten Reden nur den Kopf.

Er bot mir ein Glas Sherry an, während Signora Adele noch einen letzten Rundgang durch die Etage machte, um alles für die Nacht zu richten. »Sie sprechen seit einiger Zeit so häufig von Goethe, junger Freund«, fuhr Cesare fort, »und ich denke, Sie haben ihn sich ein wenig zum Vorbild genommen, kein schlechtes Vorbild, aber ein aufregendes. Bedenken Sie, dass er, als es ihn nach Rom verschlug, beinahe zwanzig Jahre älter war als Sie. Es hatte ihn wohl eine ähnliche Unruhe gepackt, und in den ersten Tagen seines Aufenthaltes streifte er ziellos umher. Dann aber handelte er überlegter. Er nahm sich vor, nicht alles zu sehen, sondern einige ausgewählte Dinge gründlicher zu studieren. Er wollte Rom begreifen…« – »Ja, *professore*, er bekam etwas Solides, die alte nordische Überanstrengung meldete sich, er legte sich alles fein zurecht, um seinen Geist nicht zu verwirren.« – »Hören Sie sich unseren stürmischen Freund an, Signora Adele«, unterbrach mich Cesare, »er will nicht von Goethe lernen. Am liebsten würde er das Forum umpflügen und das *Colosseo* als Fundament benutzen, um darauf noch die Peterskirche als Thronhimmel zu setzen!« – »So ein Unfug!«, schnitt Signora Adele ihm das Wort ab, »es ist Zeit, zu Bett zu gehen. Cesare – ich will Sie nicht länger hier sehen, Sie rauben unserem Wahnsinnigen den Schlaf, Johannes – Sie werden morgen früh einer der Ersten auf dem Markt sein, sonst bleibt uns beim Einkauf nur noch die zweite Wahl!« Wir gehorchten…

Meist weckte mich am Morgen der Lärm im Innenhof unseres Hauses. Im Erdgeschoss befand sich ein kleines Lokal, in das in der Frühe die Marktverkäufer einfielen. Dies war für mich das Zeichen zum Aufstehen. Ich wusch mich, kleidete mich an und trank in der Küche ein erstes Glas Tee, das Signora Adele schon für mich bereithielt. Da es nur zwei kleinere Bäder in der Pension gab, hatte ich für einen reibungslosen Ablauf der Morgentoiletten zu sorgen. Ich klopfte nacheinander an allen Türen und gab mit gedämpfter Stimme bekannt, dass das Bad zur Benutzung frei war. Die geistlichen Herren wollten einander nicht so früh begegnen. Wenn es doch einmal dazu kam, flüchteten sie voreinander in ihre Zimmer, als seien sie auf einen bösen Geist gestoßen. Während sie in einer von mir sorgfältig ausgetüftelten Reihenfolge das Bad aufsuchten, richtete ich in der Küche das Frühstück. Jeder Gast wollte anders bedient sein, und ich hatte mir die Vorlieben der oft eigensinnigen geistlichen Herren genau einzuprägen. Die meisten litten unter leichten, aber dauerhaften körperlichen Übeln; der eine vertrug keine Zitrone im Tee, der andere verzichtete auf Süßspeisen, ein dritter kam nicht ohne Medikamente aus. Nach dem Frühstück zogen sie sich meist noch einmal für einige Minuten in ihre Zimmer zurück. Sie waren erschöpft, einige dämmerten unter dem Vorwand, im Brevier zu lesen, so lange vor sich hin, bis Signora Adele unduldsam wurde. Wenn sie den Staubsauger in Gang setzte, hielt es selbst die schläfrigsten Gäste nicht mehr in ihren Zimmern. Sie nahmen Reißaus und überließen das Terrain der Signora, die sich zusammen mit einer jungen Italienerin an die Säuberung der Zimmer machte.

Zu dieser Zeit nahm ich in der Loge des Hausmeisters, der dort als eine Art Portier fungierte, die Post entgegen. Ich konnte Signora Adele nicht gestehen, dass ich mich mit ihm angefreundet hatte. Gleich zu Beginn meines Aufenthaltes hatte sie mir beigebracht, es genüge in Italien nicht, es mit einem einfachen *buon giorno* oder einem *tante grazie* bewenden zu lassen. Der Italiener, hatte sie erklärt, rede, um zu reden, und es sei ausgesprochen unhöflich, sich einem Gespräch, kaum dass es begonnen habe, gleich wieder zu entziehen. Wer immer in Eile sei, gebe zu erkennen, dass er sich seine Zeit einteilen müsse. Der Mann von Welt verfüge jedoch frei über die Zeit und zeige allen, dass es ihm nichts ausmache, sie zu verschwenden. Andererseits gelte es um jeden Preis zu vermeiden, dass ein Gespräch langweilig werde. Wer nur korrekt und einfallslos gerade auf das antworte, was er gefragt werde, sei kein angenehmer Gesprächspartner. Der Italiener wolle ein Problem von allen Seiten angehen; schon deshalb dürfe man keineswegs starrsinnig allzu lange auf seiner Meinung beharren. Wer sich laufend wiederhole, sei berechenbar und langweilig, leicht könne es ihm daher passieren, dass sein Gegenüber ein ganzes System von Widersprüchen, Notlügen und Ausflüchten aufbaue, um die Unterhaltung zu beleben. Am einfachsten sei es vorläufig, ich ließe meinen Gefühlen freien Lauf *(dare libero corso ai propri sentimenti)*, denn ein Mensch, der sich nicht gerührt, entsetzt oder tieftraurig zeige, sei von vornherein ein in der mitempfindenden menschlichen Gesellschaft wenig angesehenes Subjekt.

Ich hatte mir ihre Lehren zu Herzen genommen, und obwohl ich die italienische Sprache noch kaum beherrschte, gab ich mir Mühe, wie ein Weltmann aufzutreten, der über unbegrenzt viel Zeit verfügte. Giulio, der Hausmeister, wusste das zu schätzen. Wenn wir gemeinsam die Post sortiert hatten, lud er mich oft zu einem Glas Wein ein. Präsentierte er sich an dem einen Morgen noch als der stolze Vater von sechs wohlgeratenen Kindern, so brach er an einem anderen gerade darüber in Wehklagen aus, dass es so viele waren. Häufig überrumpelte er mich damit, dass er von einer Minute auf die andere seine Ansichten wechselte; er nannte mich einen guten Freund, und doch war ich mir nicht sicher, ob er mich nicht heimlich beobachtete und all meine Unternehmungen misstrauisch verfolgte. Ich wusste nicht, woran ich mit ihm war, und da ich Signora Adele nicht von unseren Gesprächen erzählen konnte, fragte ich Cesare, wie ich mich zu verhalten hatte.

Cesare erklärte, dass es darauf ankomme, niemals *indifferente* zu erscheinen. Am meisten gelte die lauthals deklamierte Leidenschaft. Wer immer nur gleichgültig dreinblicke, als gehe ihn nichts etwas an und als spiele sich alles nur in seinem wohlbehüteten Inneren ab, sei eine unsympathische Erscheinung. Nur das, was auch sichtbar nach außen dringe, mache Eindruck. Dieses Gesetz gelte nirgendwo mehr als gerade in Rom; die Schönheit der Stadt offenbare sich in einer alle menschlichen Sinne überwältigenden Pracht, deren Überfluss jeden Betrachter glauben machen wolle, es komme auf eine Einzelheit erst gar nicht an. Daher dürfe man auch als Mensch nicht durch Zurückhaltung abseitsstehen; man stelle sich durch ein unverwechselbares Benehmen, durch seine Gestik und Mimik dar. »Sprechen Sie langsam, aber sehr deutlich«, riet er mir, »jeder wird sich freuen, dass Sie sich bemühen, die Landessprache zu beherrschen. Zeigen Sie nicht, dass es Ihnen schwerfällt! Wiederholen Sie unbekümmert bestimmte Wendungen, die Sie sich zurechtgelegt haben, und unterstreichen Sie, was Sie sagen wollen, durch deutliche Gesten. Dann aber – *ecco!* – wird vor mir ein Mensch stehen, den man anerkennt. *Passionato*, junger Freund! Italien ist das Land der Oper, und ich liebe die Oper, so wie jeder Italiener sie liebt, auch wenn ich von Musik nichts verstehe. Ihnen müsste es doch leicht gelingen, mit Worten Musik zu machen. *D'accordo*?« – »*Assolutamente, professore!*« –

Römischer Hunger

Wie verliefen die Tage meines ersten, langen Romaufenthaltes aber genau? In dem Text Römischer Hunger *habe ich dieses Leben porträtiert. Meine monatliche Kasse bestand damals aus etwa einhundert Mark, mit denen ich alle Ausgaben bestritt. Sie mussten ausreichen, meinen immensen jugendlichen Hunger zu stillen. Er verfolgte mich schon kurz nach dem Aufstehen, er plagte mich, weil ich mir ein Frühstück nicht leisten konnte, und er verstärkte sich mit meinen ersten Schritten durch die Stadt.*

All diese Einschränkungen machten mir aber nichts aus. Ich war am liebsten zu Fuß unterwegs – und das ist bis heute so geblieben. Ich fahre nicht gerne Auto, ich mag auch das Radfahren nicht besonders, am liebsten gehe ich. Wollte man mich in ein städtisches Verkehrsmittel einladen, so dürfte es nicht der Bus, nein, es sollte die Straßenbahn sein. Mit einer Straßenbahn bin ich überall, wo ich eine antraf, sehr gerne gefahren. Auch Rom hatte Straßenbahnen mit langen Strecken durch die halbe Stadt. Solche Fahrten bildeten aber die große Ausnahme während meiner Erkundungen, die sonst aus einem ununterbrochenen Wandern und Flanieren bestanden.

Ich verließ das Haus und schaute in der kleinen Bar neben dem mächtigen Eingangsportal des Mietshauses nach, ob Antonia hinter der Theke stand. Seit Antonia wusste, dass ich Pianist werden wollte und mir das Studium am römischen Konservatorium vom Munde absparte, spendierte sie mir allmorgendlich einen Cappuccino, schon wenn ich ihre Bar betrat, lächelte sie mir zu und schob mir wenig später stillschweigend die bis zum Rand gefüllte Tasse hin, noch heute trinke ich jeden Cappuccino unwillkürlich sehr langsam und mit einer so großen Andacht, als wäre er etwas Exquisites, an das man sich den ganzen weiteren Tag dann erinnert. Damals aber erinnerte ich mich wahrhaftig an alles, was ich tagsüber getrunken oder gegessen hatte, und kein Tag verging ohne sorgfältiges Kalkulieren und Planen der winzigen Mahlzeiten.

Den schwachen Milch-Flaum des Cappuccino noch auf der Zunge, eilte ich dann zu Fuß in die Stadt, kurz vor sieben überquerte ich die Piazza Navona und erreichte *Santa Maria dell' Anima*, die Kirche der deutschen Rom-Gemeinde, wo ich während des Frühgottesdienstes die Orgel spielte.

Wenn ich Glück hatte, durfte ich den Pfarrer nach der Messe hinüber auf die Piazza begleiten, meist nämlich wünschte er sich noch ein wenig Gesellschaft und trank in einer der teuren Bars der Piazza einen starken Caffè. Da in seinen Augen ein starker Caffè früh am Morgen für mich nicht gesund war, bestellte er mir einen Frullato, schon während des Orgelspiels hatte ich das Bild dieser Wunderdroge vor Augen, es war das Bild eines großen, kühlen und daher beschlagenen Glases, in dem die kurz im Mixer gequirlte und danach leicht schäumende Fruchtmilch langsam wieder zur Ruhe kam. Wenn ich das Glas an die Lippen setzte, schloss ich die Augen, einen Frullato zu kosten war beinahe so, als kostete man püriertes Fruchtfleisch, für zwei, drei Stunden war ich von nun an gerettet und konnte mich anderen Aufgaben als der Nahrungssuche zuwenden.

Und so verschwand ich im Lesesaal einer Bibliothek, in einem Museum oder in einer der vielen römischen Kirchen, ich verstand diese Aufenthalte als Teil meines privaten kunstgeschichtlichen Studiums, das große Rom hielt mir seine Vorlesungen und Seminare und lenkte mich ab, schwierigere Prüfungen und Aufgaben standen mir erst wieder gegen Mittag bevor.

Denn spätestens gegen zwölf Uhr setzte die römische Mittags-Unruhe ein, die Lokale öffneten, die Tische wurden eingedeckt und die Küchenfenster weit aufgerissen, die ganze Innenstadt schien sich in ein von Flamme zu Flamme überspringendes Herd-Feuer zu verwandeln. Eine Stunde später waren die besten Plätze besetzt, wo auch immer es möglich war, wurde draußen gegessen, mit gierigen Augen flanierte ich an den langen Tischreihen entlang und sah den Römern beim Essen zu. Wie begeistert sie aßen, wie andächtig, wie viel Zeit sie sich ließen, in der Sonne zu sitzen, unter einem kobaltblauen Himmel, der ihnen ein solches Sitzen ja geradezu aufdrängte!

Um meinen Hunger zu betäuben, trank ich das römische Wasser, wenigstens das Wasser war an jeder Ecke kühl und frisch zu bekommen, ich hatte eine kleine Leer-Flasche dabei, die ich immer wieder füllte, schon vor Jahrtausenden hatten die Römer eine regelrechte Wasser-Passion entwickelt, es strömte in langen, sorgfältig konstruierten Leitungen aus allen nur denkbaren Richtungen und Bergen heran, nirgends auf der Welt, redete ich mir ein, gab es köstlicheres und besseres Wasser.

Wollte ich zu dieser Köstlichkeit aber mittags etwas zu essen bekommen, hatte ich mich zwischen nur wenigen Angeboten zu entscheiden. Das erste Angebot bestand in Form des großen Marktes auf dem Campo dei Fiori, gegen Mittag räumten die Händler dort ihre Stände und entledigten sich oft kleiner

Obst- und Gemüsereste, die dann leicht umsonst zu bekommen waren.

Das zweite Angebot war die Mittagstafel freundlicher Vinzentinerinnen, die in einem hellen Speisesaal in der Nähe des Pantheons jeden Mittag eine Suppe ausschenkten und danach einen lang eingekochten, klebrigen Reis servierten. Weder die Suppe noch der Reis waren im Grunde genießbar, trotzdem zog es mich immer wieder an die christliche Tafel, denn sie war nach dem Vorbild unseres Heilands, der mit seinen Jüngern Brot und Wein geteilt hatte, mit vielen großen Brotkörben geschmückt, in denen frisch gebackene Brötchen, die sogenannten Rosette, lagen, von denen man sich so viel nehmen konnte, wie man nur wollte.

Das dritte und eindeutig verlockendste Angebot aber war die große »Tavola calda« am Largo Argentina. Hier ging der meist eilige Gast an einer langen Flucht von Vitrinen entlang, in denen die warmen, von kleinen Strahlern kunstvoll ins Licht gesetzten Speisen ruhten, Pasta zunächst, in allen nur denkbaren Kombinationen, dann gebratenes Fleisch, Fisch und Gemüse aller Art. Mit offenem Mund, ein Tablett in der Hand, ging ich gebannt an diesen nicht erschwinglichen Delikatessen entlang, ich zögerte und überlegte, ich machte halt und stand grübelnd vor einem Lasagne-Auflauf oder betrachtete nachdenklich die mit Pilzen übersäten dünnen Kalbsmedaillons, dabei kam all das doch für mich nicht in Frage, höchstens die Beilagen waren für mich mit einigem Geschick zu bekommen.

In der »Tavola calda« am Largo Argentina gab es den kleinen Teller mit maximal zwei Beilagen umsonst, es gab ihn allerdings nur für jene Gäste, die noch ein Hauptgericht wählten. Die Beilagen dienten, wie man im damals noch anderen Teil Deutschlands gesagt hätte, der Sättigung, es handelte sich vor allem um

frittierte, mit ein wenig Käse gefüllte Reisklöße, um lang einge-
kochte und mit etwas Käse überbackene Auberginen oder um
dünne, mit ein wenig Käsecreme gefüllte Kroketten.

Zwei Reisklöße mit überbackenen Auberginen – das war mein
Traum, ich füllte einen kleinen Teller damit und trug ihn dann an
der Kasse vorbei, deutete kurz darauf und sagte, dass ich mir noch
einmal nachgenommen hätte, alles musste sehr rasch und selbstverständlich vonstattengehen, in den Stoßzeiten hatte ich damit
meist Glück, ich lief einfach hinter dem Rücken der gerade bezah-
lenden und anstehenden Kunden vorbei, hob meinen Teller kurz
an, murmelte meinen gut eintrainierten Spruch und verschwand
zwischen den Tischen.

Ein- oder zweimal in der Woche wagte ich einen solchen Auftritt, und es waren besondere Tage, wenn ich mich dann an einen
Tisch setzte, unendlich langsam die Reisklöße mit dem Gemüse
verzehrte, die Brötchen der Vinzentinerinnen auspackte, mit
leicht angestoßenem oder angeschrammtem Obst vom Campo
dei Fiori abschloss und zu all dem römisches Wasser trank.

An sehr heißen Tagen aber packte ich alles in meinen Rucksack und zog hinunter an den Tiber oder in einen der großen römischen Parks, die schönsten Ruhe- und Essplätze befanden sich
im weiten Gelände der Villa Borghese hoch über der Stadt. Dort
aß ich im milden Schatten, las ein Buch und schlummerte ein, die
malerisch gefüllten Vitrinen meiner »Tavola calda« zogen in meinen Träumen vorbei und regten neue Sehnsüchte an, vor allem
sehnte ich mich danach, ein einziges Mal Calamari fritti kosten
zu dürfen, denn die blassen Tintenfischringe in goldgelber, dünner Frittura hielt ich damals für einen Gipfel der Kochkunst, der
höchstens noch von einer Portion römischer Kutteln (*Trippa alla
romana*) übertroffen werden konnte.

Die »Tavola calda« am Largo Argentina bot diese Kutteln nur an besonderen Tagen an, »heute frische Kutteln« stand dann groß auf einer kreidebeschriebenen Tafel hinter den Vitrinen, Kutteln, dachte ich daher, mussten etwas ganz Einzigartiges, Besonderes sein, ich hielt sie für die kulinarischen Eingeweide Roms, die Summe ihrer geheimen, seit den Tagen der alten Römer tradierten Rezepte.

An den Nachmittagen ging ich endlich an die Arbeit, denn erst dann stand mir einer der Übungsräume des Konservatoriums zur Verfügung, es war immer derselbe kleine, staubige und schwach beleuchtete Raum, in dem sich außer einem Tisch und einem Garderobenständer nur ein Flügel der Marke »Blüthner« befand.

Ich öffnete das Fenster, ich setzte mich an mein Instrument und begann mit den technischen Übungen, doch von draußen schlich sich der mittägliche Rom-Duft ins Zimmer, es war eine schwere Mixtur aus Brataromen, Kaffee und Tabak, ich sog ihn mit geschlossenen Augen ein und ließ meine Finger gegen ihn ankämpfen, unbedingt musste ich jetzt Herr werden über diese Versuchung, gut, dass ich den Flügel hatte, denn er lenkte mich nicht nur ab, sondern nahm mich in diesen Stunden bald ganz für sich ein.

Schlimm wurde es erst wieder am Abend, denn am Abend, der eigentlichen Zeit der von den Römern lustvoll und ausgedehnt zelebrierten Gelage, ging ich meist leer aus, ausgerechnet für die schönste Mahlzeit des ganzen Tages fiel mir nichts ein, keine Tricks, keine weiterführende Idee, oft musste ich von dem zehren, was ich vom Mittag aufbewahrt hatte, zwei Rosette, etwas Obst und das zumindest etwas beruhigende römische Wasser.

Dafür aber gab es wieder sehr viel zu sehen, denn der Abend und noch mehr die Nacht waren die hohen Zeiten des Viertels

Trastevere jenseits des Tibers, in ganz Trastevere saß man jetzt auf den Straßen und Plätzen, manche waren von langen Fackel-Fluchten erhellt, meist war ich ununterbrochen weiter zu Fuß unterwegs, an den bunten Tischreihen vor den Häusern entlang, den Besonderheiten der römischen Küche wenigstens in meinen Phantasien auf der Spur.

Wenn ich es gar nicht mehr aushielt, betrat ich ein Lokal, ging wiederum zögernd durch seine Säle und Räume, wiegte mich in der Illusion, einem Freund, der mich eingeladen hätte, zu begegnen, und blickte auf die üppig gefüllten Tische mit geschmorten Artischocken und lang eingekochtem Ossobuco, in Rom, hatte ich ja längst verstanden, liebte man das lange Einkochen, seit Jahrtausenden ließen die Römer sich beim Kochen Zeit, verschwenderisch geschenkte und ohne jeden Blick auf eine Uhr verbrachte Zeit war Roms kostbarstes Gut.

Manchmal traf ich auf diesen Wegen auch wahrhaftig meine Freunde, die meisten von ihnen waren Italiener und machten Musik so wie ich, doch sie hatten Geld, oft sogar viel Geld, ich setzte mich zu ihnen und gab vor, schon gegessen zu haben, immerhin kam ich so an zwei oder drei Gläser Wein, oder es ergab sich eine Gelegenheit, etwas von dem, was sie gerade aßen, zu probieren, Kalbsnieren in einer dunklen, sämigen Rotweinsauce, Kalbsbries mit den besten Pilzen, die ich je gegessen hatte, Innereien aller Art waren, fand ich, das Beste an der römischen Küche, wenn es nach mir gegangen wäre, hätte ich mich ausschließlich von Innereien ernährt.

Von all dem aber hätte ich vielleicht noch monatelang träumen müssen, wenn ich nicht an einem schwülen Augustabend, an dem einem selbst im Freien, in den nächtlichen römischen Gassen, die stehende Wärme zu schaffen machte, in einen der alten römischen Weinkeller geraten wäre, die sich in Trastevere unter der Erde befanden.

Die meisten dieser Keller waren nicht zugänglich, aber ich hatte gehört, dass viele ihrer Besitzer sie angeblich zu privaten Festen und spektakulären Orgien nutzten, was dort genau stattfand, hatte meine jugendliche Phantasie sich immer wieder und auf gründliche Weise ausgemalt, nie aber war es mir gelungen, in diese geheimen Tiefen vorzudringen. Ausgerechnet durch Antonia, die Stifterin meines morgendlichen Cappuccino, geriet ich nun dorthin, sie und ihr Freund Giulio, der ein begnadeter Hochspringer war, nahmen mich an diesem Augustabend mit, von einem improvisierten Konzert war die Rede, ich hatte an so etwas wie die Gastmähler des Lucullus gedacht und mir Gesang vorgestellt, dünnen, hohen Gesang zu römischen Speisen und eine auf dem Boden lagernde Festgesellschaft wie in Sandalenfilmen mit Feldherren wie Antonius oder Pompejus, die sich zwischen ihren Schlachten gern weich betteten und Wein tranken.

Stattdessen aber spielten in dem tatsächlich von Ölfackeln erleuchteten unübersichtlichen Gewirr der Kellerräume portugiesische Mönche, denen die Kurie Auftrittsverbot erteilt hatte, Jazz, und afrikanische Nonnen übersetzten gregorianische Choräle in die Klangwelten ihrer Heimat. So hörte ich Musik, die ich noch nie gehört hatte, es war die Musik eines unterirdischen Teufelszaubers, zu dem Nacht für Nacht Hunderte junger Menschen strömten, ohne dass man diese Zusammenkünfte irgendwo angekündigt hätte.

In den Kellern Trasteveres gab es immer etwas zu essen und vor allem zu trinken, mit der Zeit nannte man mich hier den »Pianista« und drängte mich, ebenfalls einmal aufzutreten, doch ich wagte es lange nicht und besprach mich mit Antonia, die mir ein Amulett mit dem Bild der heiligen Cäcilie schenkte, das mir helfen und Mut machen sollte.

An meinem neunzehnten Geburtstag spielte ich in einem Keller Trasteveres Stücke von Alexander Skrjabin, es waren Stücke, die man im Konservatorium für unanständig und exaltiert hielt, für den römischen Untergrund aber genau das Richtige waren, mit der Zeit verschafften sie mir sogar so etwas wie einen ersten, noch auf Mundpropaganda beruhenden Ruhm. Wichtiger aber noch als diese Bekanntheit war für mich das Geld, das ich von nun an regelmäßig verdiente, denn ich wurde weiter eingeladen und engagiert, so dass ich mich revanchieren und Antonia und ihren Freund zu meinem ersten, selbstverdienten Abendessen einladen konnte.

Es fand in Trastevere statt, ich bestellte mir Calamari fritti, römische Kutteln und gegrillte Artischocken, und ich dachte, jetzt hast du es geschafft, du wirst nie mehr hungern, jetzt bist du der Kaiser von Rom.

Die zweite Ankunft in Rom – Villa Massimo

Nach meiner ersten Ankunft in den siebziger Jahren bin ich bei-
nahe jedes Jahr einmal für einen Kurzaufenthalt in die Ewige Stadt
gefahren. Oft habe ich mich danach gesehnt, wie beim ersten Mal
länger bleiben zu können. Nicht nur zehn oder vierzehn Tage, son-
dern monatelang.

Anfang der neunziger Jahre war es dann endlich so weit. Ich er-
hielt für zunächst ein halbes Jahr eines der begehrten Villa-Mas-
simo-Stipendien und bewohnte während dieser Zeit ein Studio auf
dem großen Villengelände der Accademia Tedesca. *In einem Brief*
an eine in Deutschland zurückgebliebene Freundin erzählte ich
euphorisch und ausgelassen vom Glück meiner zweiten Ankunft für
längere Zeit.

Liebe Katja G.,
stellen Sie sich vor: ich bin in Rom, endlich bin ich in Rom! Habe
ich nicht die letzten Wochen kaum noch einen anderen Gedanken hegen können als den, dass ich bald in Rom sein werde, und
meldeten selbst meine Träume nicht laufend diese Sehnsucht nach
Rom, Rom, Rom?! Ah, jetzt bin ich mit meinem kleinen, braunen
Gefährt, das vollgeladen war mit Kisten und Kartons, mit prallen Koffern und sogar einem leibhaftigen Drucker, Ausdrucker,
Ausdrucker für allerhand Getext, in der mir für die nächsten Mo-

nate zur Verfügung gestellten Massimo-Villa, Akademie, deutsch, tedesca, Accademia: eingetroffen.

Vorne, vor der sich fürstlich plazierenden Einfahrt, hat bei meiner Ankunft ein leibhaftiger Portiere gestanden, halleluja, hat er salutierend geschrien und seine Kappe dazu in die Luft geworfen, nebst der Schar seiner lieben Kinder, die antreten musste zu meiner Begrüßung, alle verbeugten sich artig, das ist der neue Künstler, haben sie gesagt, eines dieser deutschen Genies, allerhand, ein deutsches Genie, in diesen Mauern!

Dann aber hat mich der Portiere mit meinem braunen Gefährt durch die schnurgerade Zypressenallee geführt, ordentlich geschnalzt hat er dabei, oh, schauen Sie doch, diese Zypressen, ah, Zypressen, bis wir das mächtige, breit gestreckte, in der Sonne sich ausaalende Haupthaus erblickten. Pompös, pompös, riefen die uns nachlaufenden Kinder, jetzt lebt das deutsche Genie im schönen Haupthaus, halleluja, worauf mich der Portiere mit hinaufnahm, in den rechten Flügel, einige kühle Treppchen hinauf, alles aufschloss oben, um mich auf eine lange Terrasse zu versetzen, eine Erscheinung von einer Terrasse, meterchenlang, meterchenbreit, mit weißen Terrassenstühlchen und einem gelben Terrassensonnenschirmchen, mit einer Flucht doppelter Säulchen und einem schmalen Gebälk, eine Terrasse: dass ich gleich fragte, ist das also meine Terrasse, ausschließlich meine Terrasse, in den nächsten Monaten nur einzig meine Terrasse?

Da nickte er weich, alles dein, dein, dein, sagte er und fragte mich leise: aber weißt du auch, auf welch einer Terrasse du sitzen wirst, auf welchen Stühlchen und welchem Heiligtum? Weißt du, dass vor dir, in anderen Zeiten, die Freifrau von Kaschnitz auf dieser Terrasse saß und in anderen Zeiten der Rittmeister Jünger, weißt du, dass diese Terrasse Hunderten von großen Geistern diente als einzige Terrasse, und dass es sich nun zeigen wird, ob du das Genie bist, als das dich die deutschen Juroren erkoren, das wird sich jetzt zeigen, wird sich zeigen!

Dabei lachte er aber vielwissend und arglistig, so dass ich ihm gleich sein Lachen abschnitt, indem ich von meiner Terrasse herab auf den großen, unermesslichen Park deutete und ihm sagte: ah, diese Pinien, wie sie sich gen Himmel drehn!, und die steinernen Monumente aus römischer Zeit, wohl zweites, drittes Jahrhundert!, und das Mimosenwäldchen, exorbitant!... worauf er sich verbeugte und mich mit seinen Huldigungen bestürmte: ah, der Herr ist ein Dichter, ich höre es gleich, ein dichtender Wissender, und ein wissender Dichtender, das wird fein, dann gebührt ihm diese Terrasse, sie gebührt ihm, einzig und nur!

Und ich fragte ihn noch: aber sag mir, großer Portiere, Herrscher über die kleinen Attribute des Lebens, Sorger und Fürsorger von Tausenden deutscher Genies: wo sind die anderen Künstler, die Maler, Bildhauer, Architekten, die Musiker, Fotografen und Lyriker? Ach, antwortete er freundlich, nach diesen fragst du, nach diesen? Sie sind untergebracht, dort gegenüber, in der Reihe der Studios, dicht Studio an Studio, eng beieinander leben sie nebeneinander, mit ihren Familien, und sollen doch malern, bildhauern und musizieren!

Dort drüben, rief ich, das ist ja beinahe ein Abseits, ein Jenseits, welche Ehre also für mich, in diesem Haupthaus zu thronen, mit meiner einzigen Terrasse und ihrer Dichtungsgeschichte!

Ja, antwortete da der Portiere, du bist auserkoren unter vielen, um auf dieser Terrasse zu sitzen, einzig und nur, um zu dichten, um deine großen Werke ungestört hier zu verfassen und, wenn es dir denn beliebt, deine Worte manches Mal hinunterzustreuen, damit sie Frucht tragen in dieser sonst arg wortlosen Schönheit!

Dann umarmten wir uns, die Kinder klatschten vor Vergnügen in die Hände, alle verbeugten sich wieder und zogen davon, während ich begann, meine einzige Wohnung durchzubesichtigen, ah, welch ein Zimmer, und ein zweites, gewaltiges, und das Bad, eine Erscheinung, günstig im Schatten, und die Küche, voller lieblicher, weißer Tässchen und herrlicher Löffelchen, alles zu meiner Dichtungslaune plaziert, das kann etwas werden, heißa, das ist ja geradezu für mich geschaffen, diese feine Lokalität, und als ich mich aus einem Fenster beugte, auch den parkfernen Teil zu schauen, blickten mich zwei alterskluge Ziegen von unten her an, meckernd und mit dem Kopf schlagend, und ein paar Hühner gackerten sich auf meine Erscheinung ein, und ein kleiner Zoo solcher Geschöpfe schrie's mir entgegen: füttre uns, schreib uns, sei unserer Tage Wortfütterer und unserer Nächte Worttraumartist!

Stipendiatenleben

Auf dem Gelände der Villa Massimo lebte ich mit vielen weiteren Stipendiaten zusammen: Komponisten, Künstlern, Architekten, Fotografen, Schriftstellern. Viele von ihnen kannten Rom noch nicht und entwickelten auch keine besonderen Anstrengungen, die Stadt kennenzulernen.

Mir erging es jedoch anders, denn ich kannte Rom, hatte dort Freunde und studierte das römische Leben tagsüber und nachts weiter mit großer Neugier. So entwickelte sich eine Art »Doppelleben« – einerseits mit den deutschen Stipendiaten, andererseits mit römischen Bekannten und neuen Freunden.

Beide Existenzen hatten wenig miteinander zu tun, was mich aber wenig kümmerte. In der Villa erzählte ich nicht viel von meinen Unternehmungen, nein, ich blieb verschwiegen.

Manche kommen mit einem Kleinbus, mit großer Familie, mit Fernsehen, mit eigener Satellitenanlage. Sie haben ihre deutsche Wohnung für die Dauer des Stipendiatenjahres vermietet, doch hier in Rom richten sie sich so ein, als seien sie noch immer zu Haus. Nur dass alles mehr Umstände macht, das Einkaufen, die Versorgung der Kinder! Sonst aber greift man auf Bewährtes zurück, der deutsche Alltag ist auch in Rom sehr präsent, und die, die nebenan wohnen, in den Studios rechts oder links, sind einfach die neuen Nachbarn, die man um etwas Zucker angeht oder um Waschmittel.

Die Innenstadt Roms ist weit. Wenn man sich aufmacht, bedeutet das einen Familienausflug, und da die Kleinen all die Antike, all die Museen und die Kirchen sowieso nicht sehr mögen, bleibt man meist auf dem hoch ummauerten und gesicherten Gelände der Villa, wo die Kleinen ihre Spielplätze haben und alles seinen ruhigen Gang geht.

Den Abend verbringt man draußen hinter der langen Reihe der Studios. Oft kommen die Nachbarn vorbei, man setzt sich zusammen, unterhält sich, tauscht Adressen aus, ein gutes Leben ist es, ja sicher, aber man spricht so nicht darüber.

Manche kommen allein. Schon nach wenigen Tagen verlieren sie sich in den großen Studios, die eine Person kaum besetzt. Sie durchkreisen die Räume, aber es hilft nichts, sie jagen doch nur die Stille, und die Stille lässt sich von einzelnen Gegnern nicht leicht vertreiben, man muss gegen sie angehen, mit aller Kraft.

Oft sitzen sie an ihrem Esstisch mit hochgezogenen Schultern. Irgendetwas stimmt heute nicht. Woher kommt dieses Tropfen?

Sie versuchen, Hand anzulegen, hier etwas zu ordnen, dort den Tisch einmal anders zu stellen. Doch die Tage sind lang, man arbeitet nicht laufend, und wenn man sich hinfallen lässt, in einen Sessel oder auch einfach nur auf den Boden, wächst sofort das geschäftige Ameisenrumoren, das sich vom Hinterkopf hinaufzieht bis in die Stirn.

Also hinaus, man gesellt sich rasch zu den Nachbarn. Und wem das nicht gelingt oder wer das nicht will, der sitzt an den Abenden stumm auf seinem Platz und stemmt die von Stunde zu Stunde schwerer werdenden Gewichte der Nacht.

Am besten haben es nach gängiger Meinung die kinderlosen und zupackenden Paare getroffen, die viel Zeit haben, ihren Haushalt zu ordnen, und daraus etwas betont Spielerisches machen, ein launiges Marktschlendern, ein ambitioniertes Einkaufen lang ausgesuchter Essraritäten, die in den Mußestunden des Abends mit viel Text bestäubt werden und im Ofen gewendet, gedreht.

Ihnen gelingt es leicht, die Tage zu planen, ein kurzer Ausflug ans Meer wäre nicht schlecht, oder eine Tagesreise, in die Berge, wo man für Stunden in einem der ausgestorbenen Dörfer durchatmet.

Einer widmet sich tagsüber für wenige Stunden der Kunst, während der andere die Gelände sondiert, durch die nahe gelegenen Straßen streift oder in irgendeinem der neueren Romführer blättert, die sich spezialisiert haben auf Bedürfnisse der Freizeit.

Öffnete man die großen Studiotüren, so könnte man sie jetzt im idealen Fall sehen, wie sie sich in den Ateliers eingerichtet haben: den Bildhauer, der sich Antikenabdrücke besorgt hat, um nach diesen Modellen zu arbeiten, den Komponisten, der auf dem großen Flügel immer dieselben Passagen durchgeht, die Malerin, die mit forschem Gestus ihre großen, dramatischen Formate gestaltet, den Architekten, der sich über die Skizzen eines Gebäudes beugt, das irgendwo in Deutschland entstehen soll, in ein paar Jahren. Nur die Schriftsteller haben sich in kleinen Zellen versteckt, wo sie ihre Körper, als müssten sie den leeren Raum hinter dem Rücken abwehren oder beruhigen, schützend über die Schreibtische lehnen.

Bald ist Mittag. Irgendwo geht ein Ehrengast so langsam über den Kies, als sollte ihn jeder Schritt mit einem Erschauern belohnen.

Die Ehrengastgattin richtet das Mahl. Es gibt viel Grünes, Gesundes, ein Stängelchen Broccoli oder einen kleinen Rughetta-Salat, dazu ein Viertelchen Weißwein und sehr viel Wasser.

Noch einen Blick auf die Künstler. Jetzt, kurz vor Mittag, setzt die Vorlust auf nahe Entspannung bei ihnen etwas Betriebsames, Werkelndes frei. Sowieso hat das Arbeiten in diesem Ambiente etwas Dekoratives, dem man nur mit harschen Verweigerungen entkommt. Dann platzt einer los, schreit in die Stille, zerschlägt Inventar und droht dem römischen Himmel, als sei er der heilige Rolf-Dieter Brinkmann.

Im Villino, einem kleinen, ummauerten Innenhof ganz am Rand des Geländes, ist der Ort der Debatten. Neben dem Orangenbäumchen sitzt der Schriftsteller Richard Wagner, ein rumäniendeutscher Autor, der Rumänien aber schon vor Jahren verlassen hat, verfolgt und vertrieben. Wagner fragt sich, was ihm an Rom gefallen sollte. Die Antike ist eindeutig ein Missverständnis, denn die heutigen Römer haben mit den früheren nicht das Geringste zu tun; stattdessen ähneln sie, wie Wagner an vielen Fällen exakt zu beweisen versteht, den Rumänen. Wenn Wagner also durch Rom fährt, ist er meist auf der Hut, um den rumänischen Gesten nicht zu erliegen.

Gibt es noch etwas, womit Rom ihn beschenkt? Ein guter Film, ein Schwarz-Weiß-Film aus den fünfziger Jahren, in einem winzigen Seitenstraßenkino, ja, vielleicht. Oder ein Band mit Erzählungen von Peter Bichsel, gerade neu aufgenommen in die Bestände der Bibliothek, ja, auch das.

Das größte Geschenk, das ihm Rom aber machen könnte, wäre, sich sofort in Berlin zu verwandeln. Ein gutes Jahresstipendium, jetzt, genau jetzt in Berlin, das allein machte Rom ganz erträglich.

Viele empfinden das Gewaltige, streng Abendländische dieser Stadt als eine Zumutung und wenden sich strikt davon ab. Sie wollen sich nicht darauf einlassen, an diesen Epochenschichten zu kratzen, als hätte es doch keinen Sinn, weil man ins Bodenlose abglitte. Daher durchstreifen sie das Meisterwerk dieser Stadt wie ein schwüles Gewächshaus, in dem man die wuchernden, eigensinnig erscheinenden Pflanzen nicht gerne berührt.

Manchen steht auch der Katholizismus im Wege. Schon aus Prinzip lassen sie all die Kirchen links liegen, als bedeutete jedes Betreten schon einen Verrat.

So haben ihre Gänge durch Rom oft etwas von einem Parcours; am liebsten würden sie die Hindernisse leicht hinter sich lassen, doch die geben den Takt an, so dass man laufend ausweicht, sie unterläuft oder von ihnen zur Seite gedrückt wird. Dann nimmt man Platz in einem Straßencafé; gleich kommt der Kellner und serviert schon mit dem zweiten Erscheinen die deftige Rechnung.

Und dann gibt es auch Stipendiaten, die das Terrain der Villa nie der Stadt, sondern höchstens eines Ferienausfluges wegen verlassen. Diese Ausflüge gehen fast immer ans Meer, an eine der von anderen Stipendiaten empfohlenen Küsten oder gleich auf eine Sonneninsel, die man nur mit dem Schnellboot erreicht.

Sonst aber wird gearbeitet, zügig, so wie zu Haus. Man hält die Stadt von sich fern, sie ist nur noch die Kulisse der eigenen Arbeit, und irgendwann bestellt man ein beeindruckendes Automobil, um die neuen Exponate auf schnellstem Wege in die Galerien, nach Deutschland, zu schaffen.

Manchmal begegnen sich zwei, die sich eine Zeitlang nicht sahen. Denen fällt es dann schwer, sich deutsch zu grüßen und auch weiterhin komplett deutsch zu befragen, als begegneten sie sich gerade in Bottrop. Aus Höflichkeit servieren sie sich einige Brocken, doch wenn sie voneinander lassen und jeder weitereilt in seiner Richtung, überfällt sie so etwas wie Scham, dass sie in diesen römischen Szenen auftraten wie dickfellige, wortfaule Barbaren.

Draußen ist Rom, doch auf dem Gelände der Villa lagern die Künstler sehr deutsch, als sei ihnen aufgetragen worden, auszuharren auf einem Zeltplatz, damit sie lernten, nicht mehr an Zuhause zu denken und schließlich von Rom in den Nächten zu träumen.

- Und du? Woran arbeitest du?
- Ich? Ich sitze an keiner Arbeit. Ich schreibe nur jeden Tag zwei, drei Stunden genau auf, was ich gesehen habe.
- Und das reicht dir?
- Das reicht. Die Hausarbeiten mach ich in Deutschland. Jetzt aber nehm ich mir alle Zeit, die Stadt noch genauer kennenzulernen.
- Aber du kennst die Stadt schon, du warst schon oft hier, zusammen mehr als ein Jahr.
- Umso größer ist jetzt das Vergnügen.
- Du beschenkst dich also mit Rom?
- Ja, ich mach mir die Tage hier zum Geschenk.
- Was machst du heut abend?

- Nunc est bibendum, nunc pede libero
  pulsansa tellus, nunc Saliaribus
  ornare pulvinar deorum
  tempus erat dapibus, sodales.

– Und das heißt?

– Nun heißt es trinken, nun mit dem Fuße frei
   stampfen die Erde, nun nach Salierart
   schmücken das Lager der Götter
   zum Festmahl – Zeit war's, Kameraden!

Mysterienfeiern

In den siebziger Jahren war ich während meiner pianistischen Ausbildung manchmal nachts (vor allem in den Kellern von Trastevere) aufgetreten. Ich hatte eine halbe Stunde Klavier (Stücke von Prokofjew, Skrjabin oder Rachmaninow) gespielt und die aus allen Erdteilen herbeigeströmten, meist jugendlichen Gäste mit virtuosen Nummern unterhalten.

Diese Abende und Nächte waren Séancen mit nicht geplantem, spontanem Spielen von Stücken, die ich gerade übte und die mir besonders gefielen. Andere Gäste sangen, spielten Saxophon oder Gitarre, und hinterher unterhielt man sich lange, trank etwas und verließ den (meist originell geschmückten) weiträumigen Keller erst im Morgengrauen.

Zwanzig Jahre später war ich manchmal unglücklich darüber, an solchen Nächten nicht mehr aktiv teilnehmen zu können. Ich hatte die pianistische Ausbildung nach mehreren Sehnenscheidenentzündungen in den siebziger Jahren aufgeben müssen. Zwar spielte ich noch weiter privat, traute mich aber nicht mehr, öffentlich aufzutreten. So wurde ich zu einem Besucher der Séancen in Trastevere – bis ich in nächtliche Mysterienfeiern anderer Art eingeweiht wurde.

Wieder waren es typisch römische Szenen, als hätte Federico Fellini sie erdacht. Diesmal aber ging es nicht um Musik, sondern um Lyrik. Leider hatte ich noch nie ein Gedicht geschrieben – doch ich wagte nach einigem Zögern einen Auftritt.

Er hat, wie ich später erfahre, am Nachmittag einen längeren Vortrag gehalten. Um sich zu entspannen, ist er danach eine Weile durch die Straßen flaniert, auf den Gehstock mit dem kräftigen, silbernen Knauf gestützt. Zu einem Glas Wein hat er sich in die hinteren Räume einer Weinhandlung begeben, wo er in seinen Zeitungen blättert, eine längst erloschene *Antico Toscano* im Mund.

Dort begegne ich ihm kurz darauf. Er hat die Lust am Lesen verloren und am Nebentisch den jungen Mann zur Kenntnis genommen, der sich in deutsche Schriften vertieft. Er will wissen, was der junge Mann liest, gestatten, und so wechselt er den Tisch, bestellt für beide eine Karaffe Wein und setzt das Gespräch, wenn es erlaubt ist, deutsch fort. Deutsch spricht er seit zwanzig Jahren, er hatte einmal eine hohe Stelle dort oben inne, zwei große Büros, eines in Frankfurt, eines in Rom, er war so etwas wie der oberste Koordinator der italienischen Gastronomie in Deutschland, diese Aufgabe hat er jetzt einem Nachfolger übertragen, während er selbst die Verbindungen pflegt, rein repräsentativ, Deutschland-Italien, Sie verstehen.

Seine heimliche Passion aber ist die Literatur, vor allem die deutsche, und da er den jungen Mann beim Lesen ertappte, möchte er ihn verwickeln in ein Gespräch über sein Laster, dem er, wie er sagt, die meisten nächtlichen Stunden schenkt. Ja, er leidet unter Schlafstörungen, ein halbes Leben lang schon, inzwischen hat er sich daran gewöhnt, und außerdem verdankt er den Schlafstörungen seine Deutschkenntnisse, die, wie der junge Mann bemerkt, außerordentlich sind, denn er spricht ein beinahe romanisches Deutsch, eine Art Buddenbrooks-Deutsch, distanziert und gewählt.

Als er bei der zweiten Karaffe erfährt, dass der junge Mann ein

Schriftsteller ist, zeigt er sich so begeistert, als sei er einer Fuß-
ballgröße begegnet; dass der junge Mann zweitens Stipendiat
der Deutschen Akademie, Villa Massimo, ist, lässt ihn vermu-
ten, es handle sich um einen der möglichen Nachfolger Thomas
Manns; und da der junge Mann drittens sich als Romancier aus-
gibt, scheint endgültig festzustehen, dass dieser Abend ein lichtes
Ereignis darstellt, einen jener Höhepunkte von Begegnungen, die
eben nur der Zufall so sicher gestaltet.

Nach der zweiten Karaffe wird telefoniert, denn hier, an dieser
gewiss guten, aber einfachen Stätte, lässt sich das Ereignis nicht
feiern, und so lädt er den jungen Mann in die Via Margutta ein,
in eines jener römischen Prachtlokale der allerobersten Kategorie,
die der junge Mann zuvor noch nie betreten hat. Die Via Margutta
ist eine Legende, sie ist das nostalgische Relikt römischer Künst-
lerkolonien, ihr ermüdetes, aber luxuriöses Zitat, voller Galerien,
Hinterhöfe und prunkvoller Antiquitätengeschäfte.

Dort wird gespeist, viereinhalb Stunden, und der Vereinba-
rung zufolge, die zu Beginn der Mahlzeit getroffen wird, kostet
der junge Mann auf diesem langen Weg ins animalische Schlem-
men vor allem jene Speisen, deren Genuss ihm aus unerfindlichen
Gründen bisher weitgehend versagt war.

Auch die aufgebotenen Weine sind von einer Qualität, dass der
junge Mann laufend auf das hymnische Vokabular zurückgreift,
mit einer Entschuldigung, wenn er den lyrischen Ton manchmal
um Nuancen verfehlt. Zur Einzigartigkeit dieser raren Momente
trägt ferner bei, dass die Unterhaltung gegenüber der raffinierten
Feinheit der Speisen nicht abfällt, im Gegenteil, sie macht diese
hybriden Steigerungen, die von erlesenen Artischockenfüllungen
über Trüffelexzesse bis zu dämonischen Innereien in exquisiten
Barolo-Saucen führen, leicht mit.

Am Ende hat es den Anschein, als sei der junge Mann aufgenommen in einen Orden, der sich in den römischen Nächten an geheim gehaltenen Plätzen einfindet, um den kulinarischen mit dem rhetorischen Genuss zu verbinden, Musik höchstens am Rande. Jedenfalls notiert der Gastgeber nach Beendigung aller Rituale, gegen 3 Uhr nachts, Name, Adresse und Telefon, sehr exakt, und gibt zu verstehen, dass für das weitere Leben des jungen Mannes in Rom von nun an gesorgt sei.

Fünf Tage später erhalte ich eine telefonische Einladung. Ich werde gebeten, mich des Nachts, nach 22 Uhr, in einem Haus nahe der Spanischen Treppe einzufinden, wo sich ein nicht weiter bezeichneter Kreis kulturell inspirierter Menschen der schönen Geselligkeit hinzugeben scheint.

An der Tür der panoramatischen Wohnung, einer geschickten Symbiose aus Zimmern, kleinen Treppen und offenen Terrassen, von denen aus man dem römischen Luxus ringsum mitten ins Herz zu schauen glaubt, empfängt mich ein junger Mann, der über einem weißen, an den Oberarmen dramatisch aufgebauschten Hemd eine rote Samtweste trägt. Seine kurze Begrüßung ist derart mit Zitaten gespickt, dass ich sofort die Hoffnung fahren lasse, ihm etwas in derselben Manier zurückgurren zu können. Um mich nicht vollends in Verlegenheit zu bringen, antworte ich auf Deutsch, wobei ich hoffe, dass die fremde Sprache ihn zwingt, seinem ausufernden Worttalent Zügel anzulegen. Ich habe mich jedoch getäuscht, denn ohne sich lange zu besinnen, antwortet er ebenfalls deutsch, ohne Akzent, sicher und allerdings knapp, als sei diese Sprache, verbrockt, ein einziges Dickicht, es nicht wert, ausführlicher bedient zu werden.

Von nun an bin ich allein, wenn ich mich auch in einer von Stunde zu Stunde anwachsenden Gesellschaft bewege. Ich werde immer wieder gegrüßt, freundlich, ja enthusiastisch, doch mit einem Abstand, der mich glauben lässt, man halte mich für einen fremdländischen Magier, dessen Kreise man besser nicht stört. Das Personal, ausschließlich junge Männer in weißen Hemden mit roten Samtwesten, bedient mich mit einer Zuvorkommenheit, als hätte ich weiß Gott welche Meriten.

Manchmal versuche ich einen Scherz zu machen, um hier und da ins Gespräch einzusteigen, doch meist begrenzt man den Dialog auf ein elegantes Anstoßen, dem eine knappe Eloge auf die schöne Nacht folgt. Zweimal höre ich aus diesem Hymnus ein Baudelaire-Zitat heraus, einmal glaube ich, an ein Gedicht von Montale erinnert zu werden, doch ich bin sicher, in diesem brodelnden Stimmengewirr nicht einmal einen kleinen Teil der vermischten Andeutungen verstanden zu haben.

Und so gebe ich dieses Gesellschaftsturnier insgeheim auf, ich nehme eine der kleinen Treppen zur weitläufigen Dachterrasse, lasse mir kurz nach Mitternacht einen Teller mit Lasagne servieren und genieße die Umgebung: vor meinen Augen flimmern die gestutzten Zeigefinger von Trinità dei Monti, zur Linken überhängt der gewichtige Bau der Villa Medici das Efeumeer einer Brüstung und, noch weiter entfernt, lodert der Aufstieg zum Pincio, auf dessen Höhe jetzt die Motorräder kreisen, um das drohende, endgültige Dunkel der Nacht noch eine Zeit in den Wäldern zu halten.

Das alles ist schön, ganz gewiss, ich habe keine weiteren Wünsche, ich nehme mir vor, noch eine halbe Stunde zu bleiben, um dann, ohne aufzufallen, das Weite zu suchen, als sich einer der sprachbegabten Knaben mir zuneigt, um mich, leise flüsternd, als ginge es um obszöne Themen, zu fragen, ob ich gleich vortragen wolle.

Ich lasse mir Zeit, ich schaue hinüber zu den lockenden Architekturen, und ich versuche, den Eindruck zu erwecken, als träfe diese Frage eine heiße Erwartung. Dann aber bitte ich, mich für diesen Abend zu entschuldigen, leider, gewiss, doch heute, gerade heute, fühlte ich mich nicht in der Lage, längere Stellen zu rezitieren.

Er erwidert meinen Blick mit einem Nicken, als komme dergleichen immer mal vor, dann verschwindet er eilig, vielleicht auf der Suche nach weiteren Opfern.

Wenig später höre ich so etwas wie einen Schrei oder, genauer, einen sich in der Höhe recht lange und markant aufhaltenden Ton, der einen geradezu zwingt, die Dachterrasse zu verlassen, um sich in die unteren Räumlichkeiten zu begeben, wo drei Herren mittleren Alters, stehend, den Nebenmann streng ignorierend, nacheinander ihre Gedichte vortragen, jeweils eins, der Reihe nach, so dass man die drei Temperamente in rascher Folge zu hören bekommt.

Es handelt sich um italienische, französische und portugiesische Gedichte, doch diese Zuordnung ist die einzige, die mir gelingt, denn alles andere hört sich an, als hätte ein einziger Autor all diese Verse verfasst. Der sich immer mehr verfestigende Eindruck ist nämlich der eines lyrischen Schlachtens, eines massakrierenden Ausweidens, Ekstasen in der Art jener barocken Orgien, wie sie Geheimbünden gut angestanden hätten.

Dabei gebärden sich die drei lyrischen Talente alle in derselben Manier: grollend, die Worte auf dem Hackbrett der Zunge zerreibend, sinnlich, als zwänge sie irgendeine Hypnose, nur noch Ameisenleber zu essen, und aufbegehrend, als gelte es, den Parnass in einer Art Reitersturm so zu nehmen, dass kein Apoll mehr neben dem anderen bleibt.

Das alles ist komisch, sehr komisch, und doch scheine ich der Einzige zu sein, der das Lachen unterdrückt, neben mir jedenfalls gehen die Herrschaften begeistert mit, zischeln sich etwas zu, schnalzen nach einem Gedicht überlegen, ja, beinahe hysterisch und folgen dem Orkan der metrischen Abenteuer wie ein munter gestimmter Chor, der manchmal die Melodien der Vorsänger begleitet und sich hin und her wiegen lässt.

Nach einer halben Stunde sind die Explosionen vorbei, erst jetzt schmettert der Applaus alle Einwände sofort in den Orkus, denn es handelt sich um einen, was die Lautstärke betrifft, durchaus sportiven Applaus, einen, der sogar die Motorräder auf dem Pincio zum Schweigen bringen könnte.

Eine solche Darbietung verlässt man nicht, ohne dezent seinen Respekt zu beweisen. Meine Erkundigungen ergeben, dass es sich um drei Seminaristen handelt, um Priester des Herrn, denen die heilige Kirche versagt hat, ihre lyrischen Sensationen der Öffentlichkeit preiszugeben. Daher lesen diese unterdrückten Talente nur hier, man nennt ihre Namen nicht, man verschweigt ihre Herkunft, man lauscht nur diesen sich wie Fontänen in den Himmel aufrichtenden Klängen.

Noch dreimal folgt der junge Mann solchen Einladungen, und immer verlaufen die Zeremonien in derselben Weise. Die Lesungen, hat er inzwischen verstanden, sind ausschließlich lyrische Darbietungen, um so leichter hat er es, sich immer wieder zu entschuldigen, mit dem Hinweis darauf, dass er ein Epiker sei. Von Mal zu Mal wird er nun mehr ins Gespräch gezogen, und endlich gesteht man ihm, welche Freude er allen Beteiligten machen würde, mit deutschen Versen aufzuwarten. Deutsche Verse nämlich wären mit der Zeit so etwas geworden wie eine Rarität, die Gesellschaft hätte sie angeblich schon seit Monaten vermisst, jetzt aber, vor der Sommerpause, wünschte sich alle Welt nichts sehnlicher, als mit ein paar deutschen Versen die letzte, große Soirée zu beenden.

Der junge Mann hatte schon verstanden, doch hatten ihn diese Wünsche in eine der ärgsten Verlegenheiten seines dichterischen Daseins versetzt. Um es ganz offen zu sagen, so hatte er sich noch nie darangemacht, ein paar Verse zu schreiben. Alles, was er je geschrieben hatte, war Prosa gewesen, selbst in Jahrzehnten hatte er diesen spröde nur scheinenden Rhythmen die Treue gehalten.

Aber er konnte nicht ablehnen, und so kleidete er sich zu der vierten Einladung in einen passenden schwarzen Anzug, lieh sich eine Weste aus, versah das Knopfloch des Anzugs mit einer immens duftenden, exotischen Blume und trat in einer ihm unvergesslich bleibenden Nacht in der Nähe der Piazza Navona mit Versen auf, die er auswendig gelernt hatte.

Sicher, es waren seine eigenen Verse gewesen, aber er hatte sie doch mit diversen Zutaten bestäubt, mit Reminiszenzen aus den Gedichten Góngoras und mit ähnlich entlegenen Duftnoten. Er, der bei Lesungen sonst die Ruhe selbst blieb, hörte sein Herz so laut schlagen, als pumpte es im Verbund mit den Versen heißes Perlmutt in die Ohren, er, der sich niemals hatte hinreißen lassen, den Vortragston stark zu verändern, schien immer mehr auszugleiten auf dem glatten Parkett seiner Rhythmen, und doch erlebte er in diesem Rasen, das ihm vorkam, als sei jemand wie der junge Kinski in ihn gefahren, eine ungeahnte Bestätigung. Es war, als habe er, seit Jahren nur kleiner Cembalist inmitten des großen Orchesters, sich endlich aufgeschwungen zum Posten des Domorganisten.

Ich habe die drei Gedichte, die ich an diesem Abend vorgetra-

gen habe, nicht vergessen; ich habe sie aber niemals aufgeschrie-
ben. Ich habe ihre flüchtigen, einmaligen Fassungen bewahrt,
die ich verbergen werde für immer, als sei ich ein Seminarist, der
nur einmal, in tiefer Nacht, habe finden dürfen zum Verbotenen,
Dunklen.

Pranzo totale

Im Gegensatz zu meinen frühen Studienjahren konnte ich mir während meines zweiten längeren Aufenthalts ab und zu ein typisches Pranzo (Mittagessen) in einem römischen Restaurant leisten.

Wollte man damals den klassischen Ritualen einer ausgedehnten Mahlzeit folgen, musste man die Kunst des Bestellens beherrschen. Der Genuss von mehreren Gängen zog sich dabei meist über mehrere Stunden hin. Es war ein Schauspiel ganz eigener Art, mit einem Regisseur und Schauspielern, die beweisen mussten, dass sie die italienischen Gepflogenheiten gut kannten und sich penibel und souverän an ihnen orientierten.

Gelang einem das, freute man sich, nicht mehr als Fremder, sondern als guter Freund verabschiedet zu werden.

Sonntagmittag, gegen zwölf Uhr. Wir sind die ersten Gäste des kleinen Lokals, dessen weiß gedeckte Tische unter einem großen Sonnensegel draußen vor den geöffneten Türen stehen. Der Kellner, um die sechzig, lässt sich Zeit, das Paar zu bedienen, noch weiß er nicht, was er mit ihm anfangen soll, es könnten Fremde von jener Art sein, die er nicht mag.

Daher kommt er nach einer Weile vorsichtig vorbei, übergibt die Karten, legt den Kopf einen Moment schräg und verschwindet wieder in der dunklen, kühlen Tiefe, nach drinnen. Nun können wir die Karte studieren, wir haben Zeit, aber es kommt darauf an, wie wir die Karte studieren, hastig, unruhig oder langsam, beinahe gelangweilt, mit dem Ausdruck derer, die die Flamme des Vergnügens erst allmählich entfachen.

Denn von drinnen, aus der kühlen Tiefe, trifft uns ab und zu sein betont unauffällig schweifender Blick, der beginnt, kurze Bilder zu sammeln, Bilder unseres Umgangs mit den Materien, die jetzt ihre Anerkennung erfahren sollen, durch ein Nicken, ein kurzes Lächeln, eine Frage, ganz knapp.

Dann kommt er zum zweiten Mal, um die Bestellung aufzunehmen. Er schaut uns offen an, wir wissen, es handelt sich um den entscheidenden Moment der Prüfung, der alles Weitere regelt. Jetzt nicht zu viele Worte verlieren, jetzt nur die Spur andeuten, der man geneigt ist zu folgen!

Er fragt nicht, er wartet nur, was wir zu sagen haben, und so sagen wir unsere ersten Wünsche auf, indem wir noch zögerlich sprechen, mit jenem Gestus, der andeutet, dass wir jetzt auch von ihm etwas erwarten.

Ah, zunächst die Vorspeisen? Etwas Gemüse, ein wenig, jeweils eine kleine Portion, ein wenig hiervon und davon, ah, gut, das wird er schon machen. Und etwas Prosecco, jeweils ein Glas, gut, gut, das mag gehen.

Er wendet sich ab, wie erleichtert, dass dieser erste Anlauf sich reibungslos und glücklich gestaltete. Das Paar hat den Vorhof der Genüsse betreten, es streift die Schuhe ab und wäscht seine Hände in den Wassern des kleinen Brunnens, die säuseln von den heiligen Dingen.

Wir warten jetzt kürzer, denn nun bedient er uns mit einer kleinen, kaum merklichen Spur von Aufmerksamkeit, hier ein Rücken des Glases, dort ein Verschieben von Gabel und Messer.

Das alles aber wird noch gestärkt durch seinen Stolz, der etwas hat vom Stolz verschwiegener Diener, die längst keiner Herrschaft, sondern nur noch dem Eigentlichen dienen.

Als er die kleinen Vorspeisenteller serviert, das Brot hat er selbst in der jetzt duftenden Kühle geschnitten, erkundigt er sich ganz en passant, als gelte es noch, ein geringfügiges Detail zu bestätigen, nach dem ersten Gang, der Pasta. Während wir den Teller leicht berühren und mit einer höchstens tupfenden Drehung als unser Eigen erklären, haben wir die Bestellung zu murmeln, so rasch, so diskret, als seien wir längst gute Freunde geworden, die sich die bunten Bälle zuwerfen.

Und er folgt uns, indem er diese Bestellung mit seinem eigenen Murmeln bestätigt, murmelnd lassen wir unsere Stimmen ineinanderklingen, wie Orientierung suchende Streicher, die endlich zum Unisono gefunden haben.

Langsam beginnt das Lokal, sich zu füllen, doch noch immer trifft uns von drinnen, aus der nun sich ausbreitenden kühlen Ferne, wo man die Herrlichkeit einer Küche vermutet, manchmal sein Blick. Jetzt aber ist es der Blick eines wohlwollenden Vaters, der dem Spiel seiner Kinder zuschaut, dem Drehen der Gabeln, dem Kosten des Weins.

Unser Einverständnis ist nun so groß, dass er sich bei der nächsten Bestellung mit einigen Vorschlägen vorwagt, er nennt die besonderen Speisen des Tages, dieses Fleisch, jenen Fisch, in der Verbindung mit diesem, jenem Gemüse. Und während wir einen Augenblick Zeit erhalten, diese Phantasmen nun auch noch zu denken, schenkt er den Wein nach, leise gurrend, als überkomme ihn selbst schon die Wollust des Essens.

Es ist so weit, wir legen uns fest: dieses Fleisch, jenen Fisch, ah, gut, jetzt lacht er, entschieden, er lacht, als hätten wir das Tor ins

Innerste aller Rituale aufgestoßen und als stünde er als einer der Ersten bereit, uns darin zu begrüßen und zu umarmen.

Das Weitere ist dann ein Tanzen auf höchstem Niveau, ein Hin und Her der Worte, der Anerkennungen, ein Nachschenken, Nachlegen, Nachreichen, durchzogen von kurzen Freudenbekundungen, als sängen wir ein vielstimmiges Halleluja auf diese Stunde!

Kaffee, ja, gewiss, danach eilt er noch einmal hinein und erscheint mit der letzten Belohnung, einem Glas Vino Santo, auf Kosten des Hauses, sein Glas, will er sagen, unser Glas, das Glas, dessen Erscheinen wir dem Bestehen all dieser Prüfungen verdanken.

Er zeigt, dass ihm unser Bezahlen unangenehm ist, denn im Grunde gehört Geld nicht zum Ritus. Und so schaut er uns fragend an, greift nach Begleichung der Schuld nach der Rechnung und vernichtet sie, nachdem wir seinen Ekel vor dem Mammon bestätigt, mit der Opfergeste der letzten, tiefsten Verachtung.

Die dritte Ankunft in Rom – Villa Massimo 2

Anfang der neunziger Jahre wurde mein zunächst für ein halbes Jahr angesetztes Stipendium in der Villa Massimo auf meine Bitte hin verlängert. So reiste ich zwei Jahre nach meiner zweiten Ankunft 1993 noch einmal nach Rom, um bis in den Herbst zu bleiben.

Diesmal reiste ich jedoch nicht mehr allein, sondern mit meiner kleinen, gerade zur Welt gekommenen Tochter. Da meine Frau berufstätig war, konnte sie uns nicht begleiten, sondern nur dann und wann besuchen. So musste ich ein ganz eigenes römisches Leben organisieren: unterwegs mit einem erst einige Monate alten Kind, fasziniert davon, wie selbstverständlich und froh es auf alles Neue reagierte.

Ich habe die Monate mit meiner Tochter heute als eine der schönsten Zeiten meines Lebens in Erinnerung. Den Verlauf der Tage und ihre Besonderheiten habe ich in einem Text festgehalten, dem ich den Titel Römische Sequenz *gab. Noch immer ist in ihm die Atmosphäre jener Wochen und Monate gegenwärtig: Szenen eines römischen Glücks, das die Glücksmomente nach meiner ersten Ankunft in der Ewigen Stadt noch einmal bei Weitem übertraf.*

Liebe Katja G.,

jetzt ist es so weit, ich habe den zweiten Teil meines römischen Stipendiats zusammen mit dem Kind angetreten und wohne diesmal nicht im Haupthaus, sondern in Studio 3 der Villa Massimo, Rom.

Das Studio hat einen großen Atelierraum mit einer im hinteren Bereich umlaufenden Galerie, von der aus man durch die schrägen, die ganze Dachhöhe der Vorderfront ausfüllenden Lichtbreiten der Fenster auf das Villengelände schaut. An den Atelierraum, in dem die wenigen Utensilien, die ich für meine Arbeit brauche, sich wie Strandgut in einer Weite von über hundert Quadratmetern verteilen, schließen sich die Küche und das Schlafzimmer an. Ein kleines Gästezimmer gibt es noch, nach vorne heraus, während von der Küche eine kleine Treppe hinunterführt in den hinteren Gartenbereich, wo der Esstisch mit Stühlen wartend und lüstern im Freien steht.

Meist stehe ich sehr früh auf, nicht selten schon gegen sechs, oft auch noch früher, weil ich diese ersten Stunden ganz für mich haben will. Es ist die Zeit, in der das Kind noch schläft, ich schleiche mich aus unserem Schlafzimmer, bereite mir einen Tee, setze mich auf die kleine Treppe oder umrunde für eine halbe Stunde das nahe Terrain der Villa. Ich habe mir ein altes Fahrrad besorgt, auch mit dem drehe ich oft meine Runden, und es ist eine große Lust, in der Frühe so durch die kleinen Straßen zu streifen, zum nahen Markt oder weiter, bis zu den Kirchen *Santa Costanza* oder *Santa Agnese*, aus der die Stimmen des Frühgottesdienstes schallen.

Manchmal werde ich von einem solchen Freudenanfall heimgesucht, dass ich mich beherrschen muss; alles um mich herum lebt so auf mich zu, dass man Furcht bekommen könnte, darin ganz zu verschwinden, in den warmen Kaffeeatmosphären der Bars mit ihrem raschen Spiel der Bedienung, in den noch kühlen Schatteninseln der nahen Parks, in denen an den Nachmittagen die Kinder aufmarschieren, schön, beinahe festlich gekleidet.

Und ich höre die alten Stimmen wieder, die ich für meine ewigen Traumstimmen halte, wie ich sie in Deutschland alle paar Nächte lang höre, die gedehnten Rufe der Eltern, die den davoneilenden kleinen Wesen nachstellen, den regelmäßig wiederkehrenden Schrei des Postkartenverkäufers, das Gurren und Psalmodieren der Marktleute und den harschen, eintreibenden Klang einer Glocke.

Erst gegen acht, oft noch etwas später, bin ich zurück, da, glaube ich, bin ich bereits mit den römischen Elementen in enger Verbindung, so dass der Tag seine Kraft hat und seinen Schwung. Den Vormittag verbringe ich meist mit der Arbeit, erst nach dem Mittagessen geht es für mehrere Stunden hinaus, wobei ich oft der Fremdenführer des Kindes bin, dem ich die Stadt zeige, auf es einredend wie auf eine Erwachsene: ›schau‹, ›siehst du?‹

Alle paar Minuten wird man angehalten und angesprochen, die Erscheinung des Kindes zieht sofort die Aufmerksamkeit auf sich, und ich stehe Rede und Antwort. Gute Ratschläge gibt es, kleine Geschenke, herzliche Grüße, meine Gänge durch die nahen Geschäfte sind hohe Visiten, von Freudenturbulenzen unterlegt bis zum Verlassen, wo die Ladenbesitzer mich hinausbegleiten bis auf die Straße.

Ich freue mich sehr auf diesen römischen Sommer, liebe Katja G., ich freue mich sehr.

Am frühen Morgen für einige Minuten auf den noch kühlen Travertinstufen, die hinab zum Kiesweg hinter den Studios führen. Die Sonne hat noch keine Kraft, auf den matt herabhängenden Wedeln einer geduckten Palme liegt eine schwere Schicht Staub. Die Katzen passieren die Studios oder aalen sich vor den dunkelgrünen Rollos, die man auch tagsüber herunterlässt, um die stehende Hitze nicht in die Zimmer zu lassen. Irgendwo ist noch eine Spur Feuchtigkeit versteckt, man kann sie riechen, dann beginnt die Sonne zu steigen und schiebt die Wärmekissen hinters Haus.

Kurz nach sieben. Im Foyer der Privatklinik laufen schon die Staubsauger. Die Bars haben längst geöffnet, die meisten Geschäfte noch nicht. Die Sonne wartet, nur ein paar blasse Wolkenfelder hier und da, die sich noch nicht entscheiden können. In der Bar an der Piazza Bologna ist es stiller als sonst, die müde Frau an der Kasse wischt sich die Augen, der junge Mann, der einem den schwarzen Kaffee hinschiebt, arbeitet hastiger. Die Flotte der Taxifahrer hat sich vor einem Blumengeschäft eingefunden, die Zeitungskioske, meist vollgestopft wie hochgezüchtete und überfütterte Masttiere, die an der zotteligen Last der seitlich aufgehängten Videokassetten schwer tragen, haben heute wegen eines Streiks geschlossen.

Die Rollos der Lebensmittelläden gehen jetzt, gegen 7.30 Uhr, hoch, die Waren werden schon in der prunkenden Theke drapiert. Auf der Viale Ventuno Aprile warten die Motorrad- und Vespafahrer in dichten Pulks vor den Ampeln auf den Startschuss, dahinter die zögerlichen Autos, die dann auch abgehängt werden.

In der Via Nomentana schießt das Wasser von überallher gegen die Bordsteine, als wollte es die lastende Schwere der Nacht fortspülen. Die Botschaft Afghanistans, ein märchenhafter Bau mit einer schwarz-weißen Flagge, ein öffentlicher Park wird gerade geöffnet.

Jetzt einbiegen in die Via Antonio Nibby, es ist 7.45 Uhr.

Puristisches Gefallen: etwa an Pinien, die aussehen, als seien sie in Urzeiten einmal andere Bäume gewesen, dekorativer, mit reichem, saftigem Blattwerk, in Jahrtausenden aber ausgedorrt zu diesen minimalen Andeutungen von in den Himmel hinaufgewandertem Grün, das die erhitzte Luft auffängt und bewahrt für die kurze Nacht, in der sie an den mager gewordenen Stämmen zu Boden sinkt: oder an einem weißen Teller, stumpf schimmernd, auf dem heute ein goldbraun leuchtendes Stück Huhn lag, das ihm irgendjemand freundlich hingestellt hatte, neben eine schlanke Karaffe mit dunkelrotem Chianti: oder an einer schmalen römischen Straße mit ihrem schwarzen, schweren, an den Morgenden noch feucht leuchtenden Pflaster: all das erinnert ihn an Malerei, an exakte Skizzen, auf denen alles Störende weggeräumt scheint und die Formen konkret und fest aus der stofflichen Präsenz der Gegenstände und Farben entstehen.

Für drei, vier Stunden an die Arbeit, bis der Kopf sich langsam leert, gerade an der Grenze zur Blödigkeit, etwas essen, aber nicht viel, meist Salat oder Gemüse, selten ein Stück Fleisch, eher Fisch, zwei oder drei Urtiere, mit ihren spindligen Fossilienbeinchen, die in der Hitze des Ofens zu knusprigen Gliedern erstarren und orangen aufleuchten, ein Glas Wein, sehr viel Wasser gegen den immer größer werdenden Durst, lesen, keine Zeitungen, sondern etwas Schweres, an dem ein Schreiber lange gesessen hat, Aufzeichnungen mit guten Beobachtungen, die das Hirn anregen, gerade so, dass man die Grenze zur Müdigkeit mit frischen Bildern im Kopf überschreitet, Siesta in der Hitze des Mittags, mit vielen, einander rasch verdrängenden Träumen, erleichtert wach werden, sich durchs Gesicht fahren mit reichlich Wasser, noch einmal an die Arbeit, am späten Nachmittag der Aufbruch in die Stadt, reiches Sehen, mit der Empfindung, alles, aber auch alles festhalten zu müssen, sich nirgendwo allzu lange niederlassen, stundenlang in Bewegung, bis die Sonne zwischen den Häusern in den schmalen Lichtfängen vertropft, die Dächer noch ein letztes Mal aufleuchten und deine Gestalt im Dunkel verschwindet, irgendwo.

Jetzt, gegen 14 Uhr, draußen schnarren die Zikaden, eine Art Hitzeschwingung im monogamen Sonnenlicht, jetzt gegen 14 Uhr, er hat sich den Kopf gewaschen, und die Haare sind im Mittagsdunst des großen, verdunkelten Zimmers in Minuten getrocknet, jetzt hat er es sich, bei einer halben ›Antico Toscano‹, er raucht sie mit jener Energie, die ein Verglimmen verhindert, er saugt daran wie an einem Nektar, der sich in seinem Mund zu einer stickigen Fäule verdichtet, einer feuchten, belebenden Fäule, jetzt, gegen 14 Uhr, hat er es sich mit Gaddas Roman über die Verbrechen in der Via Merulana bequem gemacht, hoher Mittag, die Sonne hat alles eingepudert, jetzt also, nach etwa einer Stunde Lektüre von Gaddas groteskem Roman, in Erregung gehalten durch eine winzige Mahlzeit, einen Artischockenboden, eingelegt in Öl, einen Schluck kühles Wasser, trockenes Brot, so etwa die Ration, die klein sein muss, weil er nicht müde werden will und die ›Antico toscano‹ ihre betäubende Wirkung nur entfaltet, wenn er sehr wenig gegessen hat und den Magen dadurch angreifbar gehalten für ihre feuchten Säfte, jetzt also, gegen 14 Uhr, nach einer Stunde langsamer, beinahe süchtiger Lektüre, glaubt er die Stimmen aus der Via Merulana zu hören, er glaubt den Bohnerwachsduft zu riechen, den Gadda in die Wohnungen bläst, lauter nervöse Stimmen glaubt er zu hören, immer dieselben Themen, mit einem leichten Crescendo manchmal, und er, allein in seinem verdunkelten Mittagszimmer, so vollgesogen mit den kataraktischen Stilspielen Gaddas, glaubt sich Rom physisch nahe wie kaum zuvor, dicht eingesponnen in seine zirkulierenden Sprachen und Stimmgewitter, und er hält still, jetzt, gegen 14 Uhr, als könnte er schon mit einer leichten Bewegung alles verderben …

Er ist den Tag über allein mit dem Kind. Er sitzt nebenan, das Kind schläft, und wenn er durch die Zimmer geht, geht er langsamer als sonst, als würden seine Schritte dadurch unhörbar. Er horcht, nichts. Er setzt sich wieder und nimmt sich ein Buch, aber in Gedanken ist er bei dem Kind, in der Nähe seines empfindlichen Körpers und des warmen Dunstes, der diesen Körper wie ein Ring von Atmosphären umschließt. Er riecht diese Hautstoffe, er glaubt sie durch die einen Spalt geöffnete Tür zu riechen, und er legt das Buch beiseite, weil ihm die Worte zu schwer geworden sind und er nicht die richtige Lektüre zur Hand hat, eine, die ihn ablenken würde, geschickt inszenierte Unterhaltung.

Er trinkt ein Glas Wasser und setzt das Glas leise auf die Tischplatte, er steht wieder auf und schleicht durch den Raum wie eine Katze, nur dass er sich kaum traut, nach rechts oder links zu schauen, als könnte ein plötzlicher, falscher Blick das Kind wecken. Obwohl er, wie er zu Freunden sagt, reichlich Erfahrung mit dem Kind besitzt, träumt er doch manchmal von nicht zu bewältigenden Katastrophen und Unfällen, die vom Kindsraub bis zu einer schweren Krankheit reichen, die jeder, nur er nicht auf den ersten Blick erkennt.

Er setzt sich wieder und wartet. Innerlich ist er gespannt, nach außen macht er den Eindruck eines Menschen, den nichts aus der Ruhe bringt. Dabei beunruhigt ihn die Vorstellung des plötzlichen Kindstods, das ist es, was ihn in dieser eigentümlichen Spannung hält. Er stellt sich vor, der Tod finde Einlass durch den schmalen Spalt, vor dem er nun wie ein Wächter und Hüter sitzt, er sieht diese Szene oft vor sich, sie erinnert an Stummfilmsequenzen mit Vampiren und Monstern, die feinen Düften folgen, exquisiten und frischen Gerüchen.

Wenn er das Kind aus dem Bett nimmt, küsst er es, sofort. Das Kind lächelt, nachsichtig, als wüsste es mehr.

Die römische Trägheit. Eine Stadt, die die Ausscheidungen ihrer schweren Vergangenheit bebrütet; etwas Elephantöses haftet dem an, inzestuöse Schwere, Urahnenschwere, mitsamt dem Moder der Urahnen; ein Gähnen angesichts der Gegenwart; ein warmer, spätzeitlicher Geruch, wie aus Hinterstuben, überhaupt: Kabinette, Attrappen, Fluchtwege, Scheinwände, ein auf Verblüffung setzender Manierismus, dessen Zauber entbunden wurde und dadurch etwas Spukhaftes bekam. Trägheit also als Überdauern, in vor allem vegetativer Form, Schimmel ansetzen, grüne Flechten, die alten Augen verhangen hinter den langsam herunterfallenden Matten der Wimpern, kaum noch Gehör, nur die stark gebogene Nase zieht, in den Urschichten des Gesteins, den verderblichen Geruch der Gegenwart wie schwarzes Kokain tief in sich hinein.

Die Fassaden glühen, Leuchtzeichen und Signale überall. Die Galleria Colonna wird restauriert, du überquerst den Corso, weichst einer Demonstration aus und erreichst bald das Pantheon. Es liegt vor dir in der schweren Sonne wie ein gerade gebändigtes Tier, eine riesige, wuchtige Erscheinung, an den Flanken getroffen, wo der Marmor herausgebrochen ist, schwere Wunden auch an den Ziegelmauern, als habe der Feind von allen Seiten und mit allen nur denkbaren Waffen zugestoßen und zugestochen.

Du stehst in der Vorhalle, die gerade noch auszuhalten scheint, das Dachgerüst wie ein Provisorium, deshalb gehst du eilig hinein in das große Rund, und da siehst du den entscheidenden, letzten und tödlichen Treffer, das Wundmal des Todes oben im Dach, durch das die Sonne jetzt hineinschießt und die Kassettendecke abtastet, wie goldenes Blut langsam an den Kassetten hinabläuft, und unten gehen die Besucher herum wie Zeugen eines gewaltigen Dramas, mit diesem Treffer, denkt man, ging eine Epoche zu Ende.

Und dazu passen so gar nicht die harmlosen, ja lächerlich erscheinenden Gräber unten im Rund, auch Raffaels Grab eher nur wie ein Versteck, ein paar Knochen, die man in eine Nische gekehrt hat. Und das Flüstern der Besucher ist kaum zu hören, alle starren hinauf zu der Wunde und fliehen dann doch eilig wieder hinaus, als könnten sie noch zur Rechenschaft gezogen werden.

Nahe dem Pantheon eine Straße nur mit Artikeln für den sakralen Bedarf, Bischofsmitren im Fenster, Nonnengewänder, in Grau, Weiß und geradezu schon auffälligem Blau, eine Straße nur mit Korbgeschäften, eine andere mit Weinläden, und jedes Geschäft akzentuiert den Blick aufs Metier, als seien all diese Dinge äußerst rar, Pretiosen seit Jahrhunderten, und eben nur in diesem einen Laden zu erhalten.

Geschäfte, die an Werkstätten angegliedert sind, im hinteren Teil des Ladens, hinter dem diskret vorgeschobenen Vorhang, ist die heimlichtuerische Zone, wo geflüstert oder getrunken wird. In einem Weinladen höre ich Stimmengemurmel aus diesem Versteck, ich frage nach, und wahrhaftig, dort, im Halbdunkel eines kleinen, völlig schmucklosen Raumes sitzen sie, zehn, fünfzehn leicht betrunkene, alte Männer, etwas zu laut, aber nicht von der Lautstärke Betrunkene, wahrscheinlich glauben sie, dass sie sich ihre Sätze zuflüstern. Sie sitzen da an einfachen Tischen, keine

Tischdecken, kein Schmuck, nichts, an den Wänden verblichene Plakate von Fußballmannschaften, die vordere Reihe kniend, in der Mitte der Torwart, dahinter die Stürmer, die Arme vor der Brust verschränkt.

Die Alten beachten mich nicht, erst als ich schon eine Weile dasitze, steht einer von ihnen auf, verschwindet hinter dem Vorhang und kommt mit einer Karaffe zurück, die er mir auf den Tisch stellt. Etwas Brot? Käse? Als ich abwinke, lächelt er, jetzt bin ich aufgenommen in ihren Klub, Trinker unter sich, die sich niemandem erklären.

Die kleinen Lebensmittelläden, allesamt Prinzenreiche für die Kinder und goldene Reviere für die Mütter, die mit abwägendem Blick an den Vitrinen entlanggehen, mit den Achseln zucken, als ginge sie all diese Pracht kaum etwas an, und dann sicher entscheiden: dieses Stück, genau das, davon eine Ecke, nein, die andere.

Der Stolz der Ladeninhaber, die ihre Waren besprechen, als seien es Waren aus dem Reich von Tausendundeiner Nacht, seltene Leckerbissen für Eingeweihte. Ausführliche Erläuterungen, etwa von Bestandteilen der erlesen wirkenden Pasten, die in kleinen Schalen von einer dünnen, im Kältezug der Vitrinen zitternden Zellophanhaube geschützt werden, als könnte schon ein falscher Hauch sie zusammenfallen lassen: richtig, das ist darin, auch davon, ein leichtes Lächeln, als habe man tausend Varianten erprobt und gerade diese sei nun die einzig richtige, himmlische. Dem Ladeninhaber wird von Helfern assistiert, die die Waren auf die Waage betten, sie in feines Papier einwickeln und in Reih und Glied nebeneinanderlegen, so dass der Chef am Ende der Bestellung, bei der er als Cicerone durch das Reich seiner Waren dient, die Heerschar seiner Treffer begutachten kann, eine stattliche

Zahl, jetzt muss nur noch zusammengerechnet werden, und das darf nur der Chef, der einen mit dem Bon, auf dem alle Waren aufgelistet sind, an das Kassenmädchen verweist.

Das Kassenmädchen aber ist die Gegenfigur zum Besitzer des Ladens, das Mädchen (manchmal ist es auch eine ältere Frau, die Schwiegermutter, eine Tante, eine entfernte, zahnlose Verwandte) schweigt. Es ist die einzige Gestalt, die im fulminanten Einkaufs-reigen zu völligem Schweigen erzogen, ja anscheinend seit Kind-heit im Schweigen ausgebildet worden ist. Schweigend, mit einem unendlich müden Blick auf den Kassenbon, zeigt sie ihr Desinte-resse. Ob man Waren für hundert oder für eine Million Lire be-zahlt, es geht sie nichts an, es sind Zahlen, die im Innern ihres Hirns für eine Zehntelsekunde eine Leuchtziffer aufblinken las-sen, bevor sie mechanisch zu den Geldnoten greift und einem he-rausgibt. Schweigend greift sie nach dem Kassenbon, schweigend gibt sie das Geld heraus, manchmal telefoniert sie während die-ser Aktionen, denn mit einem fernen Partner darf sie reden, aber nicht mit den Kunden, denen sie zu beweisen hat, dass Geld nichts ist, gar nichts, ein lästiges Sammelsurium von Scheinen. Daher schweigt sie, sie löscht das Geld aus, sie breitet den Mantel des Schweigens über diesen Einkauf, sie gähnt kurz auf, Heerscharen ziehen an ihr vorüber, und noch niemand hat sie erlöst.

Noch ein Schritt ist zu tun für den Kunden, zurück zum Besit-zer des Ladens, der inzwischen eigenhändig alle Waren in einer weißen, großen Plastiktüte verstaut hat, er reicht einem die Tüte über die Vitrine, oder er kommt eigens hinter der Vitrine hervor, mit einem Diener. Er strahlt, der Einkauf ist gelungen, es fehlt nicht viel, und er würde einen beglückwünschen für das, was man so klug ausgewählt hat.

Man verbeugt sich kurz voreinander, man verabschiedet sich

und geht wie ein Sieger hinaus. Das Mädchen an der Kasse ist mit einem Zahnstocher beschäftigt. Sie hat nichts gesehen, nichts gehört, ihr ist, als stehe die Zeit still.

Via Bergamo 43. Das Haus der Erinnerung. Hier bin ich vor dreiundzwanzig Jahren eingezogen, oben im fünften Stock, in eine Pension, die von einer älteren Wienerin streng geleitet wurde. Hierher kam ich, kurz nach dem Abitur, mit einem kleinen Koffer und der hybriden Vorstellung, in Rom einen Roman schreiben zu müssen.

Den *Zauberberg* hatte ich dabei, ich wollte ihn ein zweites Mal lesen, ganz langsam, in kleinen Portionen, die genau für ein halbes Jahr reichen sollten, bis zu meiner Rückkehr nach Deutschland. Ich war ein Phantast, ein junges Mitglied einer aussterbenden Sekte, deren Glaube damals zu bröckeln begann und deren Oberhäupter längst gestorben waren oder kaum noch etwas galten, der Sekte der Literaten, und obwohl ich all meine Texte geheim gehalten und nur für mich geschrieben hatte, verstand ich mich, ohne zu zögern, als ihr Mitglied.

In einem winzigen Zimmer der Via Bergamo 43 schrieb ich Seite für Seite, und als das halbe Jahr vergangen war, setzte ich, um dem jugendlichen Pathos meiner Anstrengung besonderen Nachdruck zu verleihen, ein ›finis‹ unter die bildschön beschriebenen Bögen.

Sonntagmittag, Ferragosto, ein heiliger Familientag. Die meisten Lokale sind geschlossen, hier, in der Via Bergamo, ist das einzige geöffnete Ristorante weit und breit, entsprechend der Andrang, drinnen ist es voll, sehr begehrt sind die kleinen, wackligen Tische draußen auf dem Bürgersteig, man wartet in der

Schlange, alte Leute darunter, denen es anscheinend nichts ausmacht, hier eine halbe Stunde zu stehen und den anderen beim Essen zuzuschauen.

In der Schlange wartet auch der Spaßmacher, eine schwatzhafte Gestalt mit blond gefärbten Haaren und einem bunt karierten Hemd, ausgelassen die Gelegenheit nutzend, sich in Szene zu setzen. Italien, sagt er, das ist der Blödsinn, die Idiotie, die Ferragostoidiotie. Alle wollen und müssen essen gehen, unbedingt, ohne Ausgehen geht es nicht, ohne Ausgehen kein Ferragosto. Aber gerade heute sind die meisten Lokale geschlossen. Italienidiotie. Warten, na gut, aber warum unterhält man sich nicht, warum schweigend dastehen, warten, dass einem das Wasser im Mund zusammenläuft …

Die Zuhörer sind amüsiert, der Bursche kann was, er ist eine rhetorische Begabung, und er ist weder dumm noch ordinär, also wird er anerkannt, sogar die glücklichen Esser an den Tischen merken nun auf und hören ihm zu. Ja, das ist ein lustiger Kerl.

Schließlich ist er dran, er ist nun der Erste in der Schlange, er kann es kaum noch erwarten, Platz zu nehmen, ah, dort zahlt schon ein Herr, gut, man kann sich ja schon einmal an diesen Tisch setzen, der Herr wird ja sowieso bald gehen. Der zum Zahlen bereite Herr macht keinerlei Einwände, der Spaßmacher nimmt Platz.

Worauf sich die Kellner, die ihn die ganze Zeit schon misstrauisch beobachtet haben (er stört ihre Auftritte empfindlich), seiner annehmen. Zurück muss er, ganz entschieden, zurück in die Schlange, er darf erst Platz nehmen, wenn der zahlende Herr sich erhoben und seinen Tisch verlassen hat. Italienidiotie, sagt der Spaßmacher, nirgends sind Kellner so schwachsinnig wie in Italien. Aber er steht auf und reiht sich wieder ein in die Schlange.

Worauf die Kellner das Bezahlen des Tischbesitzers hinauszögern. Schließlich zieht der Herr ab, nun muss noch das Tischtuch gewechselt werden, der Tisch wird neu eingedeckt, jetzt erst, nach einer weiteren Viertelstunde, darf der Spaßmacher Platz nehmen. Es ist still, das Gefecht zwischen ihm und den Kellnern kann beginnen.

Wasser? Wein? fragen die Kellner, und der Spaßmacher sagt: einen Kaffee! Ein Kaffee ist der schlimmste Fauxpas, nur die unerträglichsten Touristen beginnen eine Mahlzeit mit einem Kaffee, aber der Spaßmacher sagt: Italienidiotie, warum Wasser und Wein, warum keinen Kaffee? Die Kellner weisen darauf hin, dass er sich in einem Ristorante befindet, Kaffee kann er in einer Bar trinken, dort, gleich um die Ecke. Der Spaßmacher: ist mir bekannt, die idiotischen Rituale dieses Landes sind mir bekannt. Ich werde essen, aber zunächst, bitte, einen Kaffee!

Die Kellner beugen sich der Forderung, nach einer Weile kommt der Kaffee. Früchte, sagt der Spaßmacher, bitte etwas Obst. Obst, antworten die Kellner, wird am Ende einer Mahlzeit serviert. Mag sein, antwortet der Spaßmacher, ich esse Obst zu Beginn einer Mahlzeit, ich bin's so gewohnt, ich bin Individualist, und angeblich sind die meisten Italiener ja stolz auf ihren Individualismus, ich bin's jedenfalls. Das Obst wird schweigend gebracht, nun hat sich die Szene zu einer Geschichte entwickelt.

An den Nachbartischen wird nicht mehr gegessen, der Spaßmacher beherrscht den kleinen Straßenausschnitt, es scheint sich um einen Sketch zu handeln, gar nicht schlecht. Bitte, sagt der Spaßmacher, jetzt etwas Fleisch und Gemüse, und von diesem Moment an dämmert es allen: er stellt die übliche, traditionelle Folge der Speisen auf den Kopf, er begann mit der Nachspeise, um sich langsam zur Vorspeise vorzuarbeiten.

Nun erscheint der Padrone. Mein Herr, sagt der Padrone, geht es Ihnen nicht gut? Sollen wir einen Arzt bestellen? Wie Sie wollen, sagt der Spaßmacher, wenn Sie den Service bezahlen. Warum sich nicht einmal untersuchen lassen? Aber heute ist Ferragosto, da ist kein Arzt zu bekommen, Sie scheinen die idiotischen Sitten dieses Landes noch nicht zu kennen, Padrone. Und bekomme ich nun meine Pasta?

Er bekommt sie, er bekommt alles, was er bestellt, schweigend servieren die Kellner die Speisen, und er kommentiert alles mit dem bittersten Zynismus. Alle warten, etwas muss doch geschehen. Und dann, im letzten Augenblick, als der Spaßmacher die Rechnung fordert, erscheint noch einmal der Padrone. Gehen Sie, mein Herr, sagt der Padrone, Sie waren Gast des Hauses!

Ich? Gast? fragt der Spaßmacher. Leute wie Sie essen bei uns umsonst, sagt der Padrone und lächelt, wendet sich ab und geht, der souveräne Sieger nach Stunden der Schmach, langsam zurück ins Lokal. Der Spaßmacher steht auf, grinst, verbeugt sich und verschwindet. Worauf zum letzten Mal der Padrone erscheint: mit einer weißen, großen Serviette fährt er über das Tischtuch, lupft es vom Tisch, fährt mit der Serviette über die Tischplatte, rückt jeden Stuhl einzeln zurecht und fordert die Wartenden auf, Platz zu nehmen. Und alle haben es bemerkt: sie waren Zeugen einer Teufelsaustreibung.

Villa Adriana in Tivoli, morgens, kurz nach der Öffnung um neun. Die Hitze hat sich noch nicht ausgebreitet, das Wasser in den beiden lang gestreckten Becken scheint wirklich noch Wasser zu sein und nicht der algengrüne, ölige und beinahe unbewegliche Film, der in der Mittagsschwere zu pastoser Schwere erstarrt.

Die großen Ziegelmauern erscheinen in der offenen, weiten

Landschaft wie Achsen, die auf ein fernes Ziel verweisen, das niemand kennt, überhaupt ist die Architektur schwer überschaubar, eine ruinöse Verklammerung seltsamster Gänge und Halbrunde, in denen der Besucher hoffnungslos fremd umhergeht, vorsichtig, als könnte er in jedem Augenblick von etwas Unvorhergesehenem überrascht werden.

Denn all diese Bauten entziehen sich. Sie foppen einen mit ein paar lächerlichen Andeutungen, hier einem marmornen Kapitell, dort einem kleinen Wasserrund, aber sie haben ihre Geschichte so tief in ihrem ewig gleichen dunkelroten Ziegelmaterial verborgen, dass kein Gesamtbild entsteht.

Um dem abzuhelfen, wartet gleich am Eingang ein rekonstruiertes Modell der Anlage, jeder Bau ganz vollständig in seiner ehemaligen Pracht, die Säulengänge, die kaiserlichen Paläste, ja, denkt man, so könnte es gewesen sein.

Wenige Minuten später jedoch, wieder draußen, kommt es einem so vor, als hätten hier Riesen gehaust. Die Gebäudefragmente stehen da wie hingeschmettert, die Wege dazwischen, die die Rumpelpfade späterer Besucher aus dem trockenen Boden gestampft haben, wie Spuren verirrter Blindgänger, die von den schweren, nach innen hin atmenden Bauten geblendet oder verschluckt worden sind. Selbst die wenigen Statuen, die entlang einem großen Wasserbecken so etwas wie eine friedliche Vorhut bilden, erscheinen in ihrer geradezu bestürzenden Hässlichkeit eher wie Drohgespenster.

So gewinnt die Vorstellung in diesem brachialen Gelände keinerlei Halt. Was einen anzieht, sind die wenigen Reste von Natur, die uralten Olivenbäume, die ihre letzten Äste aus den enthöhlten Körperstümpfen pressen, Spuren von verdorrtem, hohem Gras, zwischen dem sich warnend einige rote Feuerlöscher mit lächerlich kleinen Schläuchen verstecken. Nein, denkt man sofort, hier kann keiner löschen, hier verrichtet niemand mehr etwas, um das hier braucht sich kein Mensch mehr zu kümmern.

Und so scheint die gewaltige Anlage sich in der Mittagshitze selbst zu umarmen, die roten Bauten, zwischen denen sich der warme Dunst ausbreitet, der einen klaren Blick auf die nahen Berge von Tivoli unmöglich macht, reißen alles Lebendige in ihre Gemäuer, die Heerscharen der Großen sind abgezogen, und der klein und spurlos gewordene Mensch unserer Tage wendet sich ab.

In der Cafeteria nahe dem Eingang setzt sich der Kellner draußen auf einen Stuhl neben der Tür. Er beißt in ein Stück Brot und schaut dem davoneilenden Gast hinterher.

Katakomben der Priscilla an der alten Via Salaria. Ich steige hinab in das feuchte, etwas muffige Dunkel, das bald einer straffen Kühle weicht, während es über der Erde noch heiß und strahlend zugeht. Langsamer Gang mit einer älteren Nonne, die sich wegen der großen Temperaturunterschiede gut vermummt hat. Tuffgestein, lange, sehr schmale Gänge, die manchmal zu Grabkammern oder Kapellen führen, viele davon geschmückt, mit Stuckarbeiten oder Malereien, darunter die ersten Marienmotive, Maria noch in römischer Tracht, das nackte Kind auf dem Schoß. Szenen und Bilder des Alten Testaments, der vorsichtige, tastende Umgang mit den Bildern des Neuen, deren Gegenwärtigkeit noch zu stark war. Was für eine Zeit!

Heute aber noch immer: die Intimität dieser Räume, und die frische, morgenfrische Schönheit so mancher Bilder, von denen mir das des Sommers in der *Cappella Greca* am besten gefällt. Ein hingetuschtes, in den Gesichtszügen kaum noch kenntliches

Kopfbild, mit Ähren und Blumen, das von einem Kreis umgeben ist, der, durch rötliche Pfeile markiert, in Drehbewegung verstanden werden soll: der Sommer, der vergeht...

Die Bilder werden einige Minuten lang beleuchtet, sie glimmen in der tiefen Dunkelheit auf, wie herbeigezaubert aus einer weiten Ferne oder der unerforschbaren Tiefe der See. Auch die bemühtesten Erklärungen berühren sie eigentlich nicht, alle haben sie etwas Rätselhaftes, In-sich-Gekehrtes, wie Geheimschriften oder Mysteriensprachen, die gegen jedes Begreifen versiegelt sind. Der Kult, dem sie dienten, ist nicht mehr der unserer Tage, das sieht man mit jedem Blick, es ist eine herbe Frische in diesen Bildern, die Magie, die ihnen innewohnt, wirkt beschwörend und doch leicht, nicht bemüht, nicht klerikal.

Vom Treiben und Tun der ›frühen Christen‹ ist immer wieder die Rede, doch die Spuren sind längst getilgt, als hätten diese ersten Bekenner Reißaus genommen, um sich in noch tiefer gelegenen Zonen zu verbergen für immer.

Fregene, am Meer. Über kein Thema wird in diesen heißen Augusttagen in Rom häufiger gesprochen als über das Meer. ›Il mare‹... das ist ein Reizwort, ein Wort der Klage darüber, dass man noch immer in Rom auszuhalten hat, ein Sehnsuchtswort, als finde man am Meer die vollständige Erlösung von allen Hitzequalen.

Am Meer, hier in Fregene, wohin die Römer in Scharen aufbrechen, sind die Temperaturen, trotz all der geschminkten Meldungen in den Tageszeitungen, die eine Linderung von fünf bis sechs Grad gegenüber Rom verheißen, jedoch ebenso hoch, vielleicht noch höher. Die mit der Maschine glatt gefahrenen Sandflächen an den kleinen, abgesperrten Strandparzellen, die man für jene Strandbesucher präpariert hat, die für alles zu zahlen bereit sind, für den Liegestuhl, den Sonnenschirm, die weiße Strandkabine mit eigener Dusche, sind jedenfalls kaum zu betreten, so heiß brennt der körnige Grund.

Kaum einer geht wirklich ins Meer, alle liegen, still und ergeben, unter den schattenspendenden Sonnenschirmen, lang gestreckt, Zeitung lesend oder einfach in sich versunken. Die Zeit der dröhnenden Kofferradios ist vorbei. Die älteren Strandbesucher verzichten ganz auf Musik, die jüngeren benutzen den Walkman, dezent, kaum ein Geräusch ist zu hören außer dem zurückhaltenden Meeresrauschen, einem sehr zurückhaltenden Ansprechen kleiner Wellen, die sich angesichts dieser ununterbrochenen Siesta-Stimmung nicht trauen.

Die pittoresken Bilder, von denen früher berichtet wurde, Bilder, auf denen Strandfamilien ihre ganze Habe mit ans Meer brachten, um sich hier bis in jedes lieb gewordene Detail zu versorgen, stimmen nicht mehr. Heute geht man am Mittag in den strohbedeckten weißen Hauptbau, um dort eine winzige Kleinigkeit zu essen, ein paar Muscheln oder sonst etwas Dekoratives, schließlich will man möglichst schnell wieder zurück an den Strand.

Aber was sucht man dort, in der Nähe der kleinen, wie domestiziert anrollenden Wellen? Nichts als die Stille, das Ausruhen, den Traum. Man liegt, schaut, schläft, selbst das Denken wäre hier eine Zumutung. Man sucht nicht die Kühle, nicht das Wasser, nicht das Land, man sucht nur die absolute Hingabe an die Hitze.

Sich auskleiden, den Körper der Hitze opfern, ihn der Hitze ausstellen, ihn lagern wie eine Hitzepackung, die für Stunden verdorrt und keine andere Regung mehr kennt, das ist es. Niemand sucht das Meer, ›il mare‹ ist eine Illusion, ein klingender Name für exquisite Langeweile, Langeweile pur, das Erlebnis der toten Welt, in der es wie aus einer Erinnerung heraus noch leise rauscht und in der, fern am Horizont, einige Schiffe in den Abend verschwinden.

Rechtzeitig bevor es dunkelt, verlässt man diesen Ort. Geduckt, ohne Aufhebens zu machen, ein Sonnendiener.

Diese Nachmittagshitze... und du bist verrückt genug, den Campo Verano aufzusuchen. Du trittst ein durch eines der aufwendigen, hohen Tore, viel Polizei, sie fahren das riesige Friedhofsgelände ab, auf dem dir bei deinem Rundgang nicht einmal zwanzig Menschen begegnen.

In der Nachmittagssonne bilden die hell aufstrahlenden Marmortafeln eine blendende Phalanx, die älteren mit Schwarz-Weiß-Fotografien der Toten, meist Männer und Frauen in bestem Alter, die einem gleich auf der Straße begegnen könnten. Manchmal ein Kind oder ein junger Mann, ›für unseren großen Lorenzo‹. Viel Lob überhaupt, oft auch der Hinweis auf heroischen Tatendrang, eine Witwe widmet ihrem Mann ein Denkmal, auf dem er mit Degen in voller Uniform posiert.

Dann die großen Familiengräber, kunstvolle Bauten und Grüfte, die meist verschlossen sind. Dazwischen ein Knochenfeld, kaum übersehbar, die Ungenannten sind hier begraben, und es ist dafür gesorgt, dass nach Münzeinwurf automatisch ein Karree von kleinen Lichtern anspringt, wie auf dem Jahrmarkt.

Es herrscht ein seltsames Entrate auf diesem Friedhof, überall wird man aufgefordert, zu den Toten hinabzusteigen, unter der Erde lange Fluchten von Grabplatten, mit einer elektrischen Lampe für jeden Abschnitt. An manchen Ecken große Müllcontainer, trockene Blumen, viele kleine Wasserstellen, und ein großes, lastendes Schweigen. Selbst die Bäume machen in der massiven Fülle der Grabplatten keine Figur, Getier ist so gut wie verschwunden.

Und so bleibt in den von der Nachmittagssonne geröteten Augen nur ein einziges Grauweiß, ein Marmorgrauweiß, vor dem sich all die Fotografien der Toten, die die Grabplatten schmücken, zu einem einzigen Film verdichten, zu einem Stummfilm mit aufmarschierenden Knochen, die sich langsam wieder in Menschen verwandeln ..., so dass du, als du es gerade noch geschafft hast, diese Stätte vor der offiziellen Schließungszeit (18 Uhr) zu verlassen, Szenen aus der Geschichte Italiens zu sehen glaubst, einen ungeheuren Reigen von Menschen, die Auferstehung des Fleisches.

Die Heimlichkeiten der großen Villengelände, die schmalen Kieswege, zu beiden Seiten niedrige Zäune, es gibt das satte, plumpe Grün des Nordens nicht, stattdessen gedämpftere Töne: das weiche Piniengrün oder die kräftige Dunkelheit der Zypressen, das changierende Grün der Zedern, Olivgrün dazwischen, es sind Paletten, Nuancen.

Wer hierherkommt, bringt sein Kind zu einem der kleinen Spielplätze oder zu einem Karussell, oder er sucht etwas Entlegenes, Heckendichtes für die erotische Brunft.

Ich sah in ein abgesperrtes, tiefer gelegenes Terrain, eine Art Urwald, wo die Bäume, schräg gefallen, aneinanderlehnten wie müde Unholde, und ganz in der dunklen Tiefe war ein Teich zu erkennen, so menschenfern und naturverzaubert, dass ich mir sofort wünschte, dort zu sein.

Dann sah ich, oberhalb der Wipfellinie des Horizonts, plötzlich einen Turm aufragen, wie die Andeutung eines Schlosses, ich war eingetreten in den alten, romantischen Raum, die Urstätte meiner frühesten Phantasien, die mich lange verfolgt hatten, und während ich weiterging, wusste ich, dass ich die Zauberei wiedergefunden hatte, nicht mehr wie früher als ihr Objekt, sondern als Täter, als zaubernder Magier.

Wenn er mit dem Kind unterwegs ist, er trägt es abwechselnd auf seinen Schultern, dem Rücken und auch am Bauch, bleiben manchmal Frauen neben ihm stehen, halten ihn an, streicheln das Kind, berühren seine Füße und Hände, bekreuzigen sich und wünschen ihm und sich selbst das Glück. Andere beginnen, als sie dieses durch die Stadt schwankenden Duos ansichtig werden, theatralisch in die Hände zu klatschen, weil sie den besonderen Einsatz des Vaters betonen und vor ihren eigenen Männern herausstreichen wollen. Wieder andere kommen, um mit dem Kind zu reden. Sie stellen sich ernst und gesetzt vor ihm auf und sprechen über die Stadt, ›Roma‹, als brauchte es lange und ausschweifende Erklärungen, um sich wohlzufühlen.

Und so öffnet sich seinem Gehen durch Rom oft ein Spalier. Es ist, als machte er seine Besuche, als stünden überall Ehrenformationen bereit und als schüttete man um das Kind einen Schwall goldener Worte aus, in der Hoffnung, dass zumindest einige ihre Wirkung nicht verfehlten.

Diese Fahrt an einem Nachmittag, etwa um drei, als der Wagen erst noch in den gewundenen Straßen hängen blieb, sich überall verkeilte, Platz zu schaffen suchte, dann beschleunigte und die großen Monumente in einem ganz überraschenden Tanz vorbeizogen, als sitze man in einem unbeweglichen Regiesessel und als böte die Stadt einen ihrer großen Fellini-Auftritte: die wankenden Heiligengestalten von San Giovanni, die weite Öffnung des Circo Massimo mit der Kuppel von San Pietro am Horizont, hingetuscht wie auf einem Bild von Hackert oder auf einem der ungelenken Goethe-Aquarelle, dann San Paolo, ein einziger Schrecken, ganz isoliert, wie das verlassene Zentrum einer untergegangenen Kolonie mit seltsamen, größenwahnsinnigen Riten, Via Ostiense, die Hallen der Großmärkte, zu beiden Seiten wächst die Verlassenheit, die Farben matter, die Terrains unsondiert, Parkplätze und Abstellplätze für Gipskitsch, von der Sonne hoffnungslos bebrütete Schrottlagerstätten, Möbelmärkte, dazwischen eine Trattoria, zehn Tische unter einige Holzstangen gesetzt, und dann verwandelt alles die Nähe der Küste, Felder, verstaubt, rötlich gelb, wenige Bäume, die Landschaft ein flaches Mattengewirke aus bräunlichen Tönen mit ein paar verschilften Zonen, hin zum Meer, eine Vormeereswüste, man ahnt das Meer schon, die Stadt ganz fern, letzte Erinnerungen sind die wenigen Schriftzüge seitwärts, Plakate, Ermunterungen, es immer wieder mit Rom zu versuchen ...

Ich begleitete einen Freund von der Höhe des Nomentano-Viertels hinab in die Stadt, und der nicht einmal anderthalbstündige Gang erschien mir wie ein Gang in frühere Jahrhunderte, als die städtischen Zonen noch streng und deutlich voneinander getrennt waren und der Spaziergänger an den bedeutenden Ausblicken und Wegkehren lange verweilte, hingerissen von einer Perspektive oder der Verwandlung seines Gesichtskreises.

Denn wir gerieten aus dem Wohn- und Einkaufsviertel Salario, das sich um die überdachte Markthalle an der Piazza Alessandria gruppiert, rasch in das weite Parkgelände der Villa Borghese mit seinen alten Bäumen und Brunnen, die Mittagshitze kündigte sich an, die wenigen Spaziergänger, die hier voneinander keine Notiz nehmen, flüchteten sich in die schattigeren Zonen, während wir das unmerklich abfallende Gelände zum Pincio hin durchquerten, wo wir in der prallen Sonne ankamen, als auch dort kaum Menschen anzutreffen waren.

Von der Höhe der Aussichtsterrasse überflog der Blick das dichte, wie Backwerk in der Sonne aufgehende Häusermeer, die daraus unvermutet aufsteigenden Kuppeln, aber auch in der Tiefe des Kessels war es ruhig, es war, als sei man von Schaubild zu Schaubild geführt worden und stehe nun wie eine der vor eine große Kulisse gerückten kleinen Wandergestalten Caspar David Friedrichs gerade vor einem weiten Panorama.

Da das Kind ihn auf den meisten Spaziergängen begleitet, hat er sich angewöhnt, trotz der großen Hitze sorgfältig und gut gekleidet zu erscheinen. Er hat das sonderbare Empfinden, als dürfte er sich dem Kind nur so präsentieren, eine ansehnliche, konzentrierte Erscheinung, die der erstbesten Hitze nicht nachgibt und sich nicht in den gängigen Sommerdress wirft.

Da er aber auch auf die Kleidung des Kindes Sorgfalt verwendet, es macht ihm geradezu Freude, es so zu italianisieren, werden sie meist für ein italienisches Paar gehalten, für den Vater aus gutem und betuchtem Hause, der die kleine Prinzessin ausführt und milde verwöhnt.

Den Gipfel dieses gemeinsamen Spiels bildet gewöhnlich ein Auftritt in einem Lokal, wo er sich allein an einen Tisch setzt, während das Kind, in seinem Wagen neben den Tisch gerückt, schlummert. Er hat viel Nachdenken und Geschick darauf verwendet, das Kind gerade für diese Stunde in den Schlummer zu versetzen, sowieso ahnt niemand etwas von seinen Anstrengungen, die er überspielt, weil er nichts mehr hasst als das billige Klagen. Jetzt aber, in diesen Minuten seiner Mahlzeit, hat die Doppelerscheinung von ruhigem, gleichmäßigem Essen und tiefem Schlaf auf manche Zuschauer eine geradezu euphorisierende Wirkung.

Sie schauen verzückt, sie müssen sich ihren Eindruck bestätigen, sie flüstern es sich einander zu, als beschrieben sie ein deutungsträchtiges Sinnbild. Essen und Schlafen – diese gestellt und hier doch mühelos erscheinende Verbindung strahlt etwas aus vom Reiz des Intimen, von der Übereinstimmung der beiden Beteiligten, als habe das Kind sich dem Schlaf hingegeben, um den Vater in Ruhe essen zu lassen, oder als beginne der Vater jetzt mit dem Essen, weil er das Kind versorgt weiß und zufrieden.

An einigen Nachmittagen hintereinander war sein Platz die Piazza Regina Margherita, nichts Besonderes, keine vornehme oder sonst auffällige Gegend, auch kein Platz aus dem römischen Bilderbuch mit Markt und Blumenständen, sondern ein verkehrsreicher, beinahe kreisrunder Platz mit hohen, ja sehr hohen Mietshäusern, höher noch als die üblichen, strengen, palazzoartigen fünfgeschossigen Gebäude in den umliegenden Straßen, Mietshäuser, die sich im eleganten Halbrund der Kreisgestalt des Platzes anschmiegen.

Am Morgen steht die eine Hälfte in einem zinnoberfarbenen, vom Sonnenlicht ausgebleichten Helldunkel, am späten Abend, wenn sich die dunkelgrünen Gitterläden vor den schmalhohen Fenstern öffnen und alte Damen in blauen Kleidern kurz den Kopf hinaushalten, bekommt die andere die Abendsonne mit, die noch einmal schräg hineinschießt in die Vertiefung des Platzes, um schließlich oberhalb der pittoresken Zone der von einem

Dämmergrün überwucherten Blumenkästen noch die ganze Phalanx der Fernsehantennen zu streifen und dann zu verlöschen.

Straßenbahnen durchqueren den Platz, dazu ein dichter, von den Bahnen immer wieder aufgehaltener Verkehr, häufig auch Polizeikontrollen, man pickt sich die Motorrad- und Vespafahrer heraus, zwei Büttel, die sich die Ausweise aushändigen lassen, während weit im Hintergrund der Vorgesetzte, die Hände auf dem Rücken, huldvoll auf und ab geht und sich als Einziger einen Wortwechsel mit den Passanten erlaubt. Eine Bar gibt es, ebenfalls nichts Besonderes, ein paar Stühle und Tische draußen, an denen die älteren Damen Platz nehmen zu einem Eis und einem Glas Wasser, drinnen beherrscht ein mürrischer Mensch die Szene, bedient hinter der Theke, kassiert hinter der Kasse, was viel Arbeit bedeutet und auch ungewöhnlich ist, so dass er ordentlich hin und her gejagt wird von seinen spöttisch auftrumpfenden Kunden.

Zur Rechten eine Gelateria, Eis eigener Herstellung, zwanzig bis dreißig Sorten, in den Vitrinen die Eistorten, pyramidale und pantheonförmige Konstruktionen für die großen Feste, dann ein kleines Fotogeschäft, Expressentwicklung in einer halben Stunde, Sie warten auf Ihre Bilder, darauf das einzige Ristorante am Platz, nur abends geöffnet, der Lebensmittelladen, ein Feinkostgeschäft mit einer guten Weinabteilung und schweren, luftgetrockneten Schinken hinter der schmalen Theke, eine Apotheke, eine Änderungsschneiderei, ein Schuhladen, ein Zeitungsstand, eine Weinhandlung, wo die Weine nach den italienischen Regionen geordnet sind, Latium, Basilicata im Großangebot, schließlich eine *Tavola calda* für die eiligen Esser, die sich in die dunklen Hinterräume an die schmucklosen Tische verdrücken, mit einem Tablett voller Pasta und einem Glas Birra Peroni.

Vom späten Nachmittag an ist der Platz in Bewegung, unten

kreisen die Einkäufer und Eckensteher um all diese Geschäfte, bleiben stehen, schauen den Polizisten zu, blättern in Zeitungen, führen den Hund aus, gehen zwei Mädchen im schönsten Klatschalter, so um die fünfzehn, Arm in Arm mehrmals die Runde.

Es ist ein einfacher Platz, nichts Besonderes, und wenn man auf seiner Mitte steht, sieht man in der einen Ferne die hohen Berge und in der anderen die dunkel ansteigende Platanenallee der Viale Regina Margherita, aus der sich zwei Straßenbahnen der Linea 30 nähern, dicht hintereinander, schwach beleuchtet, wie sacht hin und her schaukelnde Boote, die zum nächtlichen Fang hinaustuckern aufs Meer.

Mit dem Kind auf der Höhe des Palatin, kein Mensch sonst ist zu sehen. Verstreut einige Pinien, ein leichter, fast unmerklicher Wind, der ihre Kronen nur streift. In der Ferne die Herrschaftskuppel, Sankt Peter. Der Verkehr nur ein schwaches, aber unermüdliches Summen aus den Tiefen. Im Rücken das große Kolosseumsrund, in dieser stillen Mittagsstunde wie der auf den Rücken gedrehte Panzer einer gewaltigen Schildkröte, deren Fleisch Horden von Nagern bis auf die Knochen abgefressen haben.

Das Kind liegt neben ihm auf einer Decke. Sie schauen jetzt in den Himmel, und es ist, als verfolgte das Kind den Zug der wenigen Wolken, als tanzte dort oben ein himmlisches Mobile aus Weiß, Blau und Grau.

Und er fängt an, dem Kind zu erzählen, den Blick ebenfalls hinaufgerichtet, als beschriebe er, was dort oben geschieht. Er spricht jedoch von der Stadt Rom, was sie am Morgen gesehen, was sie später erwartet.

Und als er sich einmal unterbricht, um zur Seite zu schauen, sieht er den ihm zugewandten Kopf des Kindes, das ihn gespannt, mit offenem Mund und suchenden Augen, anschaut und, plötzlich erfreut, wie eine Verbündete, zu lachen beginnt, als es seinen fragenden Blick bemerkt.

Im römischen Alltag scheint, wie du dir einbildest, überall ein Ferment des Kindlichen enthalten, es ist ein Kinderblick, der all die herrlich auftrumpfenden, bunten Waren in den Feinkost- und Weinläden, den Gelaterien und Bars begehrt, eine Art kindlich naives Locken scheint aber auch zu den Gegenständen zu gehören, eine narzisstische Anzüglichkeit, als blickten sie allesamt auf die gelungene Drapierung ihrer Gestalt. In deinen Träumen tauchen kleine, weit aufgerissene Mäuler, ähnlich denen von jungen, noch nicht flüggen Vögeln auf, sie sitzen in den Relieffalten der Häusermauern und beschreien die Vorübergehenden: gib mir, gib mir, unendliches, immer heißer werdendes Verlangen ...

Lamm, frisches Lamm, die kleinen Koteletts, wie magere Fingerchen mit einem windigen Anhängsel aus Fleisch, und die großen Lappen, ganz dünn, mit den weißen Fettgerinnseln, die das dunkle Fleisch aufsprengen und zersetzen. Das alles auf den Rost, mit wenig Öl, nur Pfeffer und Salz, nach zwanzig Minuten haben die Fleischränder eine stechende Bräune, die Innenpartien noch heller, beinahe blass. Lamm, frisches Lamm, man reißt das Fleisch von den Knochen, und die Gefährten des Odysseus beklatschen lachend die Gier ...

Es ist kurz nach zwanzig Uhr, das Sonnenlicht ist an den Fassaden erkaltet, in den Straßen wird der Verkehr matter, man steht vor den Haustoren und unterhält sich, die Lokale haben regen Zulauf, langsam beginnt das Flanieren, die schmalen Straßen um den Markt an der Via Alessandria beleben sich, eh, Paolo, einen Moment ist man zusammen, dann weiter, kleine ziehende Gruppen, die im warm und beinahe duftig die Straßen weitenden Dämmerlicht an den jetzt schließenden Geschäften entlangschlendern und kurz zur Seite schauen, eine müde gewordene Neugier, alles wie immer, ja, nur Giulio ist ans Meer gefahren.

Wenig später, das Dämmerlicht scheint sich zerstreut zu haben oder in die plötzlich sehr dunklen Hauseingänge versickert zu sein wie in winzige Kanäle, die sich unter der Erde zu einem Wärmespeicher verbinden, wenig später sind die wackligen Holzstühlchen vor den Lokalen alle besetzt, triumphal überfliegen die Esser ihren Tisch, kein Blick mehr zur Seite, auf die Straße, wo die zu spät Gekommenen sich kaum noch beherrschen können und närrisch zu werden scheinen vor Gier.

Alles isst. Es ist die Zeit der Andacht des Essens, der hundertfachen Zelebration des Genießens, wo die Pasta den Tellerrand mit ihrem Tomatenrot überschwemmt und das gegrillte Fleisch mit den glasig gewordenen Fettkrusten am Rand mit einem kräftigen Schnitt des scharfen Messers geteilt wird wie ein blutender Leib.

Die großen Pizzerien haben sich noch etwas vom Status der Arme-Leute-Lokale erhalten. Pizza ist das Hauptgericht, ein hauchdünner Teigfladen, der in einer von überall einsehbaren Ecke des Lokals, gleich vor dem Ofen, auf die kühle Marmorbank geklatscht wird, bevor das kreisrund ausgewalkte Stück erneut in die Höhe fliegt, sekundenlang verwirbelt, erneut im Mehlhafen landet, zwei-, dreimal gewendet wird, seinen Belag erhält und im Ofen verschwindet.

Dazu ein Glas Bier, kühl, frisch gezapft, die Zapfsäulen pompös umbaut, ein Schaugerüst mitten im Lokal, als handelte es sich um einen überdachten Tabernakel, die Mitte eines Zentralbaus.

Sich zu betrinken geht gänzlich gegen das allgemeine Ritual, das die Mahlzeit als eine intime Zeremonie der Familie versteht und niemals als Treffen trinksüchtiger oder saufwütiger Kumpane, die mal einen draufmachen wollen.

Da die Pizza das traditionelle Bestellen einer Vorspeise oder einer Pasta erübrigt (der dünne Teigboden der Pizza erinnert an die Pasta, der Belag an die Vorspeise), behilft man sich zur Eröffnung der Mahlzeit mit einer Bruschetta, einem gerösteten, meist stark ölgetränkten Stück Brot, das mit klein geschnittenen Tomaten belegt oder mit einer Paste von Oliven oder Pilzen bestrichen wird. Die Bruschetta ist also eine Art angedeuteter Pizza, aber viel robuster, ein Zitat der einfachsten Küche überhaupt, die mit Brot und einer Zutat auskommen musste, dazu Öl und Knoblauch, der als der wichtigste Geschmacksverstärker galt. In den Pizzerien ist es eine Spur lauter als in anderen Lokalen, die Gäste wechseln schneller, die Tische werden in rasantem Tempo geräumt. Der ›feine‹ Kunde zählt hier nichts, womit sollte er seinen erlesenen Geschmack auch beweisen? Es bleibt ihm nichts als die Zurschaustellung seiner Nostalgie: die zurückführt zu den einfachsten Dingen, dem gerösteten Brot, dem im Ofen erhitzten Teig sowie dem Getränk der Barbaren.

Bei ›Enrico e Bruno‹, draußen, an einem der winzigen Tische, die kleinen Klappstühle stehen auf einem holprigen Untergrund, so dass man sie mehrmals umstellen muss, um endlich einen sicheren Platz zu haben.

Das Ristorante öffnet am Abend gegen 19.30 Uhr, etwa eine halbe Stunde vorher werden die großen Flügeltüren geöffnet, die Tische vollständig eingedeckt und die Beistelltische herangerollt.

Es dunkelt rasch, gegen einundzwanzig Uhr ist es finster, und man sitzt in einer schmalen, kaum befahrenen Straße, die nun voll besetzten Tische in mattes Licht getaucht, ein heller Ausschnitt in einem sonst mattdunklen Fresko.

Am Abend allein im Studio. Ich fotografierte nach einiger Zeit, es war sehr still in den Räumen, auch früh dunkel geworden, den großen Studioraum, den ich nur schwach beleuchtete. Ich dachte, dass auf diesen Fotos die kühle Nachtvergessenheit der Gegenstände erscheinen könnte, auch etwas von der bitteren Abendmelancholie, die einen in diesen Verhältnissen manchmal überfällt. Man ist müde oder erschöpft, im Oberlicht des Studios erscheinen die dunklen, sich immer mehr ins Düstere versenkenden Andeutungen der Pinienkronen.

Irgendwann steht man auf, geht ein paar Schritte durch den Raum, holt sich ein Getränk, setzt sich wieder. Es bleibt weiter still, und diese Stille ist wie ein Warten darauf, dass gerade du dich bewegst.

Manchmal hast du das Gefühl, die Stille deckt dich ganz zu, dann suchst du dir schnell einen Pfad, beginnst mit einer Arbeit, hörst Musik, gerätst in ein völlig versunkenes Nachdenken, aus dem du später wie aus einem konzisen Traum erwachst. Diese Nachtstille hat etwas von einer Prüfung, als ginge es darum zu sehen, wie du allein mit dir auskommst.

Viele, die in der Villa für Wochen oder noch länger allein sind, gehen an dieser Nachtstille und ihrer bitteren Gewalt zugrunde. Irgendwann sieht man sie an einem Morgen die großen Studioräume verlassen und verwirrt von Stimmen und Zeichen reden. Nachtwandlerisch machen sie sich auf ihren Weg, man hilft ihnen, die Koffer zu packen, man bemüht sich um sie, man bringt sie auf dem schnellsten Wege zum Flughafen. Heim, nichts wie heim! ...

und wenn man sich von ihnen verabschiedet, weiß man, sie werden nie wiederkommen.

Das Kind, geheimnisvolle Nähe des Kindes, besonders in der tiefen Nacht, um Mitternacht und wenig später, wo es, anscheinend berückt schlafend, in seinem Bett liegt, hingewurstelt, eine Hand am Kopf, die andere weit von sich gestreckt, die dunklen Haare in dichten Spiralen, sich aber, wenn ich das Schlafzimmer betrete, kaum merklich bewegt, nur ein schwaches Zucken irgendeines Gliedes, ein Finger, der sich schneckenhaft langsam krümmt, oder ein etwas rascherer Atemzug.

Die Lampe auf dem Nachttisch brennt, daneben steht etwas Wasser für die übliche Nachttablette, nun stelle ich daneben die gefüllte Flasche, die weiße, zurechtgeschüttelte Flüssigkeit bildet auf der Oberfläche einen feinen Schaum.

Ich rede es an, sehr leise, unverständliches, nur uns beiden vertrautes, altes Reden, wie Ammenreden, denke ich, nun regt es sich wie ein Fisch, den man in der Tiefe irgendeines Gewässers, wo er stundenlang regungslos verharrte, berührt hat, eine Schwanzflosse zuckt, dann ein leises Stöhnen und Auftauchen.

Kaum aber habe ich damit begonnen, überhuscht das noch vom Schlaf verhangene Gesicht ein Lächeln, ganz im Hintergrund des Schlafs und der Träume wird mein Murmeln anscheinend empfangen, geheimes Verstehen, vor allen Worten und über sie hinaus.

Dann hebe ich das Kind aus seinem Bett und lege es auf mein eigenes, breites, den von Schlaftrunkenheit noch geröteten Kopf auf mein Kissen. Die Augen des Kindes öffnen sich, es schaut nach links, zum Nachttisch, wo es das milchige Weiß in der Flasche erkennt, es öffnet den Mund einen Spalt.

Während es trinkt, schließen und öffnen sich die Augen in einem undurchschaubaren Rhythmus, manchmal ist das Lächeln wieder da, aber jetzt ganz offen, ganz Reaktion. In einer Trinkpause erhält es seine Tablette, aufgelöst in etwas Wasser, dann leert es die Flasche.

All das dauert nicht einmal zehn Minuten, es ist, wie gesagt, nur ein Auftauchen aus der Tiefe, bevor ich es wieder zurücklege in sein Bett, wo es sich sofort zusammenkrümmt, die Beine anzieht und die Schlafstellung einnimmt.

Ich ziehe mich aus, ich lege mich in mein Bett und lösche das Licht. Im tiefen Dunkel horche ich auf das Atmen des Kindes, eine Weile geht das so, schließlich schlafe auch ich.

Am Mittag kommt der Herbst, die Wärme versinkt in den haarfeinen Rissen der trockenen Böden, plötzlich Wolkengerinnsel, dünne Gespinste, die vom Wind gehetzt werden, das Blau dahinter vom Blau manieristischer Maler, am Abend gerät alles ins Rot, eine Rotaura, die dann im Dunkel gravitätisch versackt.

Nun wird der Sommer verdaut, die warmen Parzellen geraten unters Joch der kühlenden Winde, Winde, die verspielt und streunend herumfegen und die wenigen, ersten gelbbraunen Blätter zerstreuen.

Und dann erstarken die Farben, als hätte ein Expressionismus begonnen, ein Farbenwerfen, und man geht, an einem einzigen Tag aus dem Sommer entlassen, freier, schneller, mit dem Mut eines Menschen, der jetzt viel anpacken wird. Schon deutet sich etwas vom Ende des Jahres an, von Wintermühen, und man wünscht sich heftig, sehr heftig, um Wochen zurück, in die Sommerdichte der ewiggleichen Tage, an denen nichts sich regte.

Schließlich die ersten Regentropfen, wenige nur, man könnte

sie zählen, eine gewaltige Wolkenfaust hat die Küstenregion mitsamt der Stadt gepackt und hält sie noch still, nur die Baumwipfel rühren sich etwas stärker als sonst, dann geht ein kühler, feiner Wind hindurch, zieht Wärme ab, streicht kurz durchs Geäst. Alles wartet auf die Erlösung, den großen Guss, das Gewitter nach Wochen von Sonnenschein und brennender Intensität einer gleichbleibenden Hitze.

Plötzlich bemerkt man Vögel, Taubenschwärme, unter eine Pinie gestreut, aus kühlen Kellerlöchern fegt manchmal eine Böe, aber noch ist nichts aufeinander abgestimmt, die Elemente spielen, ganz für sich, mit einem Mal glaubt man daran, dass es jetzt anders werden könnte, man denkt an den Herbstschwall, Regen, Blätter und viele Organismen, aus langer Erstarrung wieder ins Leben geschwemmt.

Dann sind die Bürgersteige wieder unbegehbar und voll von geparkten Wagen, der Verkehr erreicht wieder die alte panische Spannung, und man spürt: jetzt gilt's wieder, der soziale Motor ist angeworfen, die Konkurrenzen wollen angeheizt werden, jetzt geht's gegeneinander, die Intrigen und Debatten flammen auf, dazu der Beginn der Fußballsaison, ein Ereignis, das den unbedingten Lebensernst markiert.

Die ›Chiusura estiva‹, die überall plakatierte sommerliche Schließung, die Rom im August zu einem in der Hitze hingestreckten Leichnam macht, ist aufgehoben. Und mit diesem Umschwung, dem Eintreffen der gut gebräunten Ferienmenschen, die ihre vollgepackten Wagen in die Hauseinfahrten stellen und laut mit dem Auspacken ihrer Badeutensilien beginnen, hat sich eine feine Kühle, wie ein linderndes Gel, in die Straßen geschlichen.

Es ist die Kühle, die das Ansteigen der inneren Thermometer vorbereitet, der Krisen- und Geschäftsthermometer, eine Kühle, die die innere Hitze des Herbstes ermöglicht, in dem die kleinen Kriege neu entstehen werden wie seit Jahrhunderten.

Das vertraute, blasse Gesicht der heiligen Agnes in San Agnese, ein bleiches, unendlich vornehmes Antlitz, so hell, dass es sich von dem changierenden Goldgrund abhebt wie eine Hostie, dieses getönte Weiß hat etwas Mondhaftes, etwas vom römischen Mond, wie er sich nach Mitternacht ins Geflecht der dünnen Pinienäste drückt und deren schwarze Grafik erhellt. Dazu die kreisrunden Rouge-Markierungen auf den Wangen und der dringlich wirkende Blick, der das Kircheninnere weitet, hin bis zu den Grenzen des Traums ...

Die vierte Ankunft in Rom – Villa Massimo 3

Die beiden monatelangen Villa-Massimo-Aufenthalte in den neunziger Jahren (zunächst allein, dann mit meiner kleinen Tochter) haben mein weiteres Leben stark geprägt. Viele Szenen und Details gingen mir in den folgenden Jahren immer wieder durch den Kopf. Die Villa Massimo ließ mich nicht los – deshalb verbrachte ich auch weiterhin dann und wann einige Tage in ihr als Gast, um den Kontakt nicht abreißen zu lassen.

Die Beschäftigung mit dem Gelände und der Institution Accademia Tedesca *führte schließlich zu einem Romanprojekt. Ich erfand einen jungen, aus Wuppertal nach Rom kommenden Lyriker und Stipendiaten mit dem Kunstnamen Peter Ka. Ahnungslos und unwissend kam er in die Ewige Stadt und musste erst Schritt für Schritt lernen, sich auf dem Gelände der Villa und in ihrer Umgebung zurechtzufinden. So inszenierte ich mit Hilfe einer fiktiven Figur die Wiedergeburt meines jüngeren Selbst, das ich (verwandelt, reifer, aber noch immer sehr neugierig) aus den siebziger Jahren ins neue Jahrtausend hinübergerettet hatte.*

Peter Ka durchstreift zunächst das Viertel rund um das Villengelände und versucht, seinen eigenen Lebensrhythmus zu finden. Die entsprechenden Kapitel in meinem Roman Rom, Villa Massimo *erzählen daher von einer von mir bis dahin noch nicht geschilderten Seite der Stadt. Nicht vom Leben im Zentrum, sondern von dem in den Außenbezirken mit ihren kleinen Läden und Geschäften und*

den oft skurrilen Bewohnern, deren Sitten Peter Ka wie ein Ethno-
loge studiert und beschreibt.

Nach mehr als drei Wochen glaubt er, so etwas wie einen vorläu-
figen Rhythmus gefunden zu haben. Während dieser Tage hat er
noch keinen einzigen Ausflug von dem weit und hoch im Norden
Roms gelegenen Villengelände hinab ins historische Zentrum der
Stadt unternommen. Erst will er die Umgebung der Villa gut kennen und entscheiden, wo und wann er seine Einkäufe tätigt. Daneben will er wissen, wann genau er welche Bar für einen Caffè
und Zeitungslektüren aufsuchen sollte. Auf keinen Fall aber wird
er täglich allzu viel Zeit nur in seinem Studio verbringen. Wann
immer das Wetter es erlaubt, wird er nach draußen gehen und unterwegs sein. Auch unterwegs lässt sich schreiben, nachdenken,
arbeiten. Nietzsche hat angeblich fast sein ganzes Werk im Unter-
wegs-Sein geschrieben. In kleine Notizbücher. Immer mal wieder
drei bis vier Sätze. Eine gute Methode. Gerade und vor allem für
Lyriker oder solche, die es (wie der darin aber eher unglückliche
Nietzsche) werden wollen.

Wenn es irgend geht, steht er morgens gegen sieben Uhr auf.
Er zieht etwas über und geht gleich hinaus auf das Villengelände. Kein Mensch ist zu sehen, nur die Vögel ziehen in kleinen
Schwärmen von Baum zu Baum. Er geht die schmalen Kieswege
noch im Halbdunkel entlang, vorbei an den vielen Antiken, die
kaum jemand beachtet. Viele von ihnen hat er sich schon im Hellen genauer angeschaut, sie stehen hier und da an den Rändern
der Wege oder rund um den Hauptplatz 22. Es gibt große (und
manchmal kopflose) Statuen, es gibt Sarkophage und Kapitelle,
Menschen- und Tierköpfe.

Besonders rührt ihn ein weiblicher Reliefkopf, eingefügt in eine Außenwand. Es ist keine besondere Arbeit, sondern der Kopf einer bereits älteren Frau, mit Lippen so schmal und fein wie ein beängstigend dünner Strich, mit großen Augen und einer merkwürdigen Frisur, die von den Fachleuten für eine »augusteische Scheitelknotenfrisur (Nodus)« gehalten wird. Dieser Kopf rührt ihn, weil die ältere Frau mit ihrem strengen und doch gelassenen Ausdruck seiner Mutter nicht unähnlich ist. Es gibt da eine geheime Verbindung, in der Form der Lippen und der Zone rund um den Mund, die in ihrer ganzen Ausdrucksarmut das Alter verrät.

Wenn er morgens noch im Halbdunkel so unterwegs ist, glaubt er sich mit diesem antiken Zoo der noch Schlummernden verbunden. Sie atmen noch nicht, denn sie spüren noch nicht den Wind oder die Sonne. Erst wenn es hell wird, werden sie erwachen und die Augen aufschlagen. Dann aber ist er längst wieder in seinem Studio verschwunden. Kurz war er unter ihnen, wie ein Heimlichgänger oder ein Wächter. Heimliche Blutentnahme am frühen Morgen. Vampirismus des Wächters.

Ist es nicht allzu kühl, setzt er sich für ein paar Minuten auf eine der wenigen Bänke. Solche Momente sind eigentlich gute Momente für ein Gedicht. Frische Luft, klares Denken, etwas sinnieren, wegdriften, den Harzgeruch der Pinien einsaugen, das Rauschen des noch schwachen Verkehrs außerhalb wahrnehmen wie eine leise Hintergrundmusik zu diesem noch unangestrengt wirkenden Schönheitsterror ringsum, in der unmittelbaren Nähe.

Später duscht und rasiert er sich kurz in seinem Studio und verlässt das Villengelände danach sofort auf einem alten Fahrrad, das er aus den Beständen der Villa ausgeliehen hat. Bloß nicht in der Frühe in den Mauern des Studios bleiben – und erst recht nicht in der Küche ein deutsches Frühstück zelebrieren, am

Ende vielleicht sogar mit Müsli aus dem nahen *Supermercato*. (Er musste grinsen, als er dort wahrhaftig ein großes Müsli-Angebot entdeckte. Welche Römerin und welcher Römer isst denn bloß so etwas Degeneriertes? Vielleicht die älteren, bereits zahnlosen, die den Anblick der römischen Wölfin mit ihren kraftvollen Hauern nicht mehr ertragen.) Vor dem Tor der Villa biegt er nach links ab und fährt dann wieder links, die *Via di Villa Ricotti* entlang. Nach kaum einer Minute erreicht er die breite, vielbefahrene *Viale XXI Aprile*, wo er in der *Bar Valerioti* einen ersten Cappuccino trinkt. Ist das Wetter gnädig, stehen draußen ein paar Stühle und kleine Tische, wo er sich hinsetzen, in Ruhe trinken und Zeitung lesen kann.

Am liebsten beginnt er eine solche Lektüre mit *La Repubblica*. Es ist eine durch und durch römische Zeitung, protzend mit großen Lettern und auf den letzten zehn, fünfzehn Seiten ausschließlich mit dem ganzen Schnickschnack beschäftigt, der den Römern anscheinend unverzichtbar erscheint. Die neuste Damen- und Herrenmode. Die Eleganz kleiner Täschchen und Schuhchen. Restaurant-Tipps mit ausgefeilten Rezepten. In dieser Zeitung lebt *Roma* noch mit den aufgefrischten und auf den neusten Stand gebrachten Atmosphären von *La dolce vita*. Viel heller natürlich und durchaus etwas rockig, aber noch immer erstarrt in einem unentwegten Spätbarock, vollmundig, verfressen, taub für alles Fremde, ein Fellini-Idyll (mit Auffrischungsmomenten des neusten digitalen Getues, die aber weiter nicht auffallen).

Schon das besondere, große Format von *La Repubblica* kündigt es an: Leserin, Leser – lass alles andere fallen und sein, blättere meine Seiten um wie ehrwürdige Seiten schwerer Folianten, überfliege mit deinen schlaftrunkenen Augen die Fluren der vielen bunten (und meist seltsam unscharfen und verwackelten)

Bildchen, die man Fotos nicht nennen mag! Ergib dich und folge dem Schönheitsrausch meines Angebots, das Politik, Wirtschaft und Sport mühelos in kleine Geschichten verwandelt und diese Geschichten dann wie Erzählungen für große Kinder präsentiert: hingeflüstert, augenzwinkernd, den satten Ernst immer wieder unterlaufend.

Höchstens eine halbe Stunde (und keineswegs länger) bleibt er in der *Bar Valerioti* und fährt dann weiter zur Piazza Bologna. Noch begegnet man auf dem Innenzentrum des kreisrunden Platzes, wo die vielen Bänke für die alten Herrschaften stehen, niemandem. Später, gegen 11 Uhr, sind bei sehr gutem Wetter aber all diese Plätze besetzt. Oder die alten Herrschaften stehen in kleinen Gruppen herum, rauchen und unterhalten sich unentwegt. An der *Piazza Bologna* gibt es mehrere kleine Bars, eine von ihnen sucht er als zweite auf und setzt dort seine Zeitungslektüren (nun bei einem Caffè) fort. An manchen Tagen kauft er danach noch etwas Obst (Nicht zu viel einkaufen! Nur kleine Mengen, die essbar sind!). Spätestens gegen neun Uhr ist er zurück in seinem Studio.

Draußen, auf dem Villengelände, sind jetzt schon die Gärtner unterwegs. Der Kies muss geharkt und von den Ländereien der Piniennadeln befreit werden. Hier und da wird etwas gestutzt, gerupft und gezupft. Ab und zu auch ein kurzes, emphatisches Harken. Manchmal lässt er das Tor seines großen Ateliers einen Spalt offen, damit diese Geräusche einer fleißigen Gartenarbeit hereindringen können. Er zeichnet sie auf, minutenlang, denn er hat da so eine Idee. Eine erste, vage, worüber er aber mit niemandem spricht. Natürlich nicht.

Er spricht überhaupt nicht von seiner Arbeit. Als er während des gemeinsamen Frühstücks gefragt wurde, welche Arbeit er sich

in Rom vorgenommen habe, antwortete er: »Noch gar keine.«
Wegen einer solchen Auskunft wurde er dumm angeguckt.
Meinte er das etwa ernst?! Na klar, absolut, das war kein Scherz.
Die meisten anderen Stipendiaten hatten ihre »Arbeit« mit aus
Deutschland gebracht. Pläne für ein Jugendzentrum südlich von
Nürnberg, an denen es jeden Tag etwas zu erweitern und kor-
rigieren gab. Eine Komposition für Klavier, Cello, Panflöte und
Schlagzeug, an der man noch etwas feilen und die man dann in
Rom aufführen würde. Sechs mannshohe Skulpturen, über tau-
send Kilometer von einer darauf spezialisierten Transportfirma in
den Süden gebracht, um dort fertiggestellt und (möglichst auch)
verkauft zu werden.

Er aber hatte höchstens ein paar seiner Gedichte aus der Heimat im Kopf – und die waren schließlich längst fertig. Aber wie
war es mit neuen Gedichten? Vielleicht, vielleicht nicht. Zu er-
zwingen war da gar nichts, denn er gehörte nicht zu den Lyrikern,
die sich Reim, Metrum oder Strophe vornehmen, um dann nach
Art der alten Meister etwas halbwegs Lyrisches zusammenzuklöp-
peln. So etwas war doch keine Lyrik, sondern höchstens ein Seitenfüllen. Lyrisches Seitenfüllen aber hält er für schlimm, richtig
schlimm, es ist ein Verstoß gegen den Purismus von Lyrik, gegen
ihre Strenge, gegen ihre Ausschließlichkeit. Lyrik sollte nie wie
eine Fabrikarbeit erscheinen. Und Lyrik sollte jede Nähe zum Seitenfüllen der Romanciers meiden. Denn in einem guten Gedicht
kommt es auf jedes einzelne Wort an. Je weniger es davon gibt,
umso besser. (Selbst ein so gutes Gedicht wie *Sprich nicht immer/
Von dem laub/ Windes raub* ... ist leider um einige Worte zu lang.)

Von neun bis etwa elf Uhr beschäftigt er sich in seinem Studio. Er probiert vieles aus: Klassik, Jazz – aber all das gefällt ihm

nicht, denn es passt nicht in diese Umgebung. Weil Klassik und Jazz diese Umgebung bestimmen und deuten wollen, weil sie zu markant sind, zu autark, weil sie den Raum beherrschen und füllen. Was aber dann? Ein großer Kiosk an der Piazza Bologna bietet allerhand Italienisches an, *Canzoni* also, in allen Varianten. Und auch in der Umgebung des Platzes kann er bei einigen fliegenden Händlern sehr preiswert allerhand Italienisches kaufen. Paolo Conte natürlich, aber auch Lucio Dalla, Gino Paoli oder die unvergleichliche Sizilianerin Etta Scollo, inzwischen hat er eine Sammlung von beinahe dreißig verschiedenen Interpretinnen und Interpreten.

Oft geht er, während eine solche CD läuft, durch das ganze Studio, sehr langsam. Er kommt aus dem höher gelegenen Wohntrakt hinunter ins Atelier, schleicht an den Wänden entlang, schaut durch die hohen Atelierfenster hinaus auf das Dunkelgrün der Pinien und Zypressen. Er horcht, singt manchmal mit, ja, er fühlt sich sehr wohl in diesem Terrain. Dann stellt er die Musik leiser und leiser, und während sie im Hintergrund nur noch summt oder flüstert, beginnt er zu lesen.

In der Bibliothek hat er viel Interessantes entdeckt, das man auf dem Buchmarkt nicht findet. Berichte von früheren Stipendiaten über die in Rom verbrachte Zeit. Penible Projektbeschreibungen von Architekten. Zeichnungen, Skizzen, Gemälde. Gedichte in großer Zahl. Kompositionen in der Handschrift. Er nimmt sich nie allzu viel vor, sondern sondiert diese Stipendiatenprojekte gründlich und genau. Meist macht er sich Notizen, die er mit der Hand schreibt. Kurze Zusammenfassungen tippt er zu einem späteren Zeitpunkt auf dem Laptop ab.

So arbeitet er in diesem frühen Stadium seines Aufenthalts wie ein Archivar: sammeln, schauen, vergleichen, notieren – den

Echoraum orten, den die *Villa Massimo* für ihre Stipendiaten entwirft. Er hat ein schmales Buch entdeckt, in dem eine junge Literaturwissenschaftlerin Gespräche mit ehemaligen Stipendiaten geführt hat. Gefallen hat ihm, was der Schriftsteller F. C. Delius auf die Frage, ob er in der Villa an Isolation gelitten habe, geantwortet hat: »Ich habe nie gelitten! Ich fand es immer albern, wenn sich Stipendiaten über ihre Isolation beschwerten! Ich denke immer, es liegt an den Leuten selber.«

Dass manche Stipendiaten angeblich auf diesem Gelände gelitten haben, hat er schon einige Male zu hören bekommen. Aus der Vergangenheit kommen dann seltsame Gerüchte: wie ein Stipendiat sein Studio tagelang nicht mehr verlassen habe und schließlich durchgedreht sei. Oder wie eine Stipendiatin das Knistern der Heizung in ihrem Studio für Musik von Außerirdischen gehalten und auf der Suche nach deren Wohnsitz halbnackt bis nach Sankt Peter gelaufen sei.

Als Stipendiat sollte man einem Atelierraum von fast hundert Quadratmetern psychisch schon gewachsen sein. Ein solcher Raum hat ein eigenes, starkes Leben und könnte schwache Naturen einfach erdrücken – vorstellbar ist das schon, aber er mag es sich einfach nicht vorstellen. Vielleicht sollte man die zukünftigen Stipendiaten ein paar Monate vor ihrem Aufbruch nach Rom gründlich untersuchen. Durch einen medizinischpsychologischen Test, wie beim Idiotentest des TÜV. Wer seltsame Verhaltensformen (notorisches Lächeln, häufiges Sichkratzen, penetrantes Kopfnicken) an den Tag legt, muss zu Hause bleiben.

Auch der Verleger und Schriftsteller Michael Krüger wurde in dem Interviewband nach seinen Erinnerungen an die *Massimo*-Zeit befragt. Seine Antworten sollte man all jenen Stipendiaten, die sich unsicher oder nicht ganz gefestigt fühlen, gleich zu Be-

ginn ihres Aufenthalts zuschicken. Michael Krüger erzählt nämlich, wie er in Rom den halben Olymp großer Kunst kennengelernt hat: den berühmten Schriftsteller Italo Calvino, die noch
berühmtere Schriftstellerin Natalia Ginzburg, den hyperberühm-
ten Komponisten Hans Werner Henze, den weltberühmten Fil-
memacher Andrei Arsenjewitsch Tarkowski usw.

»Herr Krüger, wie haben Sie das gemacht?« – sollten diese Stipendiaten den Verleger und Schriftsteller Michael Krüger fragen und ihn um eine kurze Einweisung in die Kunst, in Rom den
Olymp der Kunst kennenzulernen, bitten. Michael Krüger könnte
für eine Woche nach Rom fliegen und ein Fünf-Tage-Seminar halten, und am sechsten Tag würde man sich mit dem Papst, am sieb-
ten aber, wie es sich für Rom gehört, mit dem Herrgott persönlich treffen.

Schritt für Schritt wird Peter Ka sich auch an die Geschichte
der Villa herantasten, an ihre Entstehung, an ihre Erbauer und
Gründer. In den Erinnerungen des Archäologen Ludwig Curtius
hat er eine Stelle gefunden, wo Curtius von seiner Antikensuche
um 1900 weit außerhalb der alten römischen Stadtmauern berichtet. Damals geriet er in der Nähe der *Via Nomentana* auf die ver-
waist daliegenden Ländereien des Fürsten Massimo. Einige Pinien
und Zypressen, ein bemoostes Brunnenbecken, eingefallene Gar-
tenhäuser, ein paar Eidechsen, eine Schlange und antike Statuen,
schon lange von ihren Basen gestürzt. Das Gelände lag hoch und
erlaubte eine gute Aussicht bis hin zu den Albaner Bergen. Kein
Mensch war zu sehen.

Dieses alte Bild ist für ihn das Urbild des Geländes ringsum:
ein verfallener, menschenleerer Park, ein verwunschener, abgele-
gener, lange nicht mehr gepflegter Garten – etwas Antike, Barock
und eine unheimliche Leere. Er stellt sich das alles in Schwarz-

Weiß und in schwachen Grautönen vor. Und er versucht, sich vorzustellen, wie diese Schwarz-Weiß-Phantasien mit ihren dunstigen Grautönen in den Jahren nach 1910 Farbe erhielten.

Die Geschichte dieser Farbgebung wird er bald genauer studieren, die ersten Planungen, die Ideen, die Hintergründe, die Finanzierung, die Renaissance dieses großen Geländes, in dem noch heute der alte Zustand wie ein vergessener Traum aus Antike und Barock in den Tiefenschichten schlummert. Seit mehr als hundert Jahren stehen die zu Curtius' Zeiten noch umgestürzten Antiken wieder auf neuen Basen, aufgerichtet, zu einem zweiten und dritten Leben erweckt. Aber der alte Zustand ist noch immer zu spüren: das Abgelegene, die Stille, die vor sich hin und in sich hinein brütende Natur.

Nach Musik und Lektüren bricht er kurz nach elf zu einem zweiten Ausflug in die Umgebung auf, diesmal aber zu Fuß. Beinahe jedes Mal hat er dann nur ein einziges Ziel: die sizilianische *Bar Mizzica* in der *Via Catanzaro*, noch ganz in der Nähe des Piazza Bologna. Längst hat er entdeckt, dass diese Bar die beste des ganzen Viertels ist. Nirgends gibt es einen so guten Cappuccino und einen so kräftigen Caffè, und nirgends gibt es dazu derart luftige, leichte Brioche und derart frische sizilianische *Dolci* in allen nur denkbaren Varianten.

Gegen halb zwölf herrscht in dieser Bar der späte Hochbetrieb des Vormittags. Viele ältere Römer sind kaum aufgestanden und erst jetzt in ihre Lieblingsbar geschlurft, um hier den ersten Kontakt mit der nahen Welt aufzunehmen. Stehen Tische und Stühle draußen, sind sie alle besetzt, und man hat kaum eine Chance, bald einen Platz zu finden. Die meisten Gäste kennen sich, sitzen in kleinen Runden zusammen, nippen lange an ihrem Caffè, tun so, als tränken sie nebenbei auch etwas Wasser, essen und trinken in Wahrheit aber sehr wenig, weil sie eigentlich gekommen sind, um sich zu unterhalten.

Der Zeitpunkt seiner täglichen Ankunft in dieser Bar (zwischen elf und zwölf Uhr) erscheint ihm genau richtig. Für die älteren Gäste ist es später Morgen und damit eine Tageszeit, die erst gegen ein oder sogar zwei Uhr enden wird. Für die jüngeren und all die, die es eilig haben, ist es jedoch früher Mittag. Im Trubel der *Bar Mizzica* begegnen sich die Morgen- und die Mittagsmenschen, stoßen aufeinander, gehen einander aus dem Weg oder verfluchen die Gegenpartei. Die einen wollen endlos draußen an den Tischen sitzen und so tun, als spielte Zeit keine Rolle oder als gäbe sie es gar nicht. Die anderen eilen hinein in die Bar, mustern kurz die frischen Auslagen der großen Glasvitrinen und bestellen dann die kleinen Speisen des Mittags.

Es ist interessant zu beobachten, wie sie das mögen: sich aneinander zu reiben, die sich rasch verändernde Szene im Blick zu behalten und auf die Veränderungen laufend zu reagieren. Fast alle haben einen ausgeprägten sozialen *Sensus*, eine Antenne für das Besondere, Überraschende. Und sie setzen alles daran, diese Entdeckungen des Moments auch zu formulieren. Kurz, bündig, am besten pointenreich.

Was Peter Ka hier sieht und erlebt, ist beste *Commedia dell' arte*. Sprunghaftes, rasches Reagieren und Sprechen. Temporeiche Übergänge. Ein Motiv oder Thema aufpicken, es zerrupfen und voller Verachtung in den nächsten Gossenrand schleudern! Was ist schon die Welt? Nichts, das einen zu sehr beeindrucken sollte! Die Regie sollte man sich nie aus der Hand nehmen lassen. Von keiner Neuigkeit und von keinem Hallodri, der gerade wieder vorbeikommt und seinen Auftritt zelebriert.

Anders als die süße Begleitung zum Frühstückskaffee (*Cornetto semplice/ Cornetto crema/ Cornetto marmellata/ Brioche/ Pasta di Mandorla/ Cannoli* usw.) erwecken die Speisen des Mittags den Eindruck einer richtigen Mahlzeit. Nicht die einer Hauptmahlzeit, wohl aber die einer sehr schmackhaften, ausreichenden Zwischenmahlzeit. Genau das aber ist etwas für Peter Ka, der nach und nach all diese Speisen probiert hat.

Es gibt kleine Pizzen (*Pizzette*) oder leichte Teigtaschen (*Cartocciate*), mit Mozzarella und Spinat oder mit Schinken und Pilzen gefüllt. Es gibt die klassischen sizilianischen *Arancini* (frittierte Reisbällchen mit Tomaten und Ragù) oder die schweren Teigtaschen (*Bombe al forno*), mit viel gekochtem Schinken und reichlich Mozzarella in mehreren Lagen. Und es gibt schließlich die kaum handtellergroße *La siciliana* (mit Tomaten, Mozzarella und etwas Peperoncino), die kleinste all dieser Gaumenunterhaltungen, die man notfalls auch im Stehen essen kann. Dazu ein kleines Glas sehr kühles Bier. Und danach einen starken (also doppelten) Caffè und zur Wiederbelebung eine *Granita siciliana*, also ein Eis-Sorbet all'italiana, serviert in einem Wasserglas (mit den Geschmacksrichtungen *Mandorla, Cioccolato, Limone, Pistacchio, Fragola* usw.).

Peter Ka findet eine solche (zudem auch noch preiswerte) Speisenfolge für seine Zwecke ideal. Er will mittags nicht kochen (das kostet zu viel Zeit und macht müde), und er kann wegen der saftigen Preise nicht in einem Restaurant essen. Die *Tavola calda* der *Bar Mizzica* ist also genau das Richtige für ihn. Eine oder zwei kleine Speisen, Bier, Caffè und etwas Sorbet – wie klug so etwas doch entworfen ist! Die verschiedensten Geschmacksrichtungen (scharf, bitter, süß) kommen vor, aber nacheinander und in sehr konzentrierter Form. Jede Speise und jedes Getränk stellt für sich eine Kostbarkeit dar, und man kann sie einzeln genießen. Ein einfacher, aber guter und ergiebiger Genuss. Etwas, auf das man sich schon im Vornhinein freut (anstatt zu essen wie ein Leidender, der in sich hineinstopft, was er eigentlich selber nicht mag).

Alles, was hier serviert wird und auf den Tisch kommt, macht auf Peter Ka den Eindruck eines kleinen Geschenks. Ja, all diese Sachen sehen so aus, als wären sie zu einem bestimmten, freudigen Anlass eigens angefertigt. Sie präsentieren sich von einer Schmuckseite, und es wäre kein Wunder, wenn neben jeder Speise oder jedem Getränk ein kleines Zettelchen läge: Nur für dich, *amore mio!* Das römische Essen und Trinken scheint weit davon entfernt, den Hungrigen, Durstigen zu »sättigen«. Gesättigt wird gar nichts und niemand, denn im Grunde soll es ja immer weitergehen: ein leichtes Kosten und Probieren, den ganzen Tag lang.

Die *Bar* ist als Treffpunkt für alle, die so etwas wollen und verstanden haben, genau der richtige Raum. Sie ist ein Arrangement flüchtigster Nahrungsaufnahme und eines Trinkens, das in einer bestimmten Zeiteinheit geschehen sein sollte. Deshalb nimmt man nicht Platz, sondern steht vorne am Tresen, um vier, fünf Kurzgespräche zu führen und dabei hastig einen winzigen Caffè zu schlürfen, der aber nicht mehr ist als ein kleiner Potenzschuss oder eine rasche Injektion, deren Stoffe gerade mal ein Stündchen wirken.

Auf dem Rückweg kommt er an der *Piazza Bologna* vorbei. Jetzt, gegen Mittag, stehen hier die älteren Herrschaften und diskutieren. Ist es nicht zu kühl, setzt er sich auf eine Bank und liest in einer Zeitung, die er irgendwo hat mitgehen lassen. Meist ergibt sich dann eine Unterhaltung mit einigen Männern, und meist ist ein Stichwort, das er nebenbei mitbekommt, der Anstoß. Er steht auf, geht auf sie zu, fragt nach, und sie antworten immer geduldig und leicht amüsiert. Was dieser Deutsche alles so wissen will! Und wie er sich durch das Italienische quält! Er aber hat Freude an diesen Unterhaltungen, und sie ergeben sich von Mal zu Mal leichter, weil man ihn kennt und sogar damit rechnet, dass er häufig vorbeikommt. Da ist er ja wieder! Und was hat er heute zu fragen?!

Er hat begriffen, dass bei solchen Begegnungen der erste Auftritt eine wichtige Rolle spielt. Man nähert sich nicht unscheinbar und verlegen, nein, man geht lächelnd und mit offenem Blick auf die anderen zu. Jeden einzeln anschauen und grüßen, nicht auf den Boden schauen. Und dann eine erste, launige Bemerkung, eine Spur Humor, etwas, auf das sich leicht etwas erwidern lässt. (Diese älteren Römer hier auf der großen Piazza sind fast alle Dramatiker. Oder, noch besser: Es sind Drehbuchschreiber. Nicht mehr das Theater, sondern der Film ist ihr Metier. Ein kurzer Auftritt, ein rascher Dialog, die anderen fallen mit ein, das Sprechen macht die Runde ...)

Fragen ist übrigens gut und wichtig, nichts ist besser, als unermüdlich Fragen zu stellen und auf diese Weise viel zu erfahren. Geschichten aus der Umgebung, Aktuelles, aber auch Früheres, längst Historisches. Zum Beispiel: Dass man dieses Stadtviertel (*Nomentano*) noch immer das Viertel des Duce nennt, weil er a) ganz in der Nähe (auf dem Gelände der *Villa Torlonia*) gewohnt hat und b) viele der hohen Miethäuser ringsum aus der faschistischen Ära stammen. (Steile Betonkästen mit großen Innenhöfen und vielen Balkonen sind das. Grell, nervös, leidend und unbefriedigt schimmern sie in der Abendsonne.) Interessant ist auch, dass es in diesem Viertel noch einige martialische historische Monumente mit Texten gibt, die man längst hätte beseitigen müssen. Und dass auch der Großbau der Post aus weißem Travertin (*Uicio postale*), der die Piazza Bologna mit dem gewaltig konkaven Schwung seiner Fassade dominiert, aus der Zeit des Faschismus stammt. (Bietet der unschuldig wirkende Spielzeugladen kaum hundert Meter entfernt deshalb so viele kleine römische Legionäre aus Plastik an?)

Es ist oft schon zwei Uhr, wenn er zurück in sein Studio kommt. Er trinkt noch etwas Wasser, lässt wieder eine CD (leise) laufen und legt sich im oberen Wohnbereich auf das Bett des Gästezimmers. Eine kurze Siesta. Für ein paar Minuten die Augen schließen und die vielen Eindrücke zur Ruhe kommen lassen. Und wie geht das?

Fragen also wie etwa: Wen würdest du gerne einladen, hierher, in dieses Studio, als deinen Gast? Die Sängerin Etta Scollo natürlich, aber auch die junge Claudia Cardinale aus dem Film *La ragazza con la valigia* (*Das Mädchen mit dem leichten Gepäck*). Von männlicher Seite auf jeden Fall den römischen Legionär, der ihm in Form einer Spielfigur aus Plastik schon früh aufgefallen ist. Er hat diese Figur längst gekauft, sie steht etwas verloren unten im Atelier auf einem Schreibtisch. Reckt die linke Hand, ein Schwert in der Faust, hält in der rechten einen Speer.

Am schönsten ist das Löwenfell, das der Typ sich über den Kopfhelm gestreift hat. Der Rachen des Löwen ist so weit geöffnet, dass in diese Öffnung Kopf und Helm genau hineinpassen. So bilden Fell, Kopf und Helm eine bedrohliche Einheit. Kaum auszudenken, wie so eine Erscheinung zum Beispiel auf harmlos gestrickte Germanen gewirkt haben muss! Als träfen sie auf übermenschliche Wesen! Als wären diese römischen Kämpfer mit mächtigen Geistern und Tierseelen im Bunde!

Im Einschlummern glaubt Peter Ka zu sehen, dass der kleine Plastik-Legionär sich bewegt. Er macht ein paar Schritte hin und her auf der Stelle, wie ein unruhiges Tier, das um Auslauf bettelt.

Ist ja gut, am Nachmittag wird er mit ihm hinausgehen, diesmal mit dem Fahrrad. Für eine Tour durch die Umgebung. Er wird den Legionär in seinen Rucksack stecken und ihm so den ersehnten Auslauf gönnen. Hier und da wird er ihn an die Luft holen, zum Beispiel auf dem Gelände des Duce, der *Villa Torlonia*. Soll er sich dort doch wie ein Gladiator mit den faschistischen Gespenstern herumschlagen. Er giert ja geradezu danach.

Nach der kurzen Siesta liest er noch etwas oder hört Musik. Gegen 16 Uhr packt er seinen Rucksack und schiebt dann das Fahrrad nach draußen, auf die Straße. Bis zum Parkgelände der *Villa Torlonia* fährt er kaum fünf Minuten. Er mag dieses Gelände sehr, denn es ist die Gegenwelt zum menschenleeren Parkgelände der *Villa Massimo*. Hier nämlich können sich die Besucher bewegen, wohin auch immer sie wollen, ohne jede Einschränkung. Sie können schmale und kurvige Spazierwege nehmen oder sich auf große Rasenflächen legen, sie können Ball spielen oder einen Kinderwagen eine Anhöhe hinaufschieben. Es gibt ein Bambus- und ein Palmenwäldchen und seltsame fremdartige Gewächse, deren Namen er nicht kennt. Und es gibt mehrere sehr historisch anmutende Gebäude wie etwa das *Casino nobile,* in dem in der Tat Benito Mussolini beinahe zwanzig Jahre (von 1925 bis 1943) gewohnt haben soll.

Das *Casino* macht mit seinen klassizistischen Säulen und einer breit angelegten Treppenanlage zwar durchaus etwas her, aber den Spaziergängern, Joggern und sonstigen Sportlern ist das ziemlich egal. Kaum jemand redet davon, dass hier einmal der Duce gewohnt hat, so etwas ist höchstens ein Randthema. Viel wichtiger ist die muntere Gegenwart: dass dieser Park einfach Menschen jeden Alters und aller sozialen Klassen aufnimmt. Von den Scha-

ren der spielenden Kinder über die Kindermädchen und Großeltern bis hin zu den Läufern, die unentwegt ihre Strecken zurücklegen, anhalten, ein paar Gymnastikübungen einschieben
und weiterlaufen. Es wird viel Musik gehört und auch ein wenig
gelesen, es wird vorsichtig, aber ungeniert geküsst (Peter Ka kann
nicht lange hinschauen, wenn er so etwas sieht) – so triumphieren
hier alle Spielarten der Freizeit.

Er lehnt sein Fahrrad an eine Bank und holt sein Smartphone
heraus, er legt sich irgendwo auf den Rasen und hört italienische
Canzoni. Nach einer Viertelstunde swingt er in den munteren und
leichten Rhythmen dieses Geländes mit. Es wirkt wie eine offene,
weite und doch abwechslungsreiche Insel. Der Himmel liegt flach
und besänftigend auf allem hier, und die besonders hohen Pinien
machen nicht den Eindruck von uralten Wächtern, sondern den
von freundlichen, gesetzten Herren, die alles gewohnt sind und
denen nichts mehr unmöglich erscheint. Leise und unauffällig
tauschen sie sich über alles aus, was sie bemerken und sehen.

Auf einem solchen Gelände erscheint man befreit von jeder
Verpflichtung. Das Leben jenseits der umgrenzenden Mauern
spielt keine Rolle. Vielmehr nehmen alle, die sich hier aufhalten,
teil an einem einzigen, unendlich vielfältigen Spiel. Das Gehen,
Spazieren, Laufen und Turnen, ja selbst das Küssen wirkt hier wie
ein Spiel. Als versteckte sich oben, auf der Anhöhe des *Casino
nobile,* ein Filmregisseur, der das alles inszeniert. Und als wären
die vielen Anhöhen und Hügelchen mit lauter Kamerateams von
Ettore Scola besetzt. Richtig, ja, Ettore Scola wäre der passende
Regisseur für dieses Treiben.

Peter Ka hat das Gefühl, als entführte ihn dieses Gelände auf
tranceartige, unmerkliche Art. Und wohin? Er vergisst die Zeit,
er lässt die Minuten und manchmal auch Stunden vergehen, ohne

sich zu fragen, was als Nächstes kommt. Stattdessen spürt er eine starke Beruhigung in den Schläfen, ein Nachlassen des kerzengeraden Wollens und Sollens. Als legten Himmel, Wind und Luft eine dünne Decke auf ihn, unter deren nachgiebiger Fläche er sich kaum noch bewegt. Allmählich wird er zu einem Inselbewohner, fast glaubt er, irgendwo einen See rauschen oder murmeln zu hören.

Wenn er sich dann leicht fühlt und seltsam geborgen, reißt es ihn derart mit, dass er nicht mehr liegen, hören und schauen will. Er möchte einfach mitmachen und sich einreihen in dieses Vergnügen. In Wuppertal ist er seit Jahren nicht mehr gelaufen, es kam ihm einfach zu affig vor. Kaum ein Winkel war dort ja noch sicher vor all den Joggern, die tagsüber stundenlang hinter ihren Monitoren sitzen und eine unnötige Mail nach der andern beantworten. Je mehr die digitalen Clownerien sie im Griff haben, umso mehr laufen sie. Nicht zu glauben, dass sie sich von denselben Clownerien auch noch zwingen lassen, in der wenigen verbleibenden Tagesrestzeit durch die Gegend zu hampeln. Tagsüber der Krampf vor den Monitoren, abends der Kampf mit den Pulsuhren – was für ein Leben!

Er holt seine rot-blaue Sporthose aus seinem Rucksack und zieht die Jeans aus. Manchmal streift er auch ein rot-blaues Trikot über und läuft dann – ganz in Rot-Blau – los. Er muss aber sehr munter und gut drauf sein, um so etwas zu machen, denn schon ein paar Mal haben einige Parkbesucher angenommen, er komme aus Barcelona und trage zum Jogging die Vereinsfarben. Das kam hier nicht immer gut an, und es half nicht, dass er erklärte, es handle sich in seinem Fall nicht um die Vereinsfarben des FC Barcelona, sondern um die des Wuppertaler SV. (Stadion am Zoo. Fünfte Liga. Toller Verein. Peter Ka ist ein Fan.)

Er läuft nicht schnell und nur solange er den Swing des Geländes noch richtig spürt. Das dauert zwanzig oder auch dreißig Minuten, dann kehrt er zu Fahrrad und Rucksack zurück, die er unter der Aufsicht irgendeiner freundlichen Großmutter mit Enkelkind zurückgelassen hat. Noch nie ist etwas passiert, jedes Mal hat er alles, was er dabeihat, wieder erhalten. Inzwischen denkt er überhaupt nicht mehr daran, dass er bestohlen werden könnte, wie er überhaupt nicht mehr glaubt, dass ihm hier in Rom etwas zustößt. Man darf die familiären Räume nur nicht verlassen, und man sollte sich hüten, irgendwo eine große Nummer abzuziehen. Das aber ist ja sowieso nicht seine Art, weswegen er eigentlich kaum etwas oder gar nichts zu befürchten hat. (Er erklärt es jedes Mal seinen Eltern, mit denen er einmal wöchentlich telefoniert. Sie glauben ihm aber nicht, weil sie ihm nicht glauben *wollen*. Rom ist für sie schon beinahe Sizilien, und Sizilien ist für sie das »Land ohne Gesetz«.)

Etwa eine Stunde verbringt er auf dem Gelände der *Villa Torlonia,* dann verlässt er es durch den Ausgang zur *Via Nomentana.* Auf der schnurgeraden, antiken Straße fließt heute der rege Verkehr in mehreren Spuren. Er radelt sie über Bürgersteige seitlich entlang, um nicht zwischen die Autos zu geraten. Nach wenigen Minuten erreicht er das große Stadttor der *Porta Pia,* an die sich nach beiden Seiten die alte römische Stadtmauer anschließt. So markiert dieses Stadttor den Eintritt ins historische Zentrum. Würde er es durchqueren und weitergehen, würde er sein Quartier verlassen und langsam hinab zum Tiber gelangen. Am 20. September 1870 haben die *Bersaglieri* der italienischen Einigungsbewegung genau das getan. Sie haben sich einen Weg durch die Mauer gebahnt und sind hinab ins Zentrum gezogen. Die Aktion war das Ende des päpstlichen Kirchenstaats und der

Beginn des modernen, geeinten Italiens. Das Denkmal eines *Bersagliere* steht heute genau vor dem alten Stadttor, und auch dieses *Monumento* stammt nicht zufällig aus der faschistischen Ära.

Die Figur des soldatischen Kämpfers ist aus Bronze und mehr als vier Meter hoch. Geduckt und sprungbereit stürmt er voran, eine kleine Fanfare in der einen, ein Gewehr in der anderen Hand. Peter Ka gefallen besonders die Fanfare und der schmucke Hut mit den Hahnenfedern, der dem Ganzen etwas Pittoreskes verleiht. Als steckte in diesem Infanteristen noch ein kleiner Jäger, der nebenher noch ein paar Fasane erlegt und das als freudige Nachricht gleich auch mit Hilfe des Jagdhorns in die Welt posaunt.

Er kehrt um, nein, er will noch immer nicht hinab zum Tiber. Zuerst das Quartier (*Nomentano*), dann das historische Zentrum, daran hält er fest. Und so radelt er wieder zurück und durchstreift noch einige Zeit die nähere Umgebung der Villa, bis er am frühen Abend die Kirche *Santa Costanza* erreicht.

Die Kirche *Santa Costanza* ist nach einer Tochter des Kaisers Konstantin benannt. Sie hatte an dieser Stelle, weit draußen und außerhalb der römischen Mauern, wohl ein Landgut. Auf diesem Landgut ließ sie für die heilige Agnes eine Kirche bauen, die aber später verfiel. Für sich selbst ließ sie ein Mausoleum errichten, in dem später auch ihre Schwester Helena begraben wurde. Um dieses Mausoleum geht es Peter Ka, denn der stille Innenraum dieses uralten, frühchristlichen Baus ist einer der schönsten und ergreifendsten Orte, die er bisher betreten hat.

Ist er hineingeschlüpft, steht er in einem nur schwach durch das Sonnenlicht erleuchteten Rundbau. Er blickt auf den Altar in der Mitte, der von einem Umgang eingefasst wird. Zwölf Doppelsäulen tragen die leichten Arkaden, die den Kuppelzylinder stützen. Es ist, als stände man in einem Säulenwald und als beleuchtete das einfallende Licht immer nur ein winziges Detail dieses Dunkels. Wie ein Fingerzeig und wie ein unendlich vornehmer Kontakt zu den himmlischen Sphären tritt es in Erscheinung. Wie überhaupt der gesamte Raum etwas Vornehmes und Zurückhaltendes hat.

Jedes Mal bleibt er vor Überraschung einen Moment stehen. Die Augen müssen sich erst an dieses Dunkel gewöhnen, in das die letzten Sonnenstrahlen des Abends gerade noch hineinspielen. Oft setzt er sich zunächst, denn die Gewöhnung braucht einige Zeit. Der geschlossene, unversehrt erscheinende Rundbau wirkt auf ihn wie eine große Glocke, die sich auf alle Sinne legt. Sie dichtet sein Sehen und Hören ab, als wollte sie einen anleiten, sich aufs Äußerste zu konzentrieren. Eine ungeheure Stille füllt jetzt den Raum, ein Absorbieren von allen Bildern, die er tagsüber gesehen. Was bleibt, ist nur noch das schlichte Dasein dieser Säulen, Kapitelle, Steine und Mauern. Eine einfache, einleuchtende Architektur. Eine, die eine Gemeinde wirklich um den Altar versammelt, anstatt sie in hierarchisch geordnete Kirchenzonen zu zwingen.

Als er die Kirche zum ersten Mal besuchte, war er nach dem ersten überwältigenden Schock sicher, dass sie keine Bilder enthielt. Bilder aus einer so frühen Zeit? Und vor allem – wo?! Auf den ersten Blick war nichts zu entdecken, der Bau wirkte puristisch und klar und in all seiner Vornehmheit auch etwas streng und ausschließlich (als hätte er Bilder nicht nötig). Dann aber entdeckte Peter Ka während seines Rundgangs an den Decken des Umgangs und in seinen Nischen die wundervollsten Mosaiken, die er in seinem bisherigen Leben zu sehen bekam. Mit bloßen

Augen konnte er sie kaum richtig erkennen, deshalb ist er schon mehrmals mit einem Fernglas hierhergekommen, um sich in jedes Detail zu vertiefen.

In den beiden Nischen begegneten ihm zunächst lauter biblische Motive, wie er sie auch aus vielen anderen Kirchen bereits kannte. Christus, sitzend auf einer Weltkugel, in der Kleidung eines römischen Kaisers. Petrus, an seiner Seite, der von ihm die Schlüssel erhält. Oder: Christus, stehend, in leichter Bewegung, wie ein noch jugendlicher Wanderer. Und Petrus, an seiner Seite, der von ihm das Gesetz empfängt. Lämmer, Hütten und Palmen, der irdische Mittelmeerraum, als kleine Kulisse.

Im Umgang aber ging es dann los, und er konnte kaum fassen, was er da sah: Mosaike in den leuchtendsten Farben, und so verschwenderisch, als wäre man nicht in ein Grabhaus, sondern in das Haus eines großen Lebensfestes geraten. Die biblischen Motive waren denn auch plötzlich verschwunden, und man sah Unglaubliches: bunte Papageien, aber auch Pfauen und Fasane, denen gegenüber die Tauben und Hühner fast hilflos wirkten. Kunterbunt daruntergemischt, wie auf einer großen Tafel, dann lauter Früchte: Feigen, Melonen, Trauben, Granatäpfel, Orangen, Zitronen. Und neben und zwischen ihnen lauter Trinkgefäße sowie kostbare Schalen und kleine Öllampen.

Das alles war aber nicht nach bestimmten Perspektiven geordnet, sondern schwirrte herum, wie von einem gewaltigen Sturm durcheinandergebracht. Einige Ähren, nur sparsam gebündelt, wollten anscheinend etwas Ordnung in diesen Sturm bringen, doch es gelang ihnen nicht. Und so schwebten auch sie in einer seltsamen Schwerelosigkeit vor dem Weiß des Grundes, als spielte das alles irgendwo weit oben im Weltall. Ja, genau das war der Eindruck: Als erlebte man eine Szene im Weltraum, befreit von jeder

Schwerkraft und anderen irdischen Fesseln. Losgelöst zu einem einzigen rauschenden Wirbel, voll des Glücks der Befreiung.

Auf einem zweiten, größeren Mosaik erkannte er dann Szenen der Weinernte. Fleißige, kleine Eroten fuhren die geernteten Trauben zu einer Kelter und stampften sie auch gleich mit nackten Füßen. Über ihren Köpfen aber öffnete sich wieder das All. Wild schlangen sich Weinranken durch das Weiß des Hintergrunds. Einige Eroten kletterten an ihnen hinauf, und Vögel durchflatterten das Dickicht oder pickten hier und da an den Trauben.

Er kann sich nicht sattsehen an diesen so besonderen und einzigartigen Mosaiken, und er hat allmählich auch verstanden, warum. Sie haben nämlich, wie er nach einiger Zeit festgestellt hat, eine Tendenz hin zur Musik. Ja, sie wirken durch ihre Loslösung von Perspektive und Schwerkraft wie ein Cluster. Großes Orchester, immerzu dieselben Tonfolgen variierend. Und in diese Orgien hinein, auf- und abtauchend wie Signalleuchten im stürmischen Meer: Elektronische Musik!

Könnte er so etwas komponieren? Nein, leider nicht, aber er könnte einem guten Komponisten ein paar Hinweise geben, ja, er hätte da einige durchaus präzise Ideen. (Ob die Komponistin aus dem Schwäbischen dafür empfänglich ist? Eher nicht, aber er kann sich auch irren. Der junge Spund aus dem Pfälzischen dagegen, den könnte er einmal hierher entführen. Vielleicht schriebe er dann kurze *Momenti costantiensi*, jedes *Momento* gerade mal drei Minuten lang und zwölf Stück hintereinander. Wegen der selbstverständlich tiefen Zahlensymbolik. Und weil Zahlensymbolik sich in Musikstücken immer gut macht.)

Hier, in *Santa Costanza*, überfällt ihn also ein (ha!) »interdisziplinärer« Impuls. Dabei wäre es doch eigentlich *seine* Aufgabe, diese Mosaiken kunstvoll zu bedichten. Das aber hält er für ganz und gar ausgeschlossen. Niemals. Auf gar keinen Fall. Und warum nicht? Weil weil weil ... – er kann es nicht genau begründen. Er spürt nur, dass es einfach nicht geht. Diese himmlische Schwerelosigkeit wehrt sich gegen ein ödes Vers- und Strophengemurmel. Große, rauschende Cluster lassen sich nicht in Verse pressen. Die Tendenz hin zu weiter Musik widerstrebt dem lyrischen Puzzeln. Vielleicht hätte Stefan George so etwas noch gekonnt und gepackt. (Nach längerem Nachdenken: nein, wahrscheinlich doch nicht. Denn auch und gerade Stefan George hat sich beim Bedichten von Sarkophagen, Tempeln und Domen manchmal ganz übel verhoben ...)

Abends geht er häufig ins *Uve e forme.* Er bestellt immer andere Sorten Käse und trinkt immer einen anderen Wein, genau zwei Gläser. Setzt er sich vorn in den Thekenbereich, kommt er fast jedes Mal mit einer zweiten Einzelperson ins Gespräch. Inzwischen kennt man ihn schon, und die Begrüßungen durch das Personal werden von Mal zu Mal herzlicher.

Er probiert einen leicht salzigen *Pecorino del pastore* (aus Schafsmilch) oder einen *Marzolino,* ebenfalls ein Hirtenkäse aus der Region *Lazio* (vor allem aus Ziegenmilch). Er isst den Käse sehr langsam, in winzigen Mengen, und er trinkt dazu immer einen ebenfalls kleinen Schluck Wein. Um sich einen Überblick über die guten Weinsorten zu verschaffen und Informationen über ihren Anbau zu erhalten, blättert er im neusten *Gambero Rosso,* der die besten *Vini d'Italia* vorstellt. Solche Bücher liegen im *Uve e forme* in großer Zahl aus, Bücher über Brot, Wein, Käse und Öl. Er hat Zeit, er will nicht irgendetwas essen, sondern etwas aus dieser Region, das er genauso gut kennenlernen will wie die Mosaiken in *Santa Costanza.* Und wie zu den Mosaiken, die er mit dem Fernglas geduldig und immer wieder studiert, macht er sich auch zu Käse und Wein kurze Notizen. Seine Gesprächspartner vorn an der Theke amüsiert das, sie nennen ihn den »fleißigen Deutschen« (er hält sich selbst aber gar nicht für fleißig, fleißig will er nicht sein, wohl aber gründlich). Er grinst dazu kurz und fragt weiter nach, die meisten Weintrinker hier kennen sich exzellent aus, besser und genauer als der *Gambero Rosso*.

Fast alle haben nämlich Verwandte in der Region, die noch Wein anbauen oder etwas Landwirtschaft betreiben. Und viele hatten Vorfahren, die noch in der weiten Campagna rings um Rom wohnten und die Verbindung zu diesen Ländereien nie verloren. Mit halber Seele sind sie römische Großstädter, barock, vital und neugierig, mit der anderen Hälfte aber sind sie noch Bewohner des Umlandes, Agrarier, zäh und ausdauernd. Beides ergänzt sich sehr gut, und er ist oft erstaunt, wenn er Männer seines Alters genauso interessant von den Problemen des römischen Busverkehrs wie vom *Frascati*-Anbau in der Region des antiken *Tusculum* sprechen hört.

Es kommt aber auch vor, dass er allein an der Theke sitzt und still in den ausgelegten Büchern liest. Manchmal trinkt er dann auch noch ein drittes Glas Wein. Er mag es, wenn der Essraum im *Uve e forme* voll ist und an den kleinen Tischen Gespräche in hohem Tempo verlaufen. Am liebsten würde er diese in Hochform plaudernden Redner mit all ihren Posen fotografieren. Auch für ihn selbst gehören zu einem guten und gelungenen römischen Tag ja immer einige Gesprächszeiten mit den Bewohnern des Viertels. Mittags, auf der *Piazza Bologna*, und abends, hier im *Uve e forme* oder in einer anderen *Enoteca*, da unterhält er sich gern. Dem Tag und der Gegenwart aktuellen Stoff entnehmen, Geschichten, Hintergründe, Verweise. Damit das gelingt, muss er zuvor zumindest eine halbe Stunde eine Zeitung durchblättern. Dann hat er Stichworte genug auf Lager, die sich in den Gesprächen wiederum vertiefen lassen. (Auch Gespräche sollten vorbereitet sein, wie Improvisationen, die auch nur glücken, wenn sie vorbereitet sind.)

Seit er in Rom angekommen ist, spricht er viel mehr mit den Einheimischen als mit den anderen Stipendiaten. Er hat sich sogar schon dabei ertappt, ihnen vor lauter innerer Ungeduld nicht mehr zuhören zu können, wenn er einer oder einem von ihnen begegnet. Er hat die Vermutung, dass man ihm so etwas ansieht, sie müssen doch bemerken, dass er sich bei vielen Stipendiatengesprächen (über das römische Wetter, die römischen Sitten, die römischen Geschäfte, den römischen Verkehr) langweilt. Das meiste glaubt er schon viele Male gehört zu haben. Es handelt sich um sehr ungenaue Beobachtungen oder um wenig Konkretes, das lustlos dahererzählt wird, um den Eindruck von Beschäftigung mit der Fremde zu erwecken. Als könnte man sich auf diese Weise beruhigen, als hätte man gerade mal kurz mit einem kleinen Schwamm über die Windschutzscheibe gewischt. Soll er sich so etwas anhören, tritt er von einem Fuß auf den andern. Ein solches Reden enthält nur sehr selten wirklich Neues und wirkt abgestanden. Es ermüdet ihn, so dass sich seine Bewegungen ungewollt verlangsamen. Schließlich steht er schläfrig vor einem Studio und schleicht dann, als hätte er große körperliche Anstrengungen hinter sich, in sein Atelier. Es steht noch immer weitgehend leer, nur kommen alle paar Tage neue Bücher aus der Hausbibliothek hinzu.

Bewährt hat sich die Idee, in dem großen Raum spät in der Nacht einen Film zu sehen. Er hat sich einen Beamer geliehen und schaut sich alle paar Abende eine DVD an. Inzwischen hat er sich auf italienische Filme spezialisiert, die in Rom spielen. Er sieht sie

in der Originalsprache und wenn möglich mit deutschen Unter-
titeln. Das hilft ihm bei seinen Italienisch-Übungen, ja, wirklich,
mit der Zeit stellt er fest, dass sein Italienisch sich dadurch verbes-
sert. Vor ein paar Wochen hätte er eine solche Behauptung noch
bloß für eine Behauptung des guten Willens gehalten, fern jeder
Realität. Es funktioniert aber doch, weil er jeden Film (mit einem
Abstand von einigen Tagen) zweimal anschaut. Beim ersten Mal
kommt er gerade so mit, beim zweiten Mal hat er die Zügel schon
ein wenig besser in der Hand.

Abschied von Rom

In meinem Buch Rom. Eine Ekstase *habe ich von jenen Spaziergängen durch die Ewige Stadt erzählt, die mir ihre Physiognomien und Atmosphären besonders stark erschlossen haben. Jedes Mal, wenn ich nach Rom kam, habe ich solche oder ähnliche Wege zurückgelegt und immer neue Details kennengelernt.*

Der Abschied von Rom ist mir nie leichtgefallen, im Gegenteil, ich dachte am Ende jedes Aufenthalts darüber nach, ob es nicht besser wäre, noch etwas oder vielleicht sogar für immer zu bleiben. Gar nicht so selten habe ich die Abschiede hinausgezögert, noch einige Tage drangehängt, oder ich bin nach kurzer Abwesenheit, einem spontanen Impuls folgend, wieder zurückgekehrt.

Im letzten Kapitel von Rom. Eine Ekstase *habe ich von diesen oft heftigen Sehnsuchtsprozessen erzählt.*

Drei Nächte vor Goethes Abreise aus Rom ist Vollmond, Goethe reagiert auf die mondhellen Nachtstunden unruhig und ist stundenlang unterwegs. Schließlich nimmt er sich einen letzten Abschiedsgang vor: Er durcheilt den Corso, besteigt das Kapitol und geht über die *Via sacra* des Forums zum Kolosseum. Während des kurzen Blicks in das dunkle und menschenleere Innere schaudert es ihn, so dass er sich schnell wieder abwendet. Seine Aufregung aber ist eher noch stärker geworden, er hat mit einer

Stimmung zu kämpfen, die er selbst »heroisch-elegisch« nennt. Das Heroisch-Elegische ist wie geschaffen für eine poetische Umsetzung, Goethe spürt das genau und bemüht sich darum. Statt etwas Eigenem fallen ihm aber nur die berühmten Verse des römischen Dichters Ovid ein, die Ovid nach seiner Verbannung aus Rom geschrieben hat:

Cum subit illius tristissima noctis imago,
qua mihi supremum tempus in urbe fuit,
cum repeto noctem, qua tot mihi cara reliqui,
labitur ex oculis nunc quoque gutta meis.

Tritt das Bild jener schrecklichen Nacht mir wieder vor Augen,
welche für mich in der Stadt blieb als die späteste Frist,
denk ich wieder der Nacht, da ich so viel Teures verlassen,
dringen die Tränen mir jetzt noch aus den Augen hervor.

Goethes Abschiednehmen hat mit einem nur in Rom gebräuchlichen und mit dessen Mythologie eng verbundenen Ritual zu tun, das in seinem Kern eine Totenbeschwörung ist, mit deren Hilfe man die Toten gnädig stimmen oder sogar bewegen will, für eine baldige Rückkehr zu sorgen. Das Ritual ähnelt einer Prozession, die der Reisende nicht in Begleitung anderer, sondern allein unternimmt, um sich von den Laren zu verabschieden. Die Laren – das waren in altrömischem Verständnis die Schutzgötter eines Hauses oder einzelner Orte und Plätze, zugleich waren es aber die Seelen der Verstorbenen, die über bestimmte Territorien wachten.

Auf derartig frühe Zusammenhänge der römischen Mythologie bezieht sich Goethe, indem er die bedeutsamsten Orte der römischen Antike noch einmal aufsucht: Er besteigt das Kapitol, grüßt die Reiterstatue des Marc Aurel und macht sich dann über die *Via sacra* auf den Weg ins Dunkel. Ausdrücklich erwähnt er, dass die Reiterstatue ihn nicht nur oberflächlich an die Figur des Komtur in Mozarts Oper *Don Giovanni* erinnere, sondern ihm darüber hinaus auch sehr direkt in Erinnerung rufe, dass er etwas ganz und gar »Ungewöhnliches« unternehme. Wie auch der Kommandeur ist er nämlich furchtlos auf dem Weg zu den Toten, erst im Kolosseum und damit dort, wo die Toten hausen und wohnen, ergreift ihn das Grauen, und er macht sich schnell auf den Rückweg.

Die Toten lassen ihn aber nicht los, sie bedrängen und erregen ihn so stark, dass er seine Gefühle nicht aus eigener Kraft meistert. Stattdessen meldet sich eine Stimme der Toten, es ist die Stimme Ovids, die den berühmten großen Klagegesang anstimmt: »Cum repeto noctem …« Dieser Gesang wird den Abschied Nehmenden von diesem Moment an nicht mehr verlassen. Tage-, ja wochenlang wird es dauern, bis er sich von dem stark elegischen Empfinden nicht nur wieder befreit, sondern die Stimmen der Verfolger für die eigene »poetische Tätigkeit« dienstbar gemacht hat.

Wie ein spätes, modernes Echo auf das Ritual der Totenbeschwörung wirkt auch die Schluss-Sequenz von Federico Fellinis Film *Roma*, in der Fellini eine nächtliche Horde von mehr als fünfzig Motorradfahrern in hoher Geschwindigkeit und mit großem Lärm durch das historische Zentrum brausen lässt. Die Scheinwerfer der Motorräder reißen die alten Monumente blitzartig aus dem Dunkel, aggressiv wird die Ruhe der Toten gestört, ja die Horde erscheint am Ende selbst wie ein Schwarm toter Seelen, der im Dunkel verschwindet und nicht mehr zu fassen ist.

Rituale des Abschiednehmens von Rom sind aus vielen Texten bereits seit der Antike bekannt, meist werden sie an ausgewählten, für den Reisenden mit hohen Gefühlswerten besetzten Plätzen oder Orten vollzogen, und fast immer führen sie zu einem Höchstmaß an innerer Erregung bis hin zu beinahe psychotischen Schüben. Die Trennung ähnelt einer Trennung von etwas immens Geliebtem, es ist, als könne der Trauernde ohne diese Liebe nicht sein und als wünsche er sich nichts mehr, als zu ihr zurückkehren zu dürfen.

Einen Rest dieses Glaubens bewahrt das alte Ritual des Abschiednehmens an der *Fontana di Trevi*, wobei mit der linken Hand eine Münze über die rechte Schulter nach hinten, ins Wasser des Brunnens, geworfen wird. Eine Münze, heißt es, führe zur Rückkehr nach Rom, zwei Münzen führten dazu, dass man sich in eine Römerin oder einen Römer verliebe, drei aber führten sogar zur Heirat. Selbst das touristische Ritual zeugt also von einer engen Verbindung zur Stadt, die sich darstellt wie eine Liebe. In der Umkehr des Namens *ROMA* (zu *AMOR*) wird dieses Verhältnis noch heute angesprochen und umkreist.

Und wir?! Was machen wir am Ende unseres Rom-Aufenthalts? Drei Wege führen aus Rom, der erste führt uns als nächtliche Spaziergänger auf all die römischen Plätze, die wir lieben und die nach Mitternacht oft menschenleer daliegen, es ist der *melancholische* Weg.

Der zweite (der *transitorische* Weg) bringt uns der Küche der Heimat wieder näher und führt uns in die *Antica Birreria Peroni* (in der *Via S. Marcello 19*), in deren traditionsreiche Räume sich kaum ein Tourist verirrt. Nirgendwo in Rom trinkt man in einer passenderen Umgebung ein sehr gutes, eiskaltes Bier und isst dazu jene Speisen, die einfach zum Bier gehören: Scharfe *Salsicce* (geräucherte und dann gebratene Mettwürste), Bock- oder

Brühwürste und zum Schluss einen gegrillten *Scamorza* mit etwas Speck und Rughetta.

Der dritte aber (der schönste, *meditative* Weg) führt uns an einen einsamen, geheimnisvollen Ort, in den kleinen Kreuzgang der Kirche *SS. Quattro Coronati*. Die *Quattro Coronati* – das waren der Legende nach »die Vier Gekrönten« und damit vier Steinmetze, denen man Kronen mit spitzen Dornen in den Kopf trieb, weil sie sich weigerten, Statuen von heidnischen Göttern anzufertigen. Seit den frühsten Zeiten gab es Kultstätten für die »Vier Gekrönten« auf dem *Monte Celio*, im Mittelalter entstanden dann eine große Basilika und ein Klosterkomplex, der kleine Kreuzgang, der sich eng an die heutige Kirche anschließt, ist aus dem frühen 13. Jahrhundert. Zu bestimmten Zeiten ist er geöffnet, in seiner Mitte steht ein uralter kleiner Brunnen mit Löwenköpfen aus der Zeit des Papstes Paschalis II. (1099–1118).

Um von Rom Abschied zu nehmen, setzen wir uns zwischen die kleinen Säulchen des Umgangs. Wir blicken auf den Brunnen und hören, wie das Wasser mit einem kaum merklichen Seufzen über seinen Rand rinnt und dann in das Erdbecken tröpfelt. Es ist ein sehr leises Geräusch, ringsum aber ist nichts als die große römische Stille.

Wir sitzen, solange es irgend geht, wir beobachten, wie die Sonnenstrahlen langsam aus dem geschlossenen Innenhof verschwinden und über die Dächer des nahen Klosters klettern. Wir bewegen uns nicht, wir sitzen bis zum Abend, wenn der Kreuzgang geschlossen wird, im allmählich tiefer werdenden Dunkel.

Roma discedens
Roma vale; tibi debeo plurima; quod mihi per te
partum est ingenuis artibus, unde habeam

nec iam egeam, addictus nulli, mihi id est satis abs te.
Cetera quae poteras me dare, linquo aliis.
Plusque meis oculis absens te semper amabo,
et procul, ut colimus numina sancta, colam.

Beim Abschied von Rom

Rom, lebe wohl! Dir schulde ich vieles; was mir durch dich
ward zuteil in den schönen Künsten, wo ich besitze
und nicht mehr entbehre, keinem verpflichtet, das ist von dir und
ist genug.
Was du sonst noch konntest mir geben, das lass ich für andre.
Mehr als mein Augenlicht werde ich stets aus der Ferne dich
lieben,
und von Weitem dich ehren, so wie wir ehren heiliges Wesen.

Marco Girolamo Vida, Bischof von Alba (1490–1566)

Ankunft in Venedig

Meine zweite starke Initiation in das italienische Leben erfuhr ich ebenfalls Anfang der siebziger Jahre, als ich zum ersten Mal nach Venedig reiste. Die Überwältigung war diesmal eine andere als in Rom, denn sie hatte mit der Ungeheuerlichkeit zu tun, dass eine ganze Stadt nicht nur in eine Lagunenlandschaft hineingebaut war, sondern sich ihr sogar bis in die kleinsten Segmente angepasst hatte. Bewegungen waren nur auf Booten oder Gondeln möglich, und die Spaziergänger überquerten laufend kleine Brücken und hüpften von einem begehbaren Stück Land zum nächsten.

Die daraus sich ergebenden labyrinthischen Strukturen haben Reisende immer wieder dazu verführt, nicht nur einmal, sondern immer wieder nach Venedig zu reisen. Denn der besondere Zauber der Stadt macht einem vor, sie noch nicht ausreichend zu kennen, sondern sich immer aufs Neue auf den Weg machen zu müssen, um sie noch besser und genauer zu verstehen.

All das lernte ich im Laufe der vielen Jahre, in denen ich Venedig besucht und länger dort gewohnt habe, genauer begreifen. Mein erster Aufenthalt blieb jedoch auch dadurch unvergesslich, weil ich Totenamt und Begräbnis eines der bedeutendsten Komponisten des zwanzigsten Jahrhunderts miterlebte. Denn an genau jenem Tag, als ich zum ersten Mal in Venedig ankam, wurde dort Igor Strawinsky beerdigt.

Du befindest dich jetzt in einer Höhe von beinahe 8000 Metern über den Alpen, die Temperatur draußen beträgt minus 30 Grad. Du blickst herunter auf die scharfkantigen Gipfel und die glatten Flächen der Felsschultern, auf die dünnen Linien der Hangrinnen und das Slalom-Geschlängel der Saumpfade in den Tälern, du erkennst die zugefrorenen, an den Rändern kristallin eingezuckerten Seen, die Kette der Bergmassive erscheint wie von schweren weißen Christo-Laken verschnürt, darüber der zerfaserte Wolkenflor und das festliche Himmels-Blau, das sich am Horizont immer weiter verdünnt..., dann verliert das Flugzeug an Höhe und taucht hinein in den sonnigen Dunst, die fahlen Braun-Töne der Ebene sind plötzlich da, erst noch stark zersiedelt, verwandelt sie sich wenig später in reine Geometrie, in die Rechtecke der Felder und Äcker mit geraden Straßen und den ersten schmalen Kanälen, bis die roten Dächer der einsamen Landsitze und Gutshäuser erscheinen, und schließlich die Mäander-Zone am Meer, das sich ins Land hineinfrisst, graubrauner Morast, eine dickgrünliche Suppe, schlierige Wasserrinnen und Wasser-Flechten..., dann die schimmernde Silhouette der geliebten Stadt, der Campanile Torcellos und der schiefe Streichholzturm von Burano in der Lagunenweite, über die das Flugzeug kurz gleitet, um, während du dein Herz hüpfen spürst, aufzusetzen in diesem Jenseits...

Egal, ob man mit dem Flugzeug, dem Zug oder dem Auto ankommt – die Ankunft in Venedig ist jedes Mal ein mehrfacher Schock. Zum einen erlebt man die allmähliche Trennung vom Land und damit von sicherer, stabiler Erde, die Nabelschnur zum Festland wird langsam und physisch spürbar durchschnitten, man fühlt sich ausgesetzt, das Empfinden, an einem Endpunkt und gleichzeitig auf einer Insel angelangt zu sein, führt zu einem

Zustand diffuser Erregung und großer Erwartung, in den sich – wie häufig bei der Ankunft auf einer Insel – ein leichter Freiheitsrausch mischt.

Zum anderen aber findet man keine Zeit, Sinne und Gedanken zu ordnen und auf die neue Umgebung einzustimmen, denn die ästhetische Überwältigung ist, weil man diese Umgebung mit nichts Bekanntem oder Gewohntem vergleichen oder in Beziehung setzen kann, zu groß.

Schon mit dem ersten Vordringen ins Innere der Stadt beginnt nämlich die Wirkung eines verschwenderischen und betörenden Zaubers. Die Bauten scheinen dem Wasser entwachsen und gerade noch auf ihm zu schweben, während die sonst bewegte, unruhige, oft auch Gefahr bringende Flut stillgelegt und gebändigt erscheint und dadurch nichts anderes mehr ist als ein glatter Spiegel, ein Verdoppeln, Steigern und Umschmeicheln der großen Kulissen aus weißem Stein.

Dieses Mit- und Ineinander von Stein und Wasser, von Hartem und Weichem, schafft ein nie gesehenes, vor allem aber nie für möglich gehaltenes Ensemble. Seine außerordentliche Schönheit entsteht durch eine Täuschung oder Verwechslung: Der Stein erscheint nachgiebig und weich, geformt durch eine rätselhafte Ästhetik, die an die Unterwasser-Ästhetik sonst verborgener Naturbauten in den Fluss- oder Meerestiefen erinnert, das Wasser aber glatt, solide und dauerhaft, wie das Terrain einer märchenhaft neuen, geschenkten Erde. Es ist, als hätten geheime und sonst nie zueinanderfindende Phantasien des Menschen und der Natur hier zum einzigen Mal auf glückliche Weise etwas Drittes entstehen lassen: eine Stadt zwischen Himmel und Erde, zwischen Meer und Land, geschaffen durch eine Kunst der Übergänge und Grenzverschiebungen.

Oft macht der Schock, den die Ankunft mit sich bringt, den Ankommenden stumm. Währenddessen aber zieht ihn die Stadt immer unmerklicher an sich, denn er muss alles mitgebrachte Hab und Gut in einer Gondel, auf einem Vaporetto oder einem Wassertaxi verstauen, manchmal ist seine halbe Entmündigung sogar deutlich sichtbar, dann nämlich wird ihm sein Gepäck ganz aus der Hand genommen und von fremden Händen für die Dauer der Überfahrt zum Hotel irgendwo untergebracht.

Mit all diesen Handgriffen setzt sich die Verzauberung fort. Der Ankommende verlässt jetzt endgültig das Festland und begibt sich in die Magie einer Fremde, die weiter und größer zu sein scheint als alles europäisch Vertraute, ja entfernt sogar an Orientalisches erinnert. Mit offenem Mund, fassungslos gleitet er jetzt immer tiefer hinein in diesen geheimnisvoll fremden Leib, unmerklich wird er verschluckt, langsam umspeichelt die Stadt ihn mit ihren Säften und umhüllt ihn mit ihren Gerüchen und Atmosphären, am Ende wird er ganz in ihr verschwinden.

Ein Geheimnis Venedigs hat genau mit dieser allmählichen Verwandlung zu tun. Ausgesetzt in einem verwirrenden Kosmos von größter, anfangs aber nie ganz zu durchdringender und daher rätselhaft und anziehend bleibender Schönheit, fixiert der Fremde das Rätsel, er umkreist und bestaunt es ununterbrochen und trennt sich dadurch Schritt für Schritt und oft, ohne es selbst gewahr zu werden, von seiner Herkunft. Die Heimat, die aktuellen Tagesgeschäfte, das ganze Einerlei von Normalität und Pflicht treten zurück, und an ihre Stelle tritt der Liebesdienst an einer Stadt, die nicht lauthals und offen Unterwerfung verlangt, sondern den Fremden auf magische, verführerische Weise ganz an sich bindet. Nach einigen Tagen oder Wochen verliert er das Zeitgefühl, die

Welt außerhalb, »draußen«, ist nicht mehr von Belang, von zentraler Bedeutung sind jetzt die Rätsel des venezianischen Kosmos, bis hin zu den winzigsten Details der Gliederung und des Aufbaus einer Hauswand irgendwo auf einem der zahlreichen *Campi*.

Doch so weit ist es noch nicht. Am Anfang gibt es nur Erschrecken und Schweigen ..., bald aber auch die pure Freude, die Empfindung des reinen, nicht mehr für möglich gehaltenen, durch nichts verdunkelten Glücks. In keinem Text über Venedig erscheint diese Freude der Ankunft so schlicht und gerade deshalb so glaubhaft und strahlend wie in Ernest Hemingways Venedig-Roman *Über den Fluss und in die Wälder* aus dem Jahr 1950.

Der amerikanische Oberst Richard Cantwell nähert sich der Stadt von Triest aus in einem Wagen. Von einem Aussichtsplatz noch auf dem Festland geht der Blick weit über die Lagune bis hin zur fernen Silhouette Venedigs. Beim Weiterfahren kommt Cantwell von diesem Anblick nicht los: »Wir kommen jetzt in meine Stadt, dachte er. Gott, was für eine schöne Stadt!«

Schon als 18-Jähriger ist Cantwell zum ersten Mal in Venedig gewesen. Jetzt, als 50-Jähriger, packt ihn eine Empfindung, die viele Venedig-Reisende ereilt, die zum wiederholten Male in dieser Stadt ankommen. Es ist die Empfindung, einen Teil von sich selbst in Venedig wiederzufinden, einen Teil, an den man gar nicht mehr dachte, der aber bei der Rückkehr plötzlich lebendig wird und wieder ersteht, als hätte die Stadt ihn aufbewahrt und zurückbehalten wie ein verborgenes Gut, das für den verlorenen Sohn immer bereitliegt. Wie konnte ich Venedig je verlassen, wie konnte es überhaupt so weit kommen? – denkt dieser Reisende, um sich schließlich – mit den Worten Cantwells – zu gestehen: »Ich sollte hier leben.«

Mehr als in anderen Städten ist die Rückkehr daher für viele eine Heimkehr, als wäre die Zeit zwischen dem letzten Aufenthalt und der Gegenwart eine im Grunde verlorene gewesen. Der Zauber Venedigs wirkt in solchen Fällen wie eine Wiedergeburt, als würden alle anderen Orte der Welt daneben verblassen und als beschenkte einen die Stadt mit der besonderen Fähigkeit, das eigene Leben plötzlich aus der Distanz zu sehen oder – zumindest teilweise – bewusster zu überblicken. So beschenkt diese Stadt, die so stolz ist auf ihre Einzigartigkeit, den Reisenden mit der Gewissheit, dass er Einzigartiges auch mit sich selbst erfährt und erlebt, dass er sich selbst in Venedig auf intensivere Weise als sonst begegnet.

Das ist der Grund, warum viele immer wieder nach Venedig fahren, Venedig macht süchtig und vermittelt wie sonst keine Stadt das Gefühl, ein ideales Terrain der Selbstsuche zu sein. Daher ist der Großteil der Venedig-Literatur eine Literatur der Einzelgänger oder der Paare, sie streunen umher, sie sind auf der Suche, vor dem gewaltigen Panorama-Spiegel der Stadt erleben sie den Kontakt mit ihren sonst gehemmten oder verdeckten Gefühlen.

Ich selbst kam 1971 als Zwanzigjähriger zum ersten Mal nach Venedig. Verwirrt und überwältigt lief ich stundenlang ohne eigentliche Orientierung durch die schmalen Gassen, in der Hoffnung, irgendwo ein billiges Quartier zu finden. In der Nähe der *Basilica dei Ss. Giovanni e Paolo* strömten die Menschen zusammen, sie blieben zu Hunderten auf den kleinen Brücken stehen und drängten sich an den Ufern eines Kanals. Als es mir endlich auch gelang, einen Platz auf einer der Brücken zu finden, näherte sich eine blumengeschmückte Trauergondel mit einem schwarzen Sarg, der von roten Rosen beinahe verdeckt wurde.

Es war der 15. April 1971, ein sehr sonniger und warmer Frühlingstag, es war der Tag, an dem Igor Strawinskij in Venedig beerdigt wurde, in der Basilika der beiden Heiligen Johannes und Paulus wurde die Totenmesse für ihn gelesen. In New York war er gestorben, sein Leichnam aber war nach Venedig gebracht worden, denn er hatte sich gewünscht, auf der Toteninsel *San Michele* begraben zu werden.

Igor Strawinskij war einer von denen gewesen, die der Stadt verfallen waren, schon in frühen Jahren war er nach Venedig gereist, viele seiner Kompositionen waren im *Teatro La Fenice* uraufgeführt und immer wieder gespielt worden, noch als alter und berühmter Mann war er jedoch am liebsten allein durch die Gassen der Stadt gestreunt, hatte die Katzen angelockt und sich russisch mit ihnen unterhalten, als befände er sich nicht in Italien, sondern im Land seiner Kindheit. In Venedig, hatte er gestanden, finde er etwas wie Heimat, hier sei er glücklich, denn er glaube, »die universale Essenz dieser Stadt, diese berührbare Utopie, begriffen und assimiliert zu haben«.

Das Totenamt begann gegen 12 Uhr, die Kirche war längst überfüllt, aber es gelang mir, durch einen Seiteneingang hineinzukommen und, indem ich mich unter einer Absperrung hindurchduckte, in einer der Kirchbänke sogar noch einen Platz zu finden. Vorn, in der ersten Reihe, hatten Strawinskijs Frau, sein Sohn, seine Töchter und seine besten Freunde Platz genommen. Ich erkannte Peggy Guggenheim und Leonard Bernstein, aber erst als die Messe im griechisch-orthodoxen Ritus begonnen und der Bürgermeister von Venedig die Trauergäste begrüßt hatte, warf ich einen Blick zur Seite, wo ich direkt neben mir, zu meiner Rechten, den Dichter Ezra Pound bemerkte, der in seinen letzten Jahren in Venedig lebte. In sich zusammengesunken saß er da und klammerte sich mit beiden Händen an einen Gehstock mit silbernem Knauf, den er zwischen seine Beine gestemmt hatte.

Über zwei Stunden saß ich in Strawinskijs Totenamt neben Ezra Pound, dann wurde der Sarg wieder nach draußen getragen und erneut in der Gondel aufgebahrt. Vier Gondolieri in weißen Hemden mit schwarzer Binde ruderten die Trauerbarke, die auf dem rechten Ufer des *Rio Mendicanti* vom Zug der Trauergäste bis zu den *Fondamente Nuove* begleitet wurde, von wo aus sie dann allein zur Toteninsel *San Michele* ablegte.

Der tiefschwarze, im Sonnenlicht glänzende Gondellack, das kräftige Rot der vielen Rosen, die vier ruhig rudernden Männer in ihren weißen Hemden – dieses Bild einer einsamen Gondel auf letzter Fahrt hinüber zu den dunklen Zypressen der Toteninsel war das erste Venedig-Bild, das sich mir einprägte. In seiner düsteren Vornehmheit ähnelte es Bildern von Arnold Böcklin und erinnerte an einen längst untergegangenen Mythos, der im 19. Jahrhundert das verfallende Venedig mit Tod und Verwesung in Verbindung gebracht hatte.

Auch 1971 hatte dieses Bild noch etwas Betörendes, war aber, wie ich dann schnell bemerkte, nur noch ein spätes Zitat. Der genaue, inspirierte Blick nahm schon damals ganz anderes wahr als die alten, unendlich oft wiederholten Geschichten, die um die Selbstaufgabe des Fremden und um den todesnahen Wunsch kreisten, mit dieser Stadt eins zu werden und sich ihrer verführerischen Schönheit ganz preiszugeben.

Inzwischen bin ich unzählige Male in Venedig gewesen, Grund genug also, nicht von längst Geschichte gewordenen Klischees, sondern von jener fast fiebrigen, glücklich machenden Schaulust zu erzählen, die einen in Venedig so mitreißt und beinahe atemlos macht.

Die Wege des frühen Morgens

Die durch das Labyrinth von Venedig kreisenden Spaziergänger erleben einen Stadtkörper, der einen unaufhörlich mit den verschiedensten Präsenzen des nahen Wassers verbindet. Man geht nicht nur, sondern treibt dahin, legt an, steigt aus, gerät in unbekanntes Terrain, entdeckt eine Kirche, eine Galerie oder eine Weinstube. Jeder Spaziergang ist anders und neu, jeder entwirft eine unverwechselbare Geschichte und schreibt sie in die Körper der Gehenden und Schauenden ein.

Unmerklich beansprucht Venedig alle nur erdenkliche Aufmerksamkeit und macht einen (durchaus auch in erotischem Sinn) zum »Liebhaber«. Allein (oder höchstens zu zweit) setzt man die Sestieri im Kopf zusammen und entdeckt Figuren, Gestalten und Geschichten.

Die Venedig-Erfahrung vieler sprachgewandter Besucher (wie etwa August von Platen, Rainer Maria Rilke, Friedrich Nietzsche oder Joseph Brodsky) schlug sich daher häufig in der Komposition eines »Gedichts« nieder, das Atmosphären und Stimmungen zu kaleidoskopischen Klanggebilden verbindet, wie sie gerade für diese Stadt sehr charakteristisch sind.

In meinem Buch Venedig. Eine Verführung *erzähle ich von den besonderen Weg- und Geherfahrungen in dieser Stadt.*

Der ideale venezianische Morgen beginnt nicht im stickigen Frühstücksraum eines Hotels, sondern draußen, im Freien. Die Läden und Geschäfte öffnen sehr spät, zwischen neun und zehn Uhr, erst dann beleben sich auch die meisten Gassen und Plätze. Die beste Zeit für den ersten Spaziergang sind also die Stunden davor, die Stunden zwischen, sagen wir großzügig, sechs und zehn Uhr, in denen im günstigsten Fall die Sonne langsam durch den Morgendunst dringt, die Gassen aber noch im schattigen Halbdunkel liegen.

Bevor du mit deinen Streifzügen beginnst und dich treiben lässt, suchst du deine Lieblings-Bar auf. Eine Lieblings-Bar ist nicht einfach die Bar gleich um die Ecke, sondern die beste Bar der näheren Umgebung, jene Bar also, die alle Bedingungen für eine ideale Bar erfüllt und die du daher erst nach einer gewissen Suche und vielen Vergleichen mit anderen Bars in der Nähe zu deiner Lieblings-Bar wählst.

Eine ideale Bar ist nicht zu beengt und nicht zu dunkel, hat eine lange Theke und ist fast den ganzen Tag über gut besucht. Sie ist im Besitz eines älteren Paars, das meist hinter der Theke steht, und beschäftigt einen oder zwei jüngere Angestellte.

Da ich seit Jahren nur noch in dem venezianischen Stadtsechstel (*Sestiere*) *Dorsoduro* in der Umgebung der Kirche *San Trovaso* wohne, liegt meine Lieblings-Bar gleich hinter der *Accademia*, der großen Gemäldegalerie, sie heißt *Da Gino*. Wenn ich sie betrete, schauen die beiden Männer, die gut sichtbar hinter der Theke stehen, kurz auf, um meinen Blick zu erhaschen und die Bestellung mitzubekommen, die ich ihnen gleich nach Eintritt in die Bar zurufe.

Das Betreten einer venezianischen Bar ist daher ein kleiner

Auftritt. Die meisten Venezianer kommen sehr rasch hinein und lassen noch in der Tür ihre laute Begrüßung hören, der sofort eine ebenso laute Bestellung folgt. Sie wollen gesehen und gehört werden, und zwar möglichst rasch, denn sie wollen in ihrer Bar nicht viel Zeit, sondern höchstens einige Minuten verbringen. Man bestellt, man trinkt einen Caffè, man führt eine kurze, zum Ende hin oft rascher und pointierter werdende Unterhaltung, dann zahlt man und verabschiedet sich wieder gut hörbar, als habe man Dringendes woanders zu tun. Es ist, als wäre man nur kurz hineingeweht worden, um gleich wieder in den Gassen Venedigs unterzutauchen.

Die beiden Männer mittleren Alters begrüßen mich also und werkeln eilig an der Kaffeemaschine herum. Sie müssen es schaffen, in einer Stunde Hunderte von Tassen mit einem Cappuccino oder einem Caffè zu füllen. Das ist vor allem deshalb nicht leicht, weil die Venezianer es lieben, auch bei der Bestellung so scheinbar eindeutiger Getränke wie Cappuccino oder Caffè auf kleinen Details zu bestehen. Dann heißt es: Einen Cappuccino, aber bitte mit nur wenig Schaum ..., einen Caffè, aber bitte mit einem Schuss (oder, noch schöner: einer Idee) kalter Milch ...

All dieser feinen Nuancen wegen wird jede Bestellung noch einmal mit einem fragenden, kurzen Blick zum Kunden wiederholt, der sie seinerseits wiederum abnicken muss: Ja, *einen* Caffè und keineswegs *zwei*, ja, mit einem Schuss *kalter* und keineswegs *warmer* Milch!

Man schiebt mir hin, was ich bestellt habe, eine jüngere Angestellte räumt ab und hat dann später auch ein Auge darauf, dass ich an der Kasse bezahle und die kleine Quittung erhalte, die sie jedem Gast vor dem Hinausgehen in die Hand drücken muss.

Was aber bestelle ich, morgens, sagen wir, gegen sieben (Emilios Bar öffnet um sechs)? Emilio Scarpa hat eine eindeutige Meinung darüber, was man morgens gegen sieben bestellt: einen Cappuccino und nur das, dazu ein Cornetto, ein noch lauwarmes, höchstens mit einem Klecks Marmelade gefülltes Hörnchen, die italienische Variante eines französischen Croissants.

Warum aber soll ich nach Emilios Meinung den Morgen nicht mit einem Caffè beginnen? Morgens um sieben wäre ein Caffè noch zu stark und könnte daher den Magen überfallen und reizen. Caffè trinkt man den ganzen Tag über, in kleinen Mengen, immer dann, wenn man eine Aufmunterung braucht. Ganz in der Früh bedarf seine aufrüttelnde Wirkung jedoch noch einer Dämpfung, er sollte sich gleichsam noch ducken oder verstecken, daher lagert er als gedämpfte und jetzt hellbraune Flüssigkeit unter der gut aufgeschäumten und keineswegs noch flüssigen Milch.

Die Qualität einer Bar bemisst sich nicht selten an der Qualität ihres Cappuccino. In schlechten Bars verliert sich der dünne Schaum schon beim Servieren im Caffè und löst sich schon bald in einer milchigen Brühe auf; in einer guten Bar aber ist er beinahe so steif wie Eierschnee und kragt leicht über den Rand der Tasse. Wenn Du sie jetzt an die Lippen setzt, spürst Du zuerst das weiche Schaumbett der Milch, dann strömt der Caffè aus der Tiefe nach und lagert sich auf diesem Bett, es ist, als hättest Du eine luftige, flüssige Praline zu dir genommen.

Du bist nun hellwach, all deine Sinne sind jetzt geschärft für deinen Spaziergang, du verweilst also keineswegs länger und wirfst höchstens noch einen letzten Blick auf die typischen Utensilien einer Bar, die Fotos, die Glücksbringer und die Zeitungsausschnitte gleich hinter der Theke, auf die große Vitrine mit Tramezzini, belegten Brötchen und Toasts zur Rechten, auf die dunkle Fan-Ecke ganz hinten im Abseits, mit Fotos und Plakaten der einheimischen venezianischen Fußballmannschaft und von Inter Mailand.

Kurz schlägst du dann noch den Regionalteil von *Il Gazzettino*, der venezianischen Tageszeitung, auf, wo du auf der Seite mit den Stadtnachrichten die wichtigsten Tages-Informationen erhältst, von den auf die Minute exakten Zeitangaben über den täglichen Gezeitenwechsel des Wassers oder den Auf- und Untergang von Sonne und Mond über die Namen der Tages-Heiligen bis hin zu den Terminen der frühabendlichen Vorträge und besonders beliebten Konferenzen in den meist unbequemen Vorlesungssälen der Universität.

Dann zahlst du, rufst »ciao« und machst dich davon, jetzt bist du bereit für deine frühen, ziellosen Wege, die du ohne jeden Blick auf eine Karte zurücklegst.

Ein feiner Sonnen-Dunst kauert noch zwischen den Häusern und lagert auf den Kanälen, du gehst durch die schmalen gewundenen Gassen (die *Calli*), von deren Böden die nächtliche Feuchtigkeit aufsteigt, bald aber fluten die ersten Sonnenstrahlen hinein in das Dunkel, es ist, als triebe es das Licht zu den Wassern, als werde sein dünnes, herabnieselndes Blattgold angezogen von all diesem hingelagerten Grün.

Hier und da stehen Fenster und Türen auf, schwarz ausatmende Rechtecke und Quadrate, ein schwacher Modergeruch treibt um die Häuserwände, für einen flüchtigen Augenblick schaust du in ein Treppenhaus oder einen kleinen, noch ruhenden Innenhof, von Hauswand zu Hauswand baumeln Wäscheleinen und Leitungen, als hielte das alles sich an den Händen, unauffällig verbunden.

Im Erdgeschoss ist die Zone der kleinen Geschäfte und Läden, eines reiht sich ans andere, getrennt nur von den strengen, weißen Senkrechten der Türen und Eingänge, auf denen die tragenden Balken aus Holz liegen, starke horizontale Momente, über denen die Reihung der größeren Fenster mit ihren grünen Klappläden beginnt, manchmal unterbrochen von einem winzigen Balkon mit seiner pittoresken Blumentopfgarde.

Eine Seite deiner Gasse liegt noch im Schatten, die andere aber hat schon die Sonne gepackt und trocknet sie aus, du schleichst durch dieses Zwielicht, indem du unaufhörlich zwischen Hell und Dunkel changierst, du wirst von der gewundenen Laufrichtung der Gasse geführt, weichst aus, schlägst dich zur Seite, ziehst den Kopf ein und gehst ein kleines Stück geduckt ein überdachtes Wegstück (einen *Sottoportego*) entlang, bleibst an einem Uferstück stehen, an dem es nicht weitergeht, drehst um, setzt erneut wieder an, bis du eine der vielen Brücken erreichst, die früher noch breite Rampen zum Hinauf- und Hinabreiten und keine Geländer hatten, jetzt aber mit kurzen und raschen Schritten genommen werden müssen.

Oben, auf ihrer Mitte, machst du kurz halt, denn immer wieder überrascht dich dort eines dieser singulären, dein Herz für einen Moment stocken lassenden Bilder: Du schaust auf einen schmalen Kanal, in dessen Wasser sich der Himmel und die vielfarbigen Hauswände spiegeln, du erkennst einige scheinbar vergessene Boote, lässig zu beiden Seiten des Kanals postiert und kaum merklich auf der Stelle hin- und herschaukelnd, du erstarrst vor diesen ruhigen Bildern und fragst dich, wer sie so malerisch komponiert hat, denn sie scheinen der Ästhetik von Stillleben zu folgen, so dass du dich selbst inmitten eines Gemäldes wähnst, ja, du bist der stumme, bewegungslose, mit dem Rücken zum Betrachter stehende Spaziergänger links unten auf einem der vielen venezianischen Genrebilder.

Das Wasser erscheint in seiner tranigen Schwere beinahe regungslos und wellt bei genauerem Hinsehen doch langsam auf dich zu oder unmerklich von dir weg, hat also versteckten Kontakt mit jetzt unsichtbaren, ferneren Adern, dabei greift es unaufhörlich nach den grünen Algen-Fundamenten der Häuser, die, kurz der Berührung entzogen und rasch wieder umspült, in diesem steten Rhythmus silbern aufblinken.

So ist dein Gehen ein geleitetes, kanalisiertes Fließen und Strömen, du fließt durch die *Calli*, in denen die Sonne aufblitzt und sofort wieder verschwindet, du strömst und schwappst über die kleinen Brücken und wieder hinab, sonst aber ist es still, so still, dass jeder Laut Dich einzeln erreicht, die raschen Schritte einer Frau, die ihren Einkaufswagen hinter sich herzieht, das sirrende Pfeifen eines Stars in seinem Käfig, ein dramatisch geführtes Gespräch zu zweit irgendwo in der Nähe, und immer wieder die Grundakkorde des Wassers, sein Rumoren, Klatschen und Schmatzen, die ganze Breviatur gebremster, aber lauernder Kraft.

Schließlich aber brichst du dir Bahn, vor dir öffnet sich die Weite eines Platzes (eines *Campo*), du kreist noch ein wenig auf ihm wie eine Fliege, die endlich ins Freie gefunden hat. Mit der Zeit wirst du Lieblings-*Campi* haben, die du immer wieder aufsuchst, wie zum Beispiel den *Campo San Polo* mit seinen eng an die Apsis der Kirche gelehnten Zypressen, die wie zwei grüne, eng aneinandergelehnte, schwere Pelzmäntel dastehen, trotzig in all ihrer Winter-Geduld, du setzt dich auf eine der roten, geschwungenen

Bänke und erkennst Signora Enrica, die mit ihrem Einkaufswagen vorbeizieht, den weißhaarigen alten Dottore, der sich so beeilt, als wäre er noch immer auf dem Weg zu einem wichtigen Termin, oder die junge, ehrgeizige Kunsthistorikerin, Signorina Tagliotti, die an der Universität bereits ihre ersten Seminare über die Bauten des Veneto hält.

Jeder Campo mischt die Einwohner Venedigs auf seine eigene Weise und gruppiert sie dann wieder zu malerischen Tableaus, auf dem *Campo San Polo* zum Beispiel tummeln sich die venezianischen Kinder, sie fahren auf ihren winzigen Rollern und Rädern, spielen Ball, krächzen mit ihren hohen, nasalen Stimmen, schwirren wie Schwärme winziger Vögel über den Platz, jagen sich und stoßen gurrende Taubenlaute aus, während ihre Mütter, Großmütter, Tanten und Kindermädchen in kleinen Plaudergruppen um die wenigen Bänke stehen. So hat das Ganze hier etwas Dörfliches, es wirkt schlicht, friedlich und seit Jahrhunderten gleich, Canaletto könnte diese weite Mulde vor 250 Jahren mit den schönen Palästen ringsum gemalt haben, sie ist ein kleines, geschütztes und geschlossenes Terrain, über dessen Häusern du erst jetzt das Schauspiel des weiten Himmels gewahr wirst.

Denn dort oben, direkt über dir, scheinen sich dünne, beinahe durchsichtige Wolkenbänke rasch hin und her zu bewegen, sie verdicken oder zerfallen in feine Fasern und geben dann ein Kobaltblau frei, manchmal nur eine Luke, ein Bullauge gleichsam, wie ein Tupfer auf einer Palette, dann aber trennen sich diese flüchtigen Decken nach den Seiten hin auf, reißen, setzen flusige Ränder an und überspannen sich, bis die großen blauen Tiepolo-Flächen entstehen.

So ist auch der Himmel unaufhörlich in geheimer Bewegung

und findet immer wieder zu den Blau-Tönen seines Himmels-Wassers zurück, aus dem dann wieder weiße und gräuliche Wolkenstreifen entstehen, niedersinken, sich zu Bänken staffeln und hintereinander gruppieren..., was diesen Himmel zur besonderen Attraktion der venezianischen Maler machte, die hier früh einen Impressionismus erfanden, eine Suche nach den geheimen Akzenten des Lichts in einem scheinbar stillen, unveränderlichen, ganz von den Naturgewalten beherrschten Raum.

Ein Stück weit hast du jetzt das Labyrinth Venedigs durchstreift, in Wahrheit aber bist du von Campo zu Campo gelaufen, was bedeutet: von Kirche zu Kirche, denn die meisten *Campi* werden auf einer Seite von einer Kirche mit ihrem frei stehenden Campanile beherrscht. So bist du also genau genommen von einem Pfarrbezirk (einer *Parocchia*) in den anderen übergesetzt, noch heute tauchen die Namen dieser Pfarrbezirke an den Hauswänden vieler Gassen und an ihren Kreuzungen auf, sie bezeichnen den Ur-Zustand Venedigs, sein Wuchern und Wachsen von Gemeinde zu Gemeinde und damit von Insel zu Insel, daher ist die eigentliche Karte dieser Stadt eine Karte ihrer Kirchen und Pfarrbezirke, und daher unterliegt noch heute jede Orientierung von Campo zu Campo geheimen Grenzübertritten von einem geheiligten Terrain in ein anderes.

Mit Ernest Hemingway in Venedig unterwegs 1

In meinem Roman Der von den Löwen träumte *(2019) habe ich den amerikanischen Schriftsteller Ernest Hemingway nach Venedig begleitet. Er verbrachte dort in den späten vierziger Jahren längere Zeit, um aus einer akuten Schreibblockade herauszufinden und wieder einen neuen Roman schreiben zu können.*

Über seine einsamen Flaniergänge durch die Stadt war ich durch seine Briefe und Notizen sowie durch Berichte seiner Frau Mary relativ gut informiert. Schon kurz nach seiner Ankunft machte er sich allein auf den Weg, um Stoff für eine Geschichte zu finden.

Am nächsten Morgen verließ er allein das Hotel und ging die paar Schritte zu der Anlegestelle der Gondeln am Canal Grande. Noch waren die Gondolieri nicht eingetroffen, aber ein Traghetto war bereit, ihn auf die andere Seite zu bringen. In dem schmalen Fährboot standen dicht hintereinander bereits einige Einheimische, niemand sprach ein Wort.

Hemingway zögerte nicht, sondern betrat das Boot über ein paar hölzerne Treppenstufen. Während des Wartens auf die Abfahrt nahm er eine Brille aus seiner Jackentasche und säuberte sie. Direkt vor ihm stand ein älterer Venezianer und las die Tageszeitung. Hemingway blickte ihm von hinten über die Schulter und erkannte sofort das Foto, das Sergio Carini gestern von seiner

Frau und ihm gemacht hatte. Er hatte die Aktion schon fast wieder vergessen, jetzt aber wurde ihm bewusst, dass alle Welt von seiner Ankunft in Venedig wusste.

Gut, dass er die Fotografie gleich zu Beginn seines Gangs durch die Stadt gesehen hatte. Ihr Anblick ließ ihn vorsichtig werden, und er nahm sich vor, Wegen zu folgen, die nicht sehr belebt waren. Er nahm seine Kappe aus der linken Jackentasche und zog sie über, dann schaute er den Canal entlang, der hinter der Kirche *Santa Maria della Salute* endete und den Blick auf den Dogenpalast freigab. Einige Gebäude an den Ufern leuchteten in der Morgensonne und wirkten wie Spielzeugpaläste, in denen nie ein Mensch wirklich gewohnt hatte. Wohnen würde man in ihnen nicht, eher schon feiern, ja, diesen Eindruck machten die Szenen: als würde Nacht für Nacht heftig und lange gefeiert und als verschwänden die Besitzer danach wieder in einem Nirgendwo auf dem Festland.

Als der Traghetto voll war, legte der Gondoliere von der Stazione ab und überquerte langsam den Canal. Die meisten Fahrgäste nahmen von der Umgebung keine Notiz, sie waren in eine Zeitung vertieft oder blickten abwesend auf das jenseitige Ufer, wo sich ein kleiner Platz mit einem Kiosk auftat. Du wirst dir ein paar Zeitungen kaufen und einem der kleineren Kanäle folgen, dachte er. Bloß keine touristischen Verrenkungen, keine Kirchenstudien, am besten überhaupt keine Besichtigungen – das erledigt Mary für dich. Nach dem Frühstück im *Gritti* wird sie mit Fernanda unterwegs sein und ein Monument nach dem anderen aufsuchen. Zwischendurch wird sie die Juwelier- und Stoffläden durchgrasen, der Vormittag wird mit diesem Hin und Her von Shopping und Viewing vergehen. Das aber ist nicht deine Sache. Du wirst den Menschen hier folgen und dich unter sie mischen, du wirst die Stadt in dich aufnehmen und schauen, ob du ihr ein paar Geschichten abtrotzen kannst.

Auf der anderen Seite des Canal ging er betont langsam durch die schmalen Gassen, in die noch kaum ein Sonnenstrahl fiel. Es roch nach einem feinen Moder, der von den teilweise feuchten Häuserwänden ausging. Die kleinen Läden waren noch geschlossen, der Kioskbesitzer aber stand im Innern seines kreisrunden Gehäuses und sprach ein paar Worte mit jedem Kunden.

Hemingway bat um *Il Gazzettino* und kaufte noch weitere Zeitungen, amerikanische, französische, spanische. »So früh schon auf den Beinen, Mister Hemingway?« fragte der Kioskbesitzer, doch Hemingway reagierte nicht. »Rollen Sie die Zeitungen bitte zusammmen« und tun Sie ein Gummi um die Meute«, antwortete er. Normalerweise hätte er nicht so freundlich geantwortet, aber er war guter Laune. Er zahlte, grüßte kurz und setzte seinen Weg fort.

Seltsam, dass du so guter Laune bist, dachte er, woher kommt das? Weil du dich frei fühlst und auf neuen Wegen. Diese Stadt ist eine ideale Kulisse für gute Laune, sie wird dich mit allem versorgen, was du jeweils so brauchst. Kaffee, Wein, eine Kleinigkeit zum Essen, du wirst dich treiben lassen und allmählich in sie hineinwachsen. Und wozu dient letztlich der Zauber? Nur und einzig dem Schreiben. Venedig wird dir die schönen Schriftmanöver wieder beibringen, die in den Kriegsjahren von anderen Manövern zerstört worden sind. Aber pass auf, dass du nicht den Gondeln und der Lyrik verfällst. Lord Byron und Robert Browning haben ein Gelände bestellt, mit dem du nichts zu tun haben willst. Es wird verdammt schwer sein, die Gondeln zu meiden und über Venedig zu schreiben. Nicht der Kunst, sondern den Menschen solltest du folgen, weiß der Teufel, wo sie sich überall versteckt haben!

Er ging an einem schmalen, schnurgeraden Kanal entlang, dessen blassgrünes Wasser jetzt von den Sonnenstrahlen bestäubt wurde. An den Rändern lagen kleine Boote, die anscheinend den Hausbesitzern zu beiden Seiten gehörten. So ein Boot böte die Chance, den Gondeln auszuweichen, das musste er mit Paolo besprechen. Vielleicht konnte der Junge von Burano aus mit einem Fischerboot kommen – dann ließe sich die Stadt durchfahren, ohne dass es sonst jemand bemerkte. Sich den Menschen, Häusern und Dingen zu nähern, wird nur auf heimliche Weise gelingen, das hatte er bereits verstanden.

Es tat gut, an einem solchen schmalen Kanal entlangzugehen. Man wurde sehr ruhig, weil es keinerlei Verkehr und auch sonst nichts Großstädtisches, Fremdes gab. Das Wasser, die Boote, die menschenleer wirkenden Häuser – was für eine ideale Umgebung!, dachte er, diese Stadt rückt dir deinen kaputten Schädel wieder zurecht.

Am Ende des Wegs erreichte er ein stattliches Ufergelände für Spaziergänger, die über einen breiten, von Vaporetti befahrenen Kanal hinüber zu einem bunten Inselstreifen schauten. Niedrige Häuser reihten sich dort dicht aneinander, und er musste grinsen, als er diese Kette gewahr wurde. Ich grüße euch alle, flüsterte er, als hätte er es mit einem Aufmarsch befreundeter Lebewesen zu tun. Er ging weiter am Ufer entlang, Schritt für Schritt, nicht schlendern, dachte er, nicht schreiten, gehen wie ein Mann im Vollbesitz seiner Kräfte, der heute Morgen bereits etwas getan hat. Natürlich war es nichts Großes oder Wesentliches, doch er spürte, dass er »Fuß gefasst hatte«. So hatte er seine guten Momente bei der Eroberung fremder Städte früher manchmal genannt: »Momente des Fußfassens« – wenn die eigenen Bewegungen sich eingepasst hatten in die Bewegungen um ihn herum.

An dem Spaziergängerufer gab es mehrere kleine Bars, dicht nebeneinander. Du wirst einen ersten Caffè trinken, dachte er, doppio, mit einem winzigen Schuss Milch, ohne Zucker. Und Du wirst einen Schuss Grappa folgen lassen, einen und keineswegs mehr, hast du verstanden? Er betrat eine Bar und arbeitete sich hinter den an der Theke stehenden Männern bis zum Ende durch. Dort blieb er stehen und schaute sich die Gesichter an, ich wette, dachte er, dass du bald wieder mit dem Notieren beginnst, diese Schädel taugen bereits für Porträts, wie sie Monsieur Degas gefallen hätten. Das Notieren und Skizzieren hatte er von den guten Zeichnern und Malern gelernt, er hatte viele ihrer Studien gesehen und sich an ihnen berauscht, an der Genauigkeit des Strichs und dem Schwung, der Leben in die wachsweich erscheinenden Körper brachte.

Es brauchte einige Zeit, bis der Barista ihn bemerkte, er ging einen Schritt auf ihn zu, stutzte kurz und fragte: »Einen Caffè, Mister Hemingway?« Als der Name in der Bar fiel, war es sofort still. Die Männer drehten sich nach ihm um und starrten ihn an. »Machen Sie mir einen doppelten, mit einem kleinen Schuss Milch, ohne Zucker«, antwortete er, »und ein Glas Grappa zur Gesellschaft.« Die Männer lachten, und einige machten ein paar dürftige Witze.

Einer von ihnen fasste Hemingway an den Oberarm und rief: »So eine Gesellschaft könnte ich auch gut vertragen, Mister.« Hemingway tat, als bemerkte er die Geste nicht. Er beugte sich etwas vor und schaute an den Gesichtern der Herumstehenden entlang. »Wer von Ihnen verträgt noch etwas Gesellschaft?« fragte er ruhig, und wieder brauste das Gelächter auf. »Schenken Sie den Herren ein Glas ein«, sagte er zu dem Barista, der sofort begann, die Theke mit einer langen Phalanx von Gläsern zu bestücken.

Du spielst hier jetzt nicht den Allmächtigen, dachte Hemingway, nein, bloß nicht. Du sorgst nur für gute Bilder wie das der kleinen Gläser in einer Reihe dicht nebeneinander. Dazu ein wenig Musik, das Gelächter, das Rufen, jetzt trinkst du deinen Caffè, hebst das Glas Grappa, stürzt es hinunter und lässt dich auf keine Unterhaltung mehr ein. Er wartete, bis die anderen kleinen Gläser gefüllt waren und tat das, was er sich vorgenommen hatte. Langsam ging er zurück zur Tür und zahlte an der Kasse, ein kurzer Gruß an alle, dann verschwand er wieder ins Freie.

Er ließ die breite Uferpromenade hinter sich und bog in das Innere der Stadt nahe dem Hafengelände ein. Die Kanäle machten hier weite Bögen, und er ging zielstrebig an den verwitterten Häusern entlang, als wäre er ein Bote, der irgendwo eine Nachricht oder eine Post zu überbringen hätte. Schön, so zu gehen, dachte er, nicht mehr geradeaus, stracks und von A nach B, sondern von mehreren möglichen Wegen verführt. Nimmst du diese Brücke oder die andere dort hinten, biegst du auf den Campo dir gegenüber ab oder schleichst du durch diese enge Gasse zur Linken, durch die keine zwei Personen nebeneinander gehen können? Es fällt schwer, sich zu entscheiden, jeder mögliche Weg hat etwas Verlockendes, und du könntest enttäuscht werden, wenn du einen wählst, der sich als trostlos herausstellt.

Schließlich erreichte er einen großen Campo. Die Tauben zogen in einem dichten Pulk an einigen kleineren Verkaufsständen vorbei, und eine Schar von gut genährten Möven umkreiste einen Stand mit vor Kurzem gefangenen Fischen, die in der Morgensonne glänzten. Der Dunst von salzigem Schleim stieg ihm in die Nase, und er sog ihn tief ein, so beglückend war der Geruch. Als wärest du auf dem Meer unterwegs, dachte er, als hättest du ein Netz in den Händen und zögest die gefangenen Fische vorsichtig heraus, um sie in die mit Wasser gefüllte Wanne zu legen. So hast du es von deinem Vater gelernt, die Vorsicht im Umgang mit den Netzen und den Respekt vor den Fischen, von denen ihr manche wieder zurück ins Wasser geworfen habt. Wenn sie noch zu klein waren oder zu unruhig, wenn sie sich verzweifelt wehrten und mit den Schwänzen um sich schlugen.

Der Einkauf war in vollem Gange. Von allen Seiten kamen vor allem ältere Frauen auf den Campo, kauften Fische, Gemüse und Obst und verschwanden wieder mit schweren Taschen. Er schaute ihnen zu und ging hinter einigen her, er beobachtete sie bei ihren Verrichtungen und sprach ein paar Worte mit den Verkäufern, die ihm ihre frischen Waren hinhielten.

Wieder fiel mehrmals sein Name, auch sie kannten ihn also, aber sie machten davon anders als die Männer in der Bar kein großes Aufheben. Für einen Moment hatte er sogar das Gefühl, seit Langem schon zu den Bewohnern zu gehören und ein Teil von ihnen zu sein. Ich bin ein Junge aus dem Veneto, dachte er, früher jedenfalls war ich es, als ich achtzehn war und mich wie ein Idiot in die Massaker des Ersten Krieges gestürzt habe, in dem Glauben, es ginge um den Sieg in einem Baseballmatch. Dio!, wie naiv war ich, und kein Mensch hat mich gewarnt, weil auch die Älteren den

Krieg für ein Jungmännertraining hielten. Ich hätte sie nach meiner Rückkehr, als ich noch verwundet war und an Krücken ging, aufsuchen und ihnen die Meinung sagen sollen. Was?! Hätte ich das tun sollen, wirklich?! Hör auf damit, denk jetzt nicht darüber nach, das ist lange her ...

Aus einer großen Kirche an der Breitseite des Campo strömten plötzlich viele dunkel gekleidete Menschen. Er beobachtete auch sie genau, wie sie vor dem Portal in kleinen Gruppen stehen blieben und das Gespräch eröffneten, wie sie sich Mut machten und einander an Armen und Händen berührten, wie sie sich trösteten und voneinander nicht lassen wollten. Frühmorgens in eine Messe gehen, das wirst du bald auch einmal tun, dann gehörst du für eine Stunde zu ihnen. Du wirst mit ihnen singen und zur Kommunion gehen, und sie werden dich nicht beachten. Nach dem Gottesdienst aber, draußen vor der Kirche, werden sie dir die Hand drücken und sich danach erkundigen, was du vorhast. Einige werden dich nach Hause zu einem kleinen Essen einladen, und die älteren Männer werden dich zu einem Glas Rotwein in die nächste Locanda bitten.

Er wartete, bis sich die Gottesdienstbesucher in alle Richtungen verteilt hatten, dann wandte er sich ab und suchte nach einer Stelle, wo er im Freien ein Glas hätte trinken können. Er entdeckte eine kleine Bar, in der anscheinend nur Kaffee getrunken wurde, sie hatte eine Fensteröffnung zum Campo, und er versuchte es, indem er sich vor die Öffnung stellte und den Barista anschaute. »Ein Glas Valpolicella«, sagte er, als das Fenster geöffnet wurde, und er sah, wie der Barista lächelte. »Habe ich richtig gehört?« fragte er, »Valpolicella?« – »Nun tun Sie nicht so«, sagte Hemingway, »Sie haben alles verstanden. Machen Sie einem alten Mann keine Probleme.« – »Würde ich niemals tun, Mister Hemingway«, antwortete der Mann und füllte ein Glas mit dem dunkelroten Wein. »Erfüllen Sie mir einen Wunsch?« fragte er weiter und setzte noch hinzu: »Wenn ja, ist ein zweites Glas für Sie drin.«

Er drehte sich um und öffnete eine schmale Schranktür. Er entnahm dem Schränkchen ein Buch und schob es neben das Glas. »Schreiben Sie bitte einen Gruß hinein«, sagte er, »für mich und meine Schönste.« Hemingway holte seine Brille aus dem Etui. Der Band enthielt eine Sammlung seiner Erzählungen, gute Arbeiten, dachte er, aus der Zeit, als du noch schreiben konntest. Er nahm einen Federhalter aus der Jackentasche und schrieb seinen Namen, das Datum und eine Ortsangabe (»Im Veneto«). Dann schob er das Buch zurück, er wollte nicht weiter hineinschauen, weil es ihn an die Tage erinnerte, in denen er in kurzer Zeit eine ganze Geschichte zustande gebracht hatte.

Er nahm einen Schluck Valpolicella, und der leichte Wein ließ ihn die düsteren Gedanken schon beim ersten Probieren vergessen. Wäre gelacht, wenn du nicht wieder zu einer passablen Form auflaufen könntest, dachte er. Aber er war noch nicht so weit, so dass er ein »Mach dir nichts vor« hinterherschickte, zur Sicherheit.

»Woran arbeiten Sie gerade, Mister Hemingway?« fragte ihn der Barista, und er schaute etwas zur Seite, als er ruhig antwortete: »An meiner vierten Ehe. Gar nicht so leicht, so etwas hinzubekommen, sage ich Ihnen. Haben Sie Erfahrung damit, sind Sie verheiratet?« – »Werde es mir noch etwas überlegen«, sagte der Barista, »bin eigentlich nicht der Typ, der viel Zeit für so etwas braucht, es reden einem aber eine Menge anderer hinein. Das ist die Pest bei diesem Thema.« – »Richtig, die Meinungen der anderen sind nichts als eine Pest. Lassen Sie sich nicht durcheinanderbringen. Gehen Sie eine halbe Stunde allein in die nächste Kirche und reden mit einem erfahrenen Priester, falls es so jemanden hier gibt.« – »Ist das Ihr Ernst?« – »Natürlich. Sie unterschätzen gute Priester. Wenn sie alt genug sind, betrachten sie das Leben aus der richtigen, kühlen Distanz. Sie sind von ihren Gefühlen her nicht betroffen, sie haben den gewissen stoischen Blick und viele Schicksale studiert. Wenn sie gescheit und aufmerksam sind, taugen sie mehr als alle Psychiater der Welt.« – »Von Psychiatern halte ich nichts, Mister Hemingway.« – »Nicht? Na denn, dann wählen Sie lieber gleich die altmodische Methode und gehen zu einem Priester. Unterschätzen Sie ihn nicht, er wird Ihnen helfen, wenn Sie dazu bereit sind.« – »Ich wusste gar nicht, dass Sie ein so gläubiger Mann sind.« – »Reden wir nicht vom Glauben, das ist eine andere, schwierige Sache. Wir haben von der Ehe gesprochen, bleiben wir beim Thema.« – »Ich hatte Sie nicht nach der Ehe, sondern nach Ihrer Arbeit gefragt. Schreiben Sie gerade an einem neuen Buch?« – »Ich schreibe immer an einem Buch, ich lebe nicht, ohne daran zu schreiben. Die Frage ist nur, ob es ein gutes Schreiben ist und ob ich es präzise genug höre.« – »Sir, tut mir leid, das verstehe ich nicht.« – »Stellen Sie es sich so vor: In meinem alten Schädel kreist das Schreiben, selbst jetzt, wenn ich mit Ihnen rede. Noch etwas mehr gehört aber dazu, dieses wilde Schreiben einzufangen und aus ihm etwas Dauerhaftes zu machen. Dann müssen Sie versuchen, das kreisende Schreiben in Worte und Sätze zu gießen, die Ihnen so vorkommen, als hätte sie Ihnen ein anderer diktiert.« – »Und wer ist dieser andere, Sir?« – »Das sind Sie selbst, aber in zweiter Gestalt.« – »Sir, frühmorgens sind solche Gedanken gar nichts für mich. Trinken Sie noch ein Glas Valpolicella?« – »Ja, schenken Sie mir noch eins ein. Wenn ich trinke, wachsen meine beiden Gestalten zusammen und liefern einen meisterhaften Satz nach dem andern, verstehen Sie das?« – »Wenn ich etwas trinke, Sir, wächst überhaupt nichts zusammen, sondern strebt auseinander.«

Sie lachten beide zugleich, und er setzte das zweite, gefüllte Glas an die Lippen und nahm einen kleinen Schluck. Wenn er jetzt so weitermachte, würde er am Mittag todmüde sein. Mary würde keine Freude an ihm haben und eine Weile nicht mit ihm sprechen.

Er schaute auf die Uhr und stellte sich vor, wie sie mit Fernanda unterwegs war. Sicher hatte sie sich zumindest ein großes Monument verschrieben, den Dogenpalast oder die Accademia, mit Hunderten von venezianischen Gemälden, deren Titel sie mit ihrer hastigen Schrift auf ein paar Blockseiten mit Spiralbindung notiert. Später würde sie in einem Führer lesen und gesteigertes Interesse für die einzelnen Maler zeigen, sie würde ihre Daten auswendig lernen und einen von ihnen zu ihrem Favoriten erklären. Vieles ist in ihren Augen wie ein schöner Sport, sogar das Malen. Die Maler treten auf einer Rennbahn gegeneinander an und überbieten sich in Malrekorden: Bildbreite mal Bildhöhe mal Einsatz der Figuren – macht XYZ.

Er leerte das Glas und zog kurz seine Kappe. »Das soll es für heute sein«, sagte er, »ich bedanke mich für die Unterhaltung. In den nächsten Tagen komme ich bestimmt wieder vorbei. Wenn Sie mich ertragen.« Er wollte bezahlen, aber der Barista winkte ab: »Sie zahlen nichts, Sie sind ab heute zuständig für meine Eheberatung. Den Gang in die Kirche werde ich mir noch überlegen, ich wäre nie darauf gekommen.« – »Tun Sie es, dann sprechen wir beim nächsten Mal drüber«, sagte Hemingway und zog seine Kappe wieder auf. »Bin ich weit von der Accademia entfernt?« – »Vielleicht zehn Minuten.« – »Deuten Sie mal an, wohin ich mich bewegen sollte.«

Der Barista gab eine Richtung vor und empfahl ihm, sich nicht irritieren zu lassen. »Halten Sie die Richtung und folgen Sie keinen Hinweisschildern!« – »Danke, mein Freund«, antwortete Hemingway, »das hört sich gut an, als hätte mein zweites Ich es diktiert.« Der Barista grinste und schloss das kleine Fenster wieder. Hemingway entfernte sich, doch als er sich nach einigen Metern noch einmal umdrehte, sah er, dass der junge Mann das Buch nicht weggelegt hatte. Welche Geschichte er gerade wohl liest?, dachte er und überlegte, ob er die Titel der Sammlung noch zusammenbekam. Natürlich erinnerte er sich an alle, aber er wollte das nicht länger tun, und so trug er sich auf, die Richtung einzuhalten und eine Direttissima zur Gemäldegalerie anzustreben. Du folgst jetzt den Möwen, dachte er, sie zieht es dahin, wo viele Menschen sind und Ehefrauen mit dicken Schreibblöcken sich bevorzugt aufhalten.

Seltsam, mit einem Mal war er ganz sicher, dass Mary und Fernanda gerade die große Galerie durchstreiften, er glaubte schon fast ihre Stimmen zu hören. Hier und da nachzufragen verbietest du dir, sagte er, du folgst nur deinem Instinkt, und der reagiert gerade auf zwei Frauen, die sich mit den Namen berühmter Maler und ihren Biografien traktieren.

Er ging jetzt recht schnell, und er spürte, wie der Genuss des Rotweins ihm Tempo machte. Wäre ihm jemand gefolgt, hätte er wohl angenommen, er kennte sich aus. Die ersten Einkäufe waren längst erledigt, und manche Gassen waren wieder in einem kühlen Schatten versunken. Aus den geöffneten Fenstern der Häuser waren hier und da Stimmen und vereinzelt sogar Vogellaute zu hören. Ich gäbe etwas darum, in eines dieser Häuser einzukehren und mit den Bewohnern zu plaudern. Wir würden uns ans offene Fenster setzen, und sie würden vom Wasser erzählen, von seinem Steigen und Sinken, vom Gefühl, ein Meeresbewohner zu sein, abgetaucht, bis auf den Grund.

Nach einigen Minuten sah er ein Schild mit der Aufschrift *Accademia*. Du hast es allein geschafft, das Schild tut nichts zur Sache, dachte er und folgte dem Hinweis. Dann stand er vor dem Portal der Gemäldegalerie, ging rasch hinein und zahlte eine Karte. »Nehmen Sie diesen Plan, Sir«, sagte der Mann an der Kasse, aber er nahm den Plan nicht. »Ich bin nicht zum ersten Mal hier«, sagte er, »ich kenne mich einigermaßen aus.« – »Entschuldigen Sie, Sir«, sagte der Mann und fixierte ihn. »Sie kommen mir bekannt vor, ich kenne Sie irgendwoher.« – »Ich war vor einigen Jahren mal der Inspizient dieses Ladens«, antwortete Hemingway, »ich schrieb Berichte für den Großen Rat und plädierte dafür, Veronese und Tintoretto mehr Platz einzuräumen. Warum hat Venedig kein eigenes Tintoretto-Museum? Ich habe es hunderte Male in den geheimen Sitzungen des *Großen Rats* gefordert.« – »Sir, Sie sind sehr gut gelaunt. Deshalb verzeihe ich Ihnen alles, selbst den Unsinn, den Sie gerade reden.« – »Kein Wort mehr, mein Lieber, sonst lasse ich Sie verhaften. Der Krieg ist noch nicht vorbei, wissen Sie ...« – »Der Krieg ist vorbei, Sir, die Bilder haben ihre Ruhe wiedergefunden.«

Mit Ernest Hemingway in Venedig unterwegs 2

Je länger sich Hemingway im Winter 1948/49 durch Venedig bewegte, umso aufmerksamer wurden die Bewohner auf ihn. Damals war er ein hochberühmter und besonders in Italien verehrter Schriftsteller, dessen Nähe viele Menschen suchten.

Um die Stadt ungestört erleben zu können, fand Hemingway einen Ausweg. Er ließ sich von einem Fischerjungen aus Burano auf dessen Boot durch die Kanäle von Venedig fahren. So erhielt er Einblicke in Szenen und Häuser, die ihm während seiner Wege zu Fuß nicht zugänglich waren

»Ah, da sind Sie ja! Haben Sie leicht hierhergefunden?«, fragte Paolo, als Hemingway die Gondelanlegestelle am Campo Sant' Angelo erreichte. – »Ich habe höchstens zehn Minuten gebraucht«, antwortete er, »Deine Wegbeschreibung war kurz, aber genau. Ich freue mich auf unsere Tour. Lass uns losfahren, so langsam, wie es irgend geht. Und so geräuschlos ...«

Paolo sah, dass er einen Regenmantel sowie eine dunkle Wollmütze übergestreift hatte. »Sie tragen ja Tarnkleidung«, sagte er und lachte. – »Ja, darin wird mich wirklich niemand erkennen«, antwortete Hemingway und setzte sich an den Bug des Bootes. Onkel Tonio war anscheinend mit seiner Gondel unterwegs, und es gab zum Glück auch keine Touristen, die auf sein Wiedererscheinen warteten. Auf dem Campo war es sehr still, nur zwei Hunde liefen dicht nebeneinander an den Häuserwänden entlang und beschnüffelten jede Ecke.

»Wir meiden den Canal Grande«, sagte Hemingway, »wir befahren ausschließlich die kleinen Kanäle und machen hier und da halt. Ich gebe dir ein Zeichen.« – »Zu Befehl, Sir«, sagte Paolo, warf den Motor an und fuhr langsam los.

Das Boot durchstreifte die Mitte eines schmalen Kanals und fuhr unter einer kleinen Brücke hindurch. Plötzlich war Musik zu hören. Sie wurde lauter, es waren einzelne Instrumente und Stimmen während einer Probe. »Das *Teatro La Fenice*«, sagte Paolo und deutete auf den großen Bau, der zur Linken erschien. »Stell den Motor aus«, antwortete Hemingway, »und lenke das Boot etwas zur Seite. Ich möchte die Musik hören, wenigstens ein paar Minuten...«

Er schloss das Notizbuch und betrachtete den schweren Bau, der inmitten der anderen, alten Häuser wie ein Fremdkörper erschien. Jemand übte auf einer Violine immer dieselbe Passage, aus einem der höher gelegenen, geöffneten Fenster klang eine Posaune. Eine Frauenstimme wurde von einem Klavier begleitet und setzte mehrmals von vorne an.

Hemingway fröstelte. All diese Klänge erinnerten ihn an seine Mutter, die sich eingebildet hatte, eine passable Opernsängerin zu sein. Wenn sie im Wohnhaus zusammen mit einem Pianisten geübt hatte, hatten die Kinder sich in ihre Zimmer zurückziehen und leise sein müssen. Sein Vater hatte sich aus Opern nichts gemacht und die Mutter nur widerwillig begleitet, wenn sie eine Aufführung hatte sehen und hören wollen. Meist hatte er eine Ausrede gefunden, um nicht mitkommen zu müssen, dann war eines der Kinder oder sogar mehrere dran gewesen. Er konnte sich nicht erinnern, dass eine seiner Schwestern gern in die Oper gegangen war, er selbst hatte die Opernbesuche sogar gehasst. Bis heute war das so geblieben, schade im Grunde, aber die Erinnerungen an diese frühen Tage waren noch immer lebendig. Sollte er beim *Teatro La Fenice* eine Ausnahme machen? Schließlich war es eine der berühmtesten Opernbühnen der Welt! Er würde mit Mary darüber nachdenken, denn er wusste genau, dass sie sich einen solchen Besuch wünschen würde.

Nach einigen Minuten hob er die rechte Hand, und Paolo setzte die Fahrt fort. »Hast du einmal das *Teatro* besucht?« fragte er. – »Ja, Sir, mit der Schulklasse.« – »Welche Oper habt ihr gehört?« – »Gar keine, wir haben das *Teatro* besichtigt, und man hat uns seinen Aufbau erklärt.« – »Würdest du gerne einmal hineingehen, um eine richtige Oper zu hören?« – »Ja, Sir, es soll eine Oper geben, in denen ein Chor von Fischern auftritt und singt. Mein Großvater kennt sie, sie heißt *Die Perlenfischer* und ist von einem französischen Komponisten.« – »Nie von gehört.« – »Mein Großvater singt manchmal die Lieder des Chores und begleitet sich dabei auf dem Akkordeon, ich habe die Lieder schon viele Male gehört.« »Spielst du auch ein Instrument?« – »Nein, Sir, ich kann nicht einmal singen. Meine Schwester aber …, die … Ist das Tempo in Ordnung, Sir?« – »Ja, sehr gut.« – »Sollen wir ein bestimmtes Ziel ansteuern?« – »Nein, nichts Bestimmtes. Fahr weiter langsam, und dann entscheiden wir spontan, wie es weitergeht.«

Die meisten Häuser hatten nach hinten zum Kanal, den sie gerade durchfuhren, einige vergitterte Fenster, so dass man in die schon hier und da erleuchteten Räume hineinschauen konnte. Der Blick hatte etwas Heimliches, und er erfasste lauter kleine Bühnen, auf denen sich die Bewohner zu ihren stillen Tätigkeiten niedergelassen hatten. Hemingway beobachtete einen alten Antiquar, der an einem großen Tisch saß und in einem dicken Folianten blätterte. Nebenan war eine Näherin mit dem Stopfen eines Lochs in einem Hemd beschäftigt. Aus einem geöffneten Fenster drangen die verhaltenen Stimmen zweier Frauen, von denen die eine anscheinend eine längere Geschichte erzählte, während die andere laufend *è vero*? fragte.

Er konnte sich nicht sattsehen an diesen Bildern, sie wirkten wie fein gemalte Stillleben in ein und demselben Format, schöner und intensiver als Genrebilder, die er aus Museen kannte. Seit Langem hatte er eine Schwäche für solche Bilder, die den Alltag der Menschen einfingen. Er konnte sich vorstellen, darüber Erzählungen zu schreiben, kurze Porträts vom Tun und Treiben einzelner Personen, deren Bekanntschaft er vorher gemacht hätte. Für Venedig kam ein solches Vorhaben vielleicht noch zu früh, aber es war gut und richtig, sich dazu schon einmal ein paar Notizen zu machen. Das Notieren hält dich wach!, dachte er, egal, was dabei später einmal herauskommt!

Je länger sie fuhren, desto stiller wurde es. Die dunklen Schatten sanken an den Häuserwänden herunter und glitten ins Wasser, Scharen von Möwen drehten ihre Kreise weit oben, über den spitzen Kaminen, aus denen der Rauch kam. Man konnte ihn noch ganz unten, inmitten der vielen Spiegelungen auf dem Wasser, sehen und riechen, es war ein hellgrauer, mit dem Wind tanzender Rauch, der sich manchmal auf der Stelle drehte und dann plötzlich verschwand.

Das Boot fuhr weiter sehr langsam und schien mit den Gebäuden zu atmen. Er sah das helle Grau der Kirchenbauten, aus denen Orgelspiel drang, und er notierte das fleckige Dunkelrot der Dachziegel. Die Stadt hatte ihren Fensterläden ein dunkles Waldgrün verordnet, wodurch sie wohnlich und beruhigend wirkten.

Er hätte endlos so fahren können, es war genau die richtige Methode, sich Venedig zu nähern. Indem man den Touristen und Spaziergängern aus dem Weg ging! Indem man unter den Brücken herfuhr, anstatt sie eine nach der andern hinauf- und hinabzulaufen. Unter den Brücken zog man jedes Mal den Kopf ein und schaute nach oben, auf ihre rauen Wölbungen, man spürte die momentane Kühle und sah, wie Algen die Seiten der Brücken flankierten.

In einigen Häusern wurde bereits das Abendessen gekocht. Manche Küchen lagen direkt an einem Kanal, und da die Fenster offen standen, roch er hier und da, was gerade auf dem Herd stand. Der beizige Geruch eines Bratens, die dunstigen Schwaden kochenden Pastawassers oder der unverwechselbare Geruch kleiner Zwiebeln, die in Olivenöl gebraten wurden. Zu gerne hätte er auch in all diese Töpfe und Pfannen geschaut, bestimmt gab es in dieser Stadt herrliche, sonst unbekannte Rezepte für jede Zutat.

Er steckte das Notizbuch und den Bleistift weg und legte sich mit dem Rücken auf den Boden des Bootes. Beide Hände unter den Kopf, den Blick nach oben, wo die Schrägen der Häuserwände sich näherten und dann zur Seite wegbogen. Er drehte jetzt einen Film, und er begann, sich auszudenken, mit welcher Szene er beginnen würde. Mit dem Flug einer Möwe über die Dächer! Wie sie sich in den Spalt einer Gasse stürzen und aus ihr etwas Essbares rauben und wieder in die Höhe emporsteigen würde! Das erschrockene Gesicht eines Kindes, dem das Tier eine Süßigkeit aus der Hand geraubt hatte! Der Schrei und das Fluchen seiner Mutter, die den Flug der Möwe mit der Faust begleitete!

Wenn er so auf dem Holzboden des Bootes lag, konnte er sich einbilden, ein Regisseur der Szenen in der Umgebung zu sein. Ein älterer Mann stand neben einem Kiosk und las aufmerksam in einer Zeitung. Er trug eine Kappe wie zur Jagd, und man konnte sich gut vorstellen, wie er mit einem Gewehr in der Hand in einem Boot sitzen und nach Wildenten Ausschau halten würde. Eine junge Frau schleppte zwei Taschen über einen Campo. In jeder Hand hielt sie eine, sie schienen gleich schwer zu sein, und er konnte nicht feststellen, was sich in ihnen befand, weil der Inhalt beider Taschen jeweils mit einer Zeitungsseite abgedeckt war. Zwei Männer diskutierten vor einer Weinstube ein anscheinend nicht sehr erregendes Thema. Sie rauchten beide Zigarren und lachten immer wieder, als hätten sie das Thema im Griff und kennten all seine Nuancen. Eine Nonne lief an einem Kirchengebäude entlang und überprüfte jede einzelne Tür daraufhin, ob sie geschlossen war. Ein Kindermädchen mit einem langen Zopf trieb eine Gruppe von kleinen Kindern vor sich her und griff immer dann ein, wenn eines der Kinder die Lust am Tragen seines Spielzeugs verlor.

Man müsste ein guter Zeichner wie Degas sein, um all diese Menschen zu porträtieren, dachte er. Auf ein Blatt mit sehr großem Format würden viele von ihnen Platz haben, bunt durcheinander! So etwas hätte er gerne gezeichnet, ein Bild mit unzähligen Menschen, alle in eine jeweils charakteristische Handlung vertieft. Nicht übel wäre auch das Porträtieren einzelner Physiognomien oder schöner Köpfe. Veronese und Tintoretto hatten verdammt schöne Köpfe gemalt, und die schönsten waren die von schwarzhaarigen Venezianerinnen im Profil gewesen.

Schau noch genauer hin, dachte er, schau sehr genau und pick dir einige Köpfe heraus! Versuche, sie in der einbrechenden Dunkelheit zu fixieren, als hättest du dein Fernglas für die Jagd in der Hand! »Fahr bitte noch langsamer, Paolo«, sagte er, »lass uns durch die Kanäle schleichen, als wären wir Biber, die gleich ganz im Wasser verschwinden.« Er lachte auf, und Paolo schaute ihn an. Zu gerne hätte er gewusst, was Hemingway in sein Notizbuch notiert hatte. Jetzt hob er die Hand, er, Paolo, sollte wohl wieder den Motor abstellen. Das Boot befand sich unweit einer Brücke, auf der zwei Frauen standen. Sie unterhielten sich leise, und eine von ihnen hatte ihre Tasche auf dem Brückengeländer abgestellt.

Sie war schwarzhaarig und hatte ein rotes Tuch wegen der noch anhaltenden abendlichen Wärme vom Kopf gestreift. Wie das Tau eines Schiffes wand es sich jetzt um ihren Hals. An der rechten Hand trug sie einen goldenen Ring, sie gestikulierte mit dieser Hand und berührte mit den Fingern manchmal die obere rechte Schulter der Frau gegenüber, die viel schlichter gekleidet war.

Paolo sah, dass Hemingway sich aufrichtete und wieder Platz auf dem Holzbalken am Bug nahm. Er schaute hinauf zu den beiden Frauen und fuhr sich mit der rechten Hand über die Haare. »Kennst du eine der beiden Frauen oben auf der Brücke?« fragte er. – Paolo blickte genauer hin und versuchte, die Details zu erkennen. »Eine von ihnen kenne ich, Sir, es ist die Frau mit dem roten Tuch. Sie heißt Adriana Ivancich und gehört einer alten adligen Familie an. Deren Palazzo liegt ganz in der Nähe.« – »Was weißt du noch über sie?« – »Nicht viel, Sir. Ich glaube, ihr Vater ist eines tragischen Todes gestorben. Angeblich ist er auf offener Straße von politischen Gegnern ermordet worden.« – »Was ist denn das für eine Geschichte?!« – »Ich kenne sie nur vom Hörensagen, meine Schwester weiß vielleicht mehr. Sie ist nicht viel älter als Adriana.« – »Das heißt, Adriana ist höchstens ... wie alt ist sie?« – »Sie ist achtzehn, Sir.« – »Wie bitte? Diese junge, schöne Frau oben auf der Brücke ist achtzehn Jahre alt?! Das kann nicht sein, Paolo. Sie ist mindestens Mitte zwanzig, wenn nicht bereits dreißig. Ist sie verheiratet?« – »Nein, Sir, ich sagte doch, sie ist erst achtzehn.« – »Das kann ich nicht glauben.« – »Sollen wir näher heran an die Brücke? Soll ich ihr ein paar Worte zurufen? Sie kennt mich ein wenig, wir werden sie nicht erschrecken.« – »Auf keinen Fall. Wir wollten unentdeckt und unerkannt bleiben, Paolo, und dabei soll es auch bleiben.« – »Wollen Sie Adriana einmal kennenlernen, Sir? Das kann ich gut verstehen. Viele jüngere Männer wollen ihre Bekanntschaft machen, aber sie geht keine Freundschaften ein. Es heißt, sie schreibe Gedichte und male Bilder und tue das, was Frauen in diesem Alter halt so tun, wenn sie in einem Palazzo wohnen und gut versorgt werden.« – »Sag so etwas nicht, Paolo! Du solltest Respekt vor dieser Frau haben. Die besten Gedichte der Welt wurden von Menschen in frühem Alter geschrieben, das solltest du wissen!« – »Ist das so, Sir?« – »Ja, bisher war es so.« – »Haben Sie als junger Mann auch Gedichte geschrieben?« – »Dann und wann.« – »Und schreiben Sie noch immer Gedichte?« – »Selten.« – »Sind gute oder sehr gute darunter?« – »Nein, ich habe nur miserable Gedichte geschrieben. Ein furchtbares Zeug! Wenn ich hilflos war, habe ich noch hilflosere Gedichte geschrieben.« – »Sie übertreiben.« – »Nein, ich übertreibe nicht. Aber lassen wir das. Erzähl mir lieber noch mehr von ... verdammt, wie ist Ihr Nachname?« – »Ivancich, Adriana

Ivancich.« – »Das ist kein venezianischer Name.« – »Nein, ist es nicht. Ich glaube, die Familie kam aus Dalmatien. Aber fragen Sie meine Schwester, sie kann Ihnen weiterhelfen.« – »Das werde ich tun. Weißt du wenigstens, wo genau sich der Palazzo der Familie befindet?« – »Ja, ich kann Ihnen die Adresse aufschreiben, Sir.« – »Sehr gut, danke. Dann habe ich zumindest eine erste Orientierung.« – »Was für eine Orientierung?« – »Vielleicht eine für eine gute Geschichte.« – »Ich verstehe, Sir, jetzt weiß ich, warum Sie laufend nachfragen. Sie suchen eine Orientierung, und Sie haben vielleicht eine gefunden.« – »Lassen wir das auf sich beruhen, Paolo. Und fahren wir jetzt rasch zum *Campo Sant' Angelo* zurück. Ich habe Mary versprochen, mich am Abend mit ihr am *Rialto* zu treffen. Wir werden meine Übersetzerin verabschieden.« – »Zu Befehl, Sir.«

Paolo bog mit dem Boot in einen Seitenkanal ab. Jetzt war der Wind deutlicher zu spüren, er fuhr wie ein warmer, etwas stickiger Atem über das Wasser. Hemingway holte sein Notizbuch wieder hervor und notierte unaufhörlich. Paolo schaute ihm zu und wünschte sich, jeden Eintrag mitzubekommen. Schrieb er über Adriana und dachte sich etwas aus, oder hielt er nur fest, was er wirklich gesehen hatte? Sie galt als eine der schönsten jungen Frauen Venedigs, das stimmte, aber sie war auch eine der schwierigsten. Mit ihm, Paolo, zum Beispiel würde sie sich nie länger unterhalten, er konnte ihr nichts bieten. Mit Marta hatte sie dagegen schon oft über Musik gesprochen, über die Lieder, die Marta sang, oder über die Gedichte, die auf Burano im Umlauf waren. Lagunenlyrik hatte Marta sie genannt, daran erinnerte er sich, aber er verstand nichts von Lyrik.

Das Boot fuhr jetzt schneller und glitt durch die Kanäle, als sollte der Fremde möglichst bald irgendwo abgesetzt werden. Als der *Campo Sant' Angelo* vor ihnen auftauchte, war Onkel Tonio zu erkennen, der an der Anlegestelle stand und anscheinend mit zwei Touristen verhandelte.

Hemingway stieg aus und musterte sie. »Sind Sie Amerikaner?« fragte er. – »Ja, wir kommen aus San Francisco«, rief einer von ihnen. – »Dann seid ihr ja Landsleute! Wollt ihr mit der Gondel fahren?« – »Ja, haben wir vor.« – »Sehr gut. Lasst euch auf den Canal Grande rudern, da ist viel los, und dann sollte es weiter bis zum *Rialto* gehen, da ist am meisten los.« – »Danke für den Tipp, Sir.« – »O, gern geschehen.«

Er lachte kurz auf und hielt Paolo sein Notizbuch hin. Eine Seite blätterte er um, so dass nicht zu erkennen war, was er kurz zuvor geschrieben hatte. »Die Adresse ... meine Orientierung ... bitte!« sagte er und wartete, bis Paolo alles notiert hatte. »Ich lasse von mir hören«, sagte er, »meine Nachrichten erhältst Du wie vereinbart an der Rezeption des *Gritti*.« – »Ich weiß, Sir!«

Er gab Paolo noch die Hand, dann machte er sich auf den Weg zum *Rialto*.

Im Licht der Lagune

Auch die Venedig-Anziehung wurde für mich mit den Jahren so stark, dass ich oft dorthin gefahren bin und länger in dieser Stadt gewohnt habe. Da sie sich im Grunde seit Jahrhunderten wenig verändert hatte, reizten mich Phantasien darüber, wie man in ihr gelebt haben mochte, als nur wenige Touristen sie besuchten und sie noch in ihrer ganzen Machtfülle existierte.

Aus diesen oft sehr regen Phantasien entstand der Roman Im Licht der Lagune. *Seine Hauptfigur ist der junge Zeichner und Maler Andrea, der die Erinnerung an sein früheres Leben verloren hat. Eines Tages wird er mitten in der wilden Lagunenlandschaft in einem kleinen Boot angetrieben und erholt sich erst langsam von den Schrecken der Vergangenheit. Während seiner Genesungszeit kommt er im Haus eines venezianischen Adligen unter. Von dessen Palazzo aus wagt Andrea schließlich seinen ersten solitären Gang durch die Stadt.*

An einem frühen Morgen vor Sonnenaufgang wagte sich Andrea endlich allein hinaus. Er schaute nicht mehr zurück, er ging los, zögernd noch, aber entschlossen, sich in der Wasserstadt umzusehen. Lange genug hatten sie ihn auch hier im Haus behalten, alle wollten sie ihn bewachen und beobachten, und noch immer hatten die Fragen nicht aufgehört, die ewigen Fragen nach seiner

Herkunft, seinen Eltern und den Tagen zuvor. Er konnte diese Fragen längst nicht mehr hören, nein, sie waren ihm so zuwider, dass sie ihn anekelten.

Jedes Mal, wenn man ihn fragte, spürte er ein Gefühl der Verlassenheit, des einsamen Lebens unter all diesen Menschen, die wie selbstverständlich zueinandergehörten. Viele ihrer Worte verstand er noch nicht, er konnte nicht wissen, was sie bedeuteten, weil es Worte waren für Dinge, die er nicht kannte. Sie hatten keine Mühe, diese Dinge zu benennen und sich über sie zu verständigen, er aber musste nachfragen, immer wieder, längst war es ihm peinlich geworden, Carlo mit solchen Fragen zu belästigen, so dass er es aufgegeben hatte, sich zu erkundigen.

Carlo gab sich alle Mühe, er war gut zu ihm, auch der Conte war ein guter, mildtätiger Mensch, aber sie konnten nicht verstehen, was in ihm vorging, sie hatten keine Ahnung davon, wie sehr es ihn entsetzte, nichts von seiner Herkunft zu wissen und neue Wörter zu lernen wie ein Kind. Sie behandelten ihn noch immer wie einen Kranken, in gewissem Sinn war er ja auch krank, ihm fehlte es an Wissen und an Geschick, körperlich aber war er doch längst genesen, nur diese plötzlichen Anfälle tiefer Müdigkeit und Erschöpfung erinnerten noch daran, dass man ihn beinahe tot, ›scheintot‹ nannten sie es, gefunden hatte.

Jetzt aber war Zeit, allein etwas zu wagen, er hielt all ihre Rücksicht nicht mehr aus. Schließlich musste er lernen, die Wasserstadt selbst zu erkunden; wenn er hinter Carlo herlief, bekam er kaum etwas anderes mit als die Farben der Steine des Pflasters.

Die erste Brücke hatte er schon überquert, auch die zweite, um genau drei Ecken war er gegangen, nun ging es eine lang gezogene, gekrümmte Gasse entlang, erneut eine Brücke, dann führte eine schmale Wegpartie an einen Kanal. Sie hatten aber die Wege meist nicht entlang den Kanälen gebaut, die Gehwege waren das eine, die Wasserwege das andere, beide hatten nichts miteinander zu tun. Auf den Wasserwegen hätte er sich leicht zurechtgefunden, meist verliefen sie in langen Geraden, die Gehwege aber waren ineinandergeschachtelt, gekrümmt, zweigten unübersichtlich voneinander ab oder versickerten … wie dieser hier, genau der, den er gegangen war, der endete hier an einem Kanal, so dass er umkehren musste.

Warum baute man Wege, die nicht weiterführten und im Nichts endeten? Er ging langsam und suchend zurück, nein, er fand den Rückweg nicht mehr, das war vergebens. Diese Brücke war nicht die Brücke, über die er eben noch gegangen war, obwohl sie ihr täuschend ähnlich sah. All diese Brücken ähnelten einander und waren doch völlig verschieden. Um den richtigen Weg zurückzufinden, hätte er sie sich noch besser einprägen müssen, jede für sich. Manche waren noch wie kleine Bilder in seinem Kopf, doch er konnte diese Bilder nicht festhalten.

Er hätte, ja, er hätte sie aber festhalten müssen, fixieren, um sich genau an sie zu erinnern. Vielleicht gelang es ihm, diese Kopfbilder zu zeichnen, richtig, er musste beginnen, Venedig zu zeichnen, die Fassaden der Häuser, die Brücken, die Gassen, er musste sich sein ›Weg-Buch‹ Venedigs anlegen, das könnte ihm helfen, sich nicht mehr zu verirren.

Dass er noch nicht früher darauf gekommen war! Manchmal hatte er schon versucht, etwas zu zeichnen, mit den Fingern auf Stein. Er hatte die Bilder in seinem Kopf festhalten wollen, wenigstens für Sekunden, doch das flüchtige Gekritzel war natürlich bald wieder verschwunden, wie die Kopfbilder auch. Gut, er wollte es bald einmal versuchen: etwas zeichnen auf ein Blatt! Wenn er die Augen schloss, sah er die Bilder ganz deutlich, er musste sie mit dem Stift nur nachzeichnen, das konnte nicht schwer sein.

Weiter, was machte es schon, dass er sich verirrt hatte? Er war begierig darauf, tiefer einzudringen in diese Stadt, es kam nicht darauf an, dass er gleich wieder zurückfand, ihm würde schon etwas einfallen. Er scheuchte einige Tauben aus dem Weg und sah eine Katze, die durch ein Gitter schlüpfte. Dort war ein Kaffeehaus; diese Häuser waren, wie man ihm gesagt hatte, immer geöffnet, Tag und Nacht. In diesem dort saß ein einsamer Gast und kratzte mit dem Löffel eine Tasse aus.

Dann hörte er aus einer nahen Kirche einen schwachen Gesang. Er ging hinein, konnte aber niemanden erkennen, das Kirchenschiff war leer, der Gesang tönte durch ein hoch gelegenes Gitter in der Nähe der Orgel, es waren helle, klare Mädchenstimmen, die im hohen Kirchenraum verschwebten oder einen summenden Klang hinterließen, der ihm noch in den Ohren lag, als er die Kirche verließ. Eine Gruppe zerlumpter Gestalten fegte den kleinen Platz vor der Fassade, jetzt brach das Sonnenlicht über die Stadt herein, es flackerte oben über den Dächern und lief langsam, tropfenweise, an den Fassaden herunter, während die Gassen noch im feuchten Dunkel lagen, schlummernd, gähnend, wie im Traum.

Doch nun hörte man schon die ersten lauteren Stimmen, die Stimmen der Wasser- und Milchverkäufer, Mädchen standen an einem Brunnen, Wasser schöpfend, dann das immer lauter werdende, kreischende Schreien der Marktleute, ganz in der Nähe musste der große Markt sein, da kannte er sich wohl etwas aus. Richtig, dort war der Markt, die großen Boote legten nahe der Brücke, die sie *Rialto* nannten, an, Boote mit gewaltigen Mengen von Gemüse und Obst, die auf Karren hinübergefahren wurden zu den mit Sonnensegeln geschützten Ständen, wo ein Schwarm von herumhüpfenden Buben sie aufeinandertürmte, die Kohlköpfe im Kreis, in der Höhe zulaufend wie Kegel, die Kürbisse und Gurken zu Pyramiden, dazwischen Lianen von Knoblauch und dichte Girlanden von Zwiebeln.

Die älteren Frauen hatten damit begonnen, verdorbene Ware auszusortieren, manche zupften einige Blätter von den Artischocken oder vom Kohl und schmissen sie auf einen großen, stinkenden Berg nahe dem Brunnen, neben dem schon einige Männer schliefen, auf dem Bauch, ineinandergerollt, die Hände wie zum Schutz um die angezogenen Knie geschlungen.

Die Garküchen öffneten jetzt, das Geschrei wurde lauter, er sah eine junge Frau Aalstücke auf einem kleinen Rost wenden, sie machte es falsch, die Stücke waren schon längst verdorben, schon wollte er hineilen, als er sich gerade noch besann. Stellte er sie zur Rede, würde man wieder aufmerksam werden auf ihn, das wollte er nicht, er wollte allein bleiben, ohne beobachtet oder verfolgt zu werden.

Jetzt sprangen die Gitter der Verkaufsläden auf, Glas aus Murano, Läden mit Stoffen und Wolle, und schon strömten die Scharen herbei, sich in dieses Rufen und Schreien stürzend, das sich immer wieder auftürmte wie eine Woge. Perückenmacher und Barbiere standen vor ihren Läden, auf den weiter herbeiströmenden Barken schaukelten gelb-weiß gestreifte Zelte, und blaue Masten schwankten vor den blasser werdenden Fassaden der Häuser, der Weinhandlungen und kleinen Spelunken, dicht am Ufer, wo es nach Minze roch, nach Pferdemist und sonnenverbrannten Melonen.

Man bot ihm Nüsse und Mandeln an, kandierte Zitronen, feinen Tabak, man hielt ihn am Ärmel und zog ihn unter eine Arkade, wo Berge von Plunder lagen, zerschlissene Kissen und dünne, billige Tücher, neben Holzstangen, an denen Filzhüte hingen. Eine Frau lauste ihr Kind, drei Blinde spielten auf Flöten, Arzneien aus Seepferdchenessenzen wurden angeboten, ein Astrologe saß hinter einem Tisch und mischte die Karten.

Er verstand ihr Rufen, jedes Wort, es klang ihm wie Metall in den Ohren, und er verstand vieles doch nicht, Worte, die ganz fremdländisch klangen, Worte aus Turbanköpfen, Silben, die zwischen Federbüschen oder hinter kleinen Fächern aufzischten ... – er horchte, stand still, versuchte, diese Klänge zu ordnen, doch schon wurde er weitergeschoben, hinüber zum Fischmarkt, wo sie den Boden spritzten und die Fracht längst drapiert war auf grünen Blättern.

Hier aber war die Versuchung zu groß. Er sog den öligsalzigen Geruch tief in sich ein, schon dieser Geruch wässerte ihm ja den Mund, seine Zunge begann jetzt zu zucken, und ein ungeheurer Hunger meldete sich in seinem Magen. Von allem hätte er jetzt gern gekostet, von den Krabben und Seespinnen, den Tintenfischen, er kannte die ganze Brut sehr genau, er wusste, wie man sie zubereitete, doch er ließ den Fischmarkt rechts liegen und lief weiter, das Geschrei hinter sich lassend, im Sonnenrauschen des Morgens.

Jetzt schwebte die Stadt auf dem Wasser, das Morgengeläut der Kirchen ließ ihre Häuser herauswachsen aus der Flut, und langsam begannen sich nun auch die Steine zu bewegen, es drehte sich in ihm, es drehte sich um ihn herum, dass er begann, schwindlig zu werden.

Er wollte zurück, vorerst war es genug. Er suchte einen Kanal und setzte sich einen Moment an das Wasser. Die Augen schließen, die Bilder verlangsamen, warten, bis einzelne Bilder sich festsetzen, ausatmen. Im Grunde musste es leicht sein zurückzufinden. Er durfte nur nicht den Gehwegen folgen, er musste die

Wasserwege nehmen, die Kanäle. Von den kleineren gelangte man in die größeren, und schließlich würde er auf den großen stoßen, den ›großen Canal‹, wie sie ihn nannten.

Er entkleidete sich, schnürte die Kleider zu einem Bündel, warf es ins Wasser und sprang hinterher. Dann schwamm er und tauchte unter, das Bündel mit der rechten Hand vor sich herschiebend. Es schlingerte den Kanal entlang, wie ein Haufen Unrat, den man weggeworfen hatte.

Eine halbe Stunde später trieb es an Land, in der Empfangshalle eines Palazzo, in der Carlo Tücher holen ließ, um den Schwimmer abzutrocknen und zu verhüllen.

Venezianische Cicchetti

Schon während meines ersten Venedig-Aufenthalts lernte ich eine kulinarische Besonderheit kennen, die auf die Spaziergänger der Stadt in geradezu idealer Weise zugeschnitten war. Damals entstand in einer historischen Weinhandlung, die sich noch heute im Sestiere Dorsoduro *gegenüber der Kirche* San Trovaso *befindet, die Idee, den am Tresen ausgeschenkten Wein mit dem Genuss von* Cicchetti *zu begleiten.*

Die Erfinderin dieser gastrosophischen Kunstgebilde war die Mitbesitzerin Alessandra De Respinis, die lapidar und konkret definierte, was sie unter einem Cicchetto *verstand:* »Ein Cicchetto ist ein schneller, appetitanregender Happen, der im Stehen gegessen wird.« *Zum* Cicchetto *gehörte eine* Ombra: »Eine Ombra ist ein Glas Weiß- oder Rotwein, das man zur Stunde des Aperitifs zu sich nimmt, um sich von der Mittagshitze zu erholen.« *Und wo sollte das alles stattfinen? In einem* Bàcaro: »Ein Bàcaro: ist ein Lokal, wo man einen* Cicchetto *probiert, eine Ombra trinkt und ein Schwätzchen mit Freunden hält.«*

Alessanda de Respinis hat diese Begriffsklärungen in ihrem Cicchettario *vorgenommen – in einem Buch also, in dem sie (nach langem Drängen ihrer Gäste) die wichtigsten Rezepte ihrer Cicchetti-Kunst gesammelt hat. Als ich das Buch 2015 in ihrer Weinhandlung entdeckte, setzte ich mich sofort dafür ein, dass es auch ins Deutsche übersetzt wurde. Diese Übersetzung (durch Lotta Ortheil) erschien*

bereits kurze Zeit später in einem kleinen, aber sehr feinen Verlag
(der »Dieterich'schen Verlagsbuchhandlung«).

In meinem Nachwort erzähle ich davon, wie ich das Bàcaro Al
Bottegon kennengelernt habe und wie ich die Besonderheiten der
venezianischen Cicchetti-Kultur deute.

Nach dem Verlassen von *San Trovaso* durch den Seitenausgang
stand ich in den frühen siebziger Jahren wieder am *Rio di San Trovaso* und erkannte wenige Meter zur Linken eine schmale Brücke.
Sie führte direkt auf einen Laden oder ein Geschäft zu, von dem
ich aus der Ferne annahm, dass es sich um eine Weinhandlung
handelte. Draußen vor der Tür standen jedenfalls Menschen mit
Weingläsern in reger Unterhaltung, und anscheinend herrschte
auch im Innern des Ladens jene erregte Stimmung vor dem Ritual großer Mahlzeiten, die ich gerade noch auf Tintorettos Bild
studiert hatte.

Ich überquerte die Brücke und schaute zunächst vorsichtig
durch das Fenster in den Laden. Die Wand zur Linken war voller Weinflaschen in großen Regalen, die bis zur Decke reichten.
An dieser Wand entlang standen wiederum kleine Gruppen von
Weintrinkern. Gegenüber der Wand gab es einen Tresen, an dem
der Wein ausgeschenkt wurde, und vorne, am Eingang, traf der
Tresen auf eine große Glasvitrine.

Sie war voller Teller mit den unterschiedlichsten kleinen Speisen, deren Bestandteile auf Zetteln markiert waren. Hinter dem
Tresen aber stand die Frau, die diese bunten, malerischen Wun-
derwerke mit der Hand anfertigte. Sie blickte auf ihre Arbeits-
platte und war gerade dabei, weitere dieser Köstlichkeiten herzu-
stellen, die von den Weintrinkern bestellt und zum Wein gegessen

wurden. Immer wieder löste sich einer von ihnen aus der Runde, steuerte auf die Vitrine zu, ging sie prüfend entlang, wechselte einige Worte mit der Künstlerin und ließ sich eines der Häppchen in die Hand reichen, um es langsam zu verzehren.

Eine Weinhandlung also mit Ausschank und beinahe winzigen, den Wein begleitenden Speisen? War es das? Jedenfalls gab es drinnen weder Stühle noch Tische, alle Gäste standen, und kaum einer von ihnen war allein. Es schien sich also ganz nebenbei auch um einen beliebten Treffpunkt von Personen zu handeln, die vielleicht (so stellte ich es mir vor) in der Nachbarschaft wohnten und dann und wann vorbeikamen, um hier einen Tropfen zu trinken, eine Kleinigkeit zu essen und sich über die neusten Nachrichten auszutauschen.

Ähnliches hatte ich damals noch nicht gesehen, und als ich die »Weinhandlung« betrat, ahnte ich nicht, dass ich mich damit in einen Raum einiger typisch venezianischer Rituale begab. Denn es handelte sich ja keineswegs um eine beliebige Weinhandlung mit Ausschank, sondern um einen sogenannten *Bàcaro*, in dem eine *Ombra* Wein ausgeschenkt und dazu kleine *Cicchetti* (so das Fachvokabular der Rituale) angeboten wurden.

Genau um diese Trias kreisten die Rituale des Treffpunkts, deren Besonderheiten ich dann allmählich entdeckte. Sie entsprachen so sehr dem, was ich mir immer von kleinen Mahlzeiten außerhalb von Restaurants oder Lokalen erhofft hatte, dass ich von der ersten Bestellung an geradezu begeistert war. In diesem *Bàcaro* erlebte ich anscheinend die kleine Mahlzeit für zwischendurch, im Stehen und während eines Spaziergangs genossen, als appetitanregende Vorstufe zu einer darauf folgenden, größeren. Vielleicht machten diese kleinen Köstlichkeiten die größere Mahlzeit aber auch unnötig und befriedigten den Appetit als eine raffinierte Folge von sehr verschiedenen, kunstvoll miteinander kombinierten Zutaten.

Damals, in den frühen siebziger Jahren, wusste ich natürlich noch nicht, dass es sich bei der Wirtin hinter der Glasvitrine um Alessandra de Respinis, die eigentliche Erfinderin der venezianischen *Cicchetti*-Artefakte, handelte. In ihrem Vorwort zu diesem Buch erzählt sie davon, dass bereits seit dem Ende des neunzehnten Jahrhunderts an der Stelle des (heute *Al Bottegon* genannten) *Bàcaro* eine Weinhandlung mit dem Namen *Cantine del Vino già Schiavi* existiert habe. Von solchen Weinhandlungen gibt es noch heute in jedem venezianischen *Sestiere* gleich mehrere.

Die Venezianer lassen sich dort den jungen Wein aus Fässern in Karaffen oder Glasballons abfüllen und kommen alle paar Tage vorbei, um ihren Vorrat zu erneuern und den Wein für die Mittags- und Abendmahlzeiten mit nach Hause zu nehmen. Eine solche Weinhandlung ist oft auch ein kleiner Ausschank, man hält sich dort für den Genuss von einem Glas Wein auf und bespricht die Neuigkeiten mit dem Besitzer. So gesehen ist die Weinhandlung ein Pendant zu einer Bar, in der man ebenfalls nur kurz (für die Genussdauer eines *Caffè*, eines *Cappuccino* oder eines *Latte macchiato*) vorbeischaut, ein paar Worte wechselt und wieder verschwindet.

Weinhandlungen und Bars sind also kleine Belebungsinseln, die während eines Tages immer wieder in unterschiedlicher Folge aufgesucht werden und im Tagesverlauf kurze Genussakzente setzen. In Venedig sind sie besonders beliebt, weil die Venezianer außer Haus nur zu Fuß unterwegs sind. Sie durchlaufen die schmalen *Calli*, überqueren eine Brücke nach der andern, kaufen ein, erledigen dies und das, nehmen Kontakte mit Freunden und Bekannten auf und kreisen so (meist auf immer denselben Wegen) durch ihr *Sestiere*. Dabei bedürfen sie in regelmäßigen Abständen der Stärkung und der Abwechslung, und genau das bescheren Weinhandlungen und Bars.

Dass es zum Wein *Cicchetti* gibt, war in den frühen siebziger Jahren noch keineswegs üblich. Man servierte dünne Scheiben Brot oder auch einige Stücke Käse, manchmal gab es dazu auch Anchovis oder Mortadella. Kaum jemand aber hatte bis zu diesem Zeitpunkt daran gedacht, die dünnen Brotscheiben mit mehreren unterschiedlichen Zutaten zu belegen und daraus ein minimalistisches kulinarisches Kunstwerk zu machen.

Solche Überlegungen orientierten sich an der Struktur eines Baus. Unten gab es ein schmales Fundament (das Brot), und auf diesem Fundament setzten mehrere miteinander verbundene oder ineinander übergehende Stockwerke auf, von denen jedes einzelne eine Geschmackskomponente zum Gesamtgeschmack beisteuerte.

Die geradezu geniale Grundidee dabei war: das Schmecken und Probieren durch diesen Bau animieren, leiten und von einer Komponente zur anderen vordringen zu lassen. Kosten sollte der Esser jeweils einzelne Zutaten im Gegen- und Zusammenspiel – und das alles in Form eines geschlossenen, kleinen Gehäuses, dessen Komponenten sich auf der Zunge zu einer Komposition verdichteten.

Cicchetti aus der Produktion von Alessandra de Respinis wurden so zu experimentellen Werkzeugen der venezianischen Geschmacksbildung. Durch ihren Genuss testeten die Esser die Eigenarten und die Kultivierung ihres besonderen regionalen Geschmacks anhand von Produkten, die in der unmittelbaren Umgebung angebaut und geerntet worden waren.

Was man auf der Zunge zergehen ließ, waren nämlich die Intensitäten des agrarischen Lagunenraums sowie der agrarischen *Terra ferma*, kontrastiert mit dem, was die Meeresterrains der Lagune für den Verzehr bereithielten. Indem man Erd- und Meereserzeugnisse miteinander verband, kostete man von zweierlei Formen erlesener Ernte, von der Ernte der Bauern und der Ernte der Fischer. In den vielfältigen Formationen der *Cicchetti* genossen, erhielten diese Verbindungen eine kulinarische Struktur und eine an gastrosophischen Ideen orientierte Gestalt.

Zwischen Glasvitrine und Tresen ereignete sich außerdem aber noch das Wechselspiel von *Cicchetti* und Wein. Als junger Novize erkannte ich, dass Alessandra de Respinis für die Speisen zuständig war und ihr Mann Lino den Wein einschenkte. Beide standen wie ein unzertrennliches Duo dicht nebeneinander und unterhielten sich mit ihren Kunden, während neue *Cicchetti* erfunden und der jeweils passende Wein dazu gesucht wurden. Kontrastierten die *Cicchetti* im Idealfall agrarische Produkte mit maritimen, so überhöhte und steigerte der Kontrast von *Cicchetti* und Wein den Grundkontrast der Speisen noch um eine weitere Komponente, die von den Winzern der näheren Umgebung in das Gesamtritual mit eingebracht wurde.

Ein für die Gäste nicht zugänglicher Hinterraum deutete auf deren allgegenwärtige Präsenz, denn dort befand sich das Weinlager. Ich schaute durch einen schmalen Durchgang und erkannte die vielen Kisten und Fässer, die dort, abseits von der Kundschaft, wie ein Schatz gehortet waren.

Damals konnte ich mir kaum einen schöneren und zu Venedig passenderen Ort für eine kleine Mahlzeit vorstellen als diesen

Bàcaro. Selbst einem finanziell nicht gut ausgestatteten Studenten wie mir erlaubte er die intensive Teilhabe an der venezianischen Geschmackskultur. Ich konnte den Genuss teurer, großer Mahlzeiten leicht verschmerzen, denn ich wusste ja: Immer wenn ich Appetit verspürte, konnte ich mich im *Al Bottegon* einfinden, um dort verführt und überrascht zu werden.

Venedig mit Kindern

Jahrzehnte nach meinem ersten Venedig-Aufenthalt war ich mit meinen Kindern Lo und Lu in der Stadt unterwegs. Wie würden sie auf die besonderen Stadtstrukturen reagieren? War es überhaupt möglich, sich mit kleinen Kindern durch Venedig zu bewegen? Und würden ihnen diese unbekannten Wegverläufe auch wirklich gefallen?

All diese Fragen gingen mir durch den Kopf, als wir auf dem Flughafen landeten. Und dann ging es los, das große Frage-und-Antwort-Spiel…

Wie schön, sagt Lo, meine kleine Tochter, als wir das Flughafengebäude von Venedig verlassen, wie schön das hier ist! Lauter Boote und Wasser und die vielen Möwen…

Und wo ist Venedig, fragt Lu, mein kleiner Sohn, ist das hier schon Venedig?

Nein, sage ich, Venedig liegt da drüben, in der Ferne, vielleicht könnt ihr zumindest einen Kirchturm erkennen.

Können wir nicht, sagt Lu, wir können gar nichts erkennen, am besten, wir fahren schnell hin.

Und wie fahren wir hin, fragt Lo und schaut sich die Boote und Schiffe genauer an, die Schiffe sind alle sehr voll, die nehmen wir nicht. Am besten wir nehmen ein Ruderboot oder ein Schnellboot, die sind schön leer, so dass wir gut Platz haben.

Mit einem Ruderboot brauchen wir einen ganzen Tag, sage ich, das dauert einfach zu lang, und die Schnellboote sind sehr teure Wassertaxis, die viel Krach und Lärm machen und hohe Wellen.

Ich mag hohe Wellen, sagt Lu, wenigstens einmal sollten wir mit hohen Wellen fahren.

Und dann greift er nach seinem Koffer und zieht ihn hinüber zu einem Wassertaxi, dem ein freundlicher, junger Venezianer entsteigt.

Moment mal, sage ich und laufe Lu mit all dem anderen Gepäck hinterher, Moment mal, nicht so schnell, aber da hat der freundliche, junge Venezianer schon die ersten Gepäckstücke genommen und sie in seinem Wassertaxi verstaut. Ich frage nach dem Preis für die Fahrt, und als ich den hohen Betrag höre, schüttle ich nur mit dem Kopf und mache mich daran, die Gepäckstücke wieder auszuladen, da aber geht der freundliche, junge Venezianer mit dem Preis etwas herunter, und ich schüttle noch einmal den Kopf, und er geht noch einmal etwas herunter, und dann fahren wir endlich los.

Venedig ist eine Stadt für Kinder, sagt der Mann an der Hotel-Rezeption, und dann holt er einen Kinderstadtplan heraus, auf dem alles farbig und heiter ist und lauter Spielplätze für Kinder eingezeichnet sind. Lo und Lu aber wollen nicht zu Spielplätzen, sondern immerzu Schiff fahren. Also kaufen wir eine Familien-Tageskarte, die uns erlaubt, ununterbrochen unterwegs zu sein und die Linien nach Belieben zu wechseln.

Wohin wollen wir denn fahren, frage ich und klappe den bunten Kinderstadtplan auf.

Nirgendwohin, sagt Lu, wir fahren einfach mal los, rundherum, dahin, wo es schön ist.

Gut, sage ich, fahren wir einfach mal los, und dann stehen wir auf der schwankenden Haltestelle, und das erste Schiff legt an, voll beladen mit Menschen.

Damit fahren wir nicht, sagt Lo, wir fahren nur mit einem Schiff, auf dem wir sitzen können, und zwar ganz vorne.

Bis so ein Schiff vorbeikommt, können Stunden vergehen, sage ich.

Macht doch nichts, sagt Lo, dann spielen wir eben so lang, bis das passende Schiff kommt.

Ich sage nichts mehr, und so warten wir, bis das nächste Schiff kommt, und ich atme erleichtert auf, als ich sehe, dass es ein beinahe leeres Schiff ist, mit freien Plätzen ganz vorne.

So fahren wir los, und Lu sagt: Wir hüpfen jetzt einfach von einem leeren Schiff auf ein anderes, immer, wenn wir ein leeres Schiff sehen, steigen wir um.

Ich sage wieder nichts, und so fahren wir eine Weile, und dann entdecken wir wahrhaftig ein anderes, fast leeres Schiff auf die nächste Haltestelle zulaufen, und so steigen wir um und fahren die Strecke einfach ein kleines Stück wieder zurück, um erneut umzusteigen.

Lo und Lu sind von diesem Fahren begeistert, sie nennen es »Bootsspringen«. Lo schreibt die Nummern der uns entgegenkommenden Schiffe auf, und Lu zählt die Menschen, die sich auf den Booten befinden, während ich Zeit habe, mir die Häuser und Wasserstraßen anzuschauen.

Nach einigen Stunden Bootsspringen sagt Lu: Noch schöner als die Schiffe sind die Gondeln, die Gondeln sind einfach am schönsten.

Stimmt, sage ich schnell, die Gondeln sind sehr schön, aber das Fahren ist furchtbar teuer.

Das hast du bei den Wassertaxis auch gesagt, sagt Lo, und dann sind wir doch Wassertaxi gefahren.

Fragen wir einfach mal, wie teuer die Gondeln sind, sagt Lu, und dann läuft er zu einer Gondel, der ein freundlicher, junger Venezianer entsteigt, der Lu gleich hilfsbereit packt und in die Gondel hebt.

Moment mal, sage ich, und dann sagt der freundliche, junge Gondoliere: Venedig ist eine Stadt für die Kinder, sie lieben die Gondeln und das Wasser, und das Spiel mit dem Kopfschütteln beginnt und dauert so lange, bis wir losfahren, durch die kleinen, schönen Kanäle, durch die die großen Schiffe nicht fahren können.

Gondelfahren ist wunderschön, sagt Lo, die Gondel tanzt auf dem Wasser, und ich denke, sie hat vollkommen recht, die schönste venezianische Fortbewegungsart ist die mit der Gondel, da gibt es gar nichts, auch wenn noch so viele Japaner in Gondeln sitzen und andere Japaner in Gondeln fotografieren.

Am zweiten Venedig-Tag fragt Lu gleich am Morgen: Kann man in Venedig nur auf dem Wasser fahren?

Ja, sage ich, Venedig ist eine Wasserstadt, ohne Straßen und hässliche Autos, dafür mit schönen großen Plätzen, auf denen Kinder nach Herzenslust spielen können.

Dann gibt es nirgendwo etwas Land? fragt Lu nach, wirklich nirgendwo?

Doch, sage ich, der Lido ist ein schmaler Streifen Land, direkt am Meer.

Fahren wir auch mal auf den Lido? fragt Lu weiter, und als auch Lo darauf drängt, direkt ans Meer zu fahren, fahren wir zusammen hinüber zum Lido.

Wenn man die Schiffshaltestelle auf dem Lido verlässt, steht man vor einem Fahrradverleih.

Mensch, sagt Lu, hier gibt es ja richtige Fahrräder. Ich würde so gern mal Fahrrad fahren, mir ist von all dem Schifffahren schon ganz schwindlig.

Man kann hier Fahrrad fahren, sage ich, aber nur ein ganz kleines Stück, das lohnt sich nicht, und außerdem ist es auch ziemlich teuer.

Das hast du bei den Wassertaxis und den Gondeln auch gesagt, sagt Lo, und diesmal ist sie es, die zu dem jungen, freundlichen Venezianer läuft, der einen Fahrradverleih betreibt.

Der junge Fahrradverleiher erklärt mir, dass man keineswegs nur ein ganz kleines Stück Fahrrad fahren kann, sondern Stunden, ja Tage, man muss einfach nur eine gute Karte dabeihaben und dann von einem Küstenstreifen zum andern übersetzen, mit den entsprechenden Fähren, einen Fahrplan für die Fähren hat er natürlich auch.

Und Sie meinen, wir kommen so wirklich voran? frage ich. Es ist die schönste Fahrt, die Sie sich denken können, sagt der junge Fahrradverleiher, und dann gebe ich all meine Widerstände endlich auf, und wir leihen uns drei Fahrräder aus und fahren einfach mal los.

Die Fahrradfahrt auf dem Lido stundenlang immer am Meer entlang ist die schönste Fahrradfahrt, die man sich denken kann, denke ich, als ich hinter Lo und Lu herfahre. Und dann setzen wir über, von einem Küstenstreifen zum andern, baden an leeren Stränden und bauen uns aus allerhand Strandgerümpel, das das große Meer irgendwann ausgespuckt hat, Robinsons Strandhaus. Venedig liegt irgendwo in der Ferne, nicht einmal ein Kirchturm ist noch zu erkennen, aber auch das ist mir egal, denn ich wundere mich längst nicht mehr, dass Lo und Lu immer genau ahnen, wie man sich am besten durch Venedig und um Venedig herum bewegt.

Venedig ist eine Stadt für Kinder, flüstere ich, und dann strecke ich mich im Sand aus und denke diesen Satz etwas weiter: Kinder nehmen eben eine instinktive Verbindung zu ihrer Umgebung auf, ganz natürlich, so, wie ein Vogel oder ein Fisch es vielleicht tun würde. In Venedig ist es am besten, den Kindern zu folgen, denke ich abschließend, und als ich hinauf in den Himmel schaue und die Möwen dort kreisen sehe, ahne ich, dass wir bald über die Lagune fliegen werden, nicht zu hoch, nicht zu tief, gerade so, wie es die Möwen uns vormachen...

Die weißen Inseln der Zeit

Einmal ist es mir wirklich passiert, dass ich nach dem Abschied von Venedig die ganze Zugfahrt über eine sehr melancholische und beinahe schon traurige Rückreise erlebte. Warum blieb ich nicht länger? Warum nicht für Monate und Jahre? Was hatte ich noch in Deutschland zu suchen?

Als ich auf dem Münchener Bahnhof ankam, war diese Melancholie noch keineswegs verflogen. Im Gegenteil, ich fühlte mich wie gelähmt, kaufte mir eine venezianische Tageszeitung und setzte mich in eines der Restaurants im Bahnhof, unschlüssig, was nun werden sollte.

Als mich ein Kellner ansprach, antwortete ich ihm aus Versehen auf Italienisch, ich korrigierte mich aber nicht, sondern redete mit starkem Akzent ein provisorisches Deutsch. »Woher kommen Sie?« wollte er wissen. »Aus Venedig«, antwortete ich. »Sind Sie etwa Venezianer?« »Ja, bin ich«, sagte ich. »Und was hat Sie nach München geführt?« »Wenn ich das wüsste…«

Minuten später hatte ich eine Erzählung vor Augen. Ein Mann mittleren Alters, der gerade einige Zeit in Venedig verbracht hat, kommt nach München, hält sich eine Zeitlang auf dem Bahnhof auf und fährt schließlich wieder nach Venedig zurück. Ein Venezianer ist er allerdings nicht, so weit wollte ich das Erzählspiel nicht treiben. Es wäre zu anmaßend gewesen.

Gegen sieben Uhr in der Früh kam ich mit geringer Verspätung in München an, im Bahnhof war es noch kühl, aber sonnig, ich ging den Bahnsteig langsam entlang, erleichtert, die lange Nachtfahrt endlich hinter mir zu haben. Ich mochte den Münchener Hauptbahnhof, er hatte zu dieser Uhrzeit etwas Luftiges, Weites und wirkte wie eine unaufwendige, helle Empfangshalle, in der man sich gut aufhalten konnte.

Ich vermutete, dass Lisa am Ende des Bahnsteigs auf mich wartete, aber sie war dann doch noch nicht da, so dass ich meinen Koffer auf einer Bank absetzte und sie über das Handy anrief. Sie meldete sich gleich, sie steckte, wie ich es mir schon gedacht hatte, im Stau, entschuldige, ich hätte früher losfahren müssen, flüsterte sie mit ihrer noch rauhen Morgenstimme, macht doch nichts, antwortete ich, ich trinke einen Kaffee und warte auf dich an der kleinen Espresso-Bar. Ich bin gleich da, sagte sie noch hastig, aber ich sah keinen Grund für ihre Eile, und so antwortete ich, lass dir Zeit, ich bin gerade erst angekommen, ich werde es genießen, hier noch einige Augenblicke zu sitzen.

Ich nahm meinen Koffer und ging zu der Bar, ich bestellte einen Cappuccino und setzte mich auf einen der Barhocker, wohin soll's denn gehen, fragte mich der junge Italiener hinter der Theke, nirgendwohin, antwortete ich, ich bin gerade angekommen, ich komme mit dem Nachtzug aus Venedig. Er lächelte und pfiff leise vor sich hin, Venedig!, murmelte er mit einer leichten Verbeugung, als wäre ich ein Botschafter dieser Stadt und als müsse man mir deshalb besondere Ehren erweisen. Ich kostete den Cappuccino, er war gar nicht schlecht, konnte es aber mit dem Cappuccino in meiner venezianischen Morgenbar nicht aufnehmen, kurz stand mir ihr Bild genau vor Augen, die lange Theke mit den Tabletts, auf denen sich die hellen Tramezzini wie kleine Bausteine eines Puppenhauses türmten, die bunte Parade der Spirituosenflaschen auf den Regalen, die drei, immer wieder flüchtig von vielen Gästen zur Hand genommenen Morgenzeitungen auf dem seitlich vor dem großen Fenster stehenden Tisch.

Ich hatte, wann immer es möglich gewesen war, die Stadtnachrichten von *Il Gazzettino* aufgeschlagen, ich hatte die exakten Daten von Sonnenauf- und -untergang gesucht, in derselben Rubrik waren die Namen der Tagesheiligen und die der Sternkreiszeichen notiert, gefolgt von einer leicht geschwungenen, wie eine Welle auslaufenden Linie, die den Wasserstand von Ebbe und Flut zentimetergenau von Stunde zu Stunde markierte.

Jetzt, in der Frühe, stand in Venedig das Wasser sehr tief, das algige, suppige Grün an den Fundamenten und Pfosten war wie ein breiter, dicht schimmernder Gürtel zu sehen ... während sich hier nun der Bahnhof rasch füllte und wieder entleerte, die aus dem Hinterland eintreffenden Züge stießen die in die Stadt davoneilenden Massen aus, die sich sofort nach allen Seiten und selbst zu den schmalsten Ausgängen hin zielstrebig verteilten, ich bestellte noch einen schwarzen Kaffee und betrachtete still das unruhige Bild der strömenden, sich nur wenige Meter vor mir in winzige Gruppen und Untergruppen teilenden Scharen.

Das Klingeln des Handys weckte mich aus meinen Träumen, Lisa meldete sich und sagte, dass sie weiter aufgehalten werde, sie sei in einen Unfall an einer Kreuzung verwickelt, aber nicht direkt, sondern nur als Zeugin, ein Fahrer habe in der Eile beim Linksabbiegen auf der Mitte der Kreuzung die Vorfahrt missachtet, sie habe den Unfall vorhergesehen, denn sie habe sich hinter dem späteren Unfallwagen in die Abbiegespur eingefädelt und schon geahnt, dass er, ohne anzuhalten, abbiegen werde.

Ist es schlimm?, fragte ich, nein, antwortete sie, nicht schlimm, aber unangenehm, ich sah genau, wie die beiden Wagen ineinanderkrachten. Wie lange wirst du noch brauchen?, fragte ich. Eine halbe Stunde bestimmt noch, vielleicht auch länger, antwortete sie, die Polizei ist gerade erst eingetroffen, du kannst dir das ganze Kleinklein der Befragungen sicher vorstellen. Du kommst damit zurecht?, fragte ich, sicher, sagte sie, ich komme schon damit klar, aber was wird aus dir, willst du noch auf mich warten? Ja, sagte ich rasch, noch etwa eine Stunde lang würde ich warten, sollte es länger dauern, meldest du dich, und ich nehme ein Taxi nach Hause.

Danke, Pa, sagte sie, es ist dumm, aber hierfür kann ich nun wirklich nichts, aber nein, antwortete ich, wer hat denn so etwas behauptet, mir geht es gut, ich besorge mir eine Zeitung und ein kleines Frühstück, etwas Bayrisches, etwas, das mich zu Hause ankommen lässt. Tu das, sagte sie noch, und ich hörte, wie erleichtert sie war, dann trank ich meinen Kaffee aus, zahlte und verließ die kleine Bar, um nach etwas Essbarem Ausschau zu halten.

In Venedig war ich am frühen Morgen nach dem ersten Kaffee meist zu Fuß zu einem entfernten Ziel aufgebrochen, ich hatte mich mit Hilfe des Stadtplans nur sehr flüchtig über die ungefähre Richtung informiert, war dann aber, als wäre es Ehrensache, den Plan nicht ein zweites Mal zu befragen, ohne weitere Hilfsmittel auf gut Glück losgezogen. Ich mochte den Rhythmus des kurzen Treppauf-und-Treppab an den schmalen, geschwungenen Brücken, ich unterbrach meinen streunenden Gang hier und da für einen weiteren Kaffee oder setzte mich einfach irgendwo auf eine Steinbrüstung am Rande eines Kanals, in dessen stillem Flaschenglasgrün die Sonnenschemen der anliegenden Häuser hin- und herschaukelten.

Ich hatte mir in Venedig eine Auszeit von genau zehn Tagen genommen, und wirklich war es mir durch meine langsamen, ungestörten Spaziergänge gelungen, allmählich in der Stadt zu verschwinden. Von Tag zu Tag hatte ich mich immer mehr ihrer sanften Ruhe angepasst, indem ich in die entlegeneren und oft menschenleeren Gegenden ausgewichen war, ich hatte in halbdunklen, von der venezianischen Schwärze der Nacht noch durchtränkten Kirchen gesessen und mir ein Vergnügen daraus gemacht, durch den Einwurf eines 50-Cent-Stücks in einen Automaten ein einzelnes Altarbild zu erhellen, vor vielen solcher Bilder war ich allein gewesen und hatte sie mit einem winzigen Opernglas studiert, ich hatte mich an den aufwendig erzählten biblischen Szenen und Geschichten gar nicht sattsehen können.

Am dritten Tag meines Aufenthalts war ich in der Kirche San Salvador vor einem Bild der Begegnung des auferstandenen Christus mit einigen seiner Jünger bei Emmaus einem Kunsthistoriker begegnet, der sich auf einem eigens mitgebrachten Hocker stundenlang vor dem Bild plaziert hatte, er hatte mir einige von der Wissenschaft diskutierte Theorien über das Bild erläutert, und ich hatte ihn wegen seiner Passion und all der Zeit, die er sich nahm, um ein einziges Bild genau zu verstehen, sehr beneidet. Ich konnte mir gut vorstellen, auf solche Weise monatelang in Venedig zu bleiben, während der zehn Tage meines Aufenthaltes war ich sogar mehrmals Menschen begegnet, die das normale Zeitgefühl verloren und sich über Wochen und Monate venezianischen Zeitrhythmen hingegeben hatten.

Auf meinem Weg durch den Bahnhof wurde mein Koffer mir lästig, ich brachte ihn in einem Schließfach unter und fragte dann an einem Zeitungsstand nach der neusten Ausgabe von *Il Gazzettino*. Man sagte mir, dass jeden Tag genau drei Exemplare geliefert würden, in etwa einer Stunde wären sie zu bekommen, ich bat darum, mir eine Nummer zurückzulegen, und bezahlte, um sie ganz sicher zu erhalten, schon im Voraus.

Dann schlenderte ich durch den offenen Restaurantbereich mit den kleinen Theken, ich blieb an einer mit typisch bayrischen Speisen hängen und schaute zu, wie man mir von einem leicht schimmernden, angebräunten Laib Leberkäse ein Stück abschnitt und es in eine aufgeschnittene Semmel drückte. Ich rahmte die gesamte Kante der Scheibe mit einem breiten Streifen Senf und bestellte ein kleines Bier, an dem ich dann nippte, als wäre es eine exquisite, seltene Köstlichkeit.

In Venedig hatte ich kein einziges Mal Bier getrunken, ich hatte mir nicht vorstellen können, dass Bier in Venedig überhaupt schmeckte, hier aber, in München, spürte ich es mit seiner metallenen Kälte beinahe wie einen exotischen Sekt auf der Zunge, sein bitterer Sprudel löschte sofort meinen Durst und passte genau zu dem leicht salzigen Leberkäse, dessen glatte mattrosa Fläche von vielen rötlichen Punkten durchsetzt war, die ihn als durchsichtige, fette Pigmente wie einen porösen Hautlappen aussehen ließen. Ich betrachtete all die auf dem Grill bereitliegenden Würste, diese bayrische Theke war eine einzige Variation blutroter, an den Rändern in ein verschmiertes Rembrandt-Braun übergehender Töne und mit ihren Schnitzeln und Haxen ein fast dramatisch erscheinendes Metzger-Stillleben.

Ich hätte gern ein Foto von all dem gemacht, wahrscheinlich fiel es mir als Besonderheit auch nur auf, weil es in Venedig solche offenen Wurst- und Fleisch-Stände mit Bergen von Gegrilltem nicht gab. Als ich aufschaute, wurde dieses mögliche Foto aber gleich von einem anderen Bild verdrängt, es war das Bild des jetzt zur Ruhe gekommenen Bahnhofs, in den das Sonnenlicht von beiden Seiten so hell hineinflutete, dass ich zu blinzeln begann.

Genau in diesem Moment erkannte ich Peter, ich sah ihn mit seinen entschiedenen, staksigen Schritten quer durch die Halle gehen, seinen properen, schwarzen Aktenkoffer hielt er wie ein Trauer-Utensil fest in der Rechten, während er laufend hinauf zu der Tafel mit den Abfahrtszeiten der Züge schaute. He, Peter, Compagnon, setz dich doch zu mir!, hätte ich am liebsten gerufen, um ihn von seinen festen Bahnen abzubringen, dann aber musste ich lachen, weil mich seine Bewegungen an die der irritierten Büro-Menschen in Filmen von Jacques Tati erinnerten.

Ich lachte nicht laut, ich kicherte eher wie einer, der sich im Stillen amüsiert, vor mich hin, das schien aber schon zu genügen, um aufzufallen, jedenfalls fragte mich jemand zu meiner Rechten, was es zu lachen gebe. Ich drehte mich um und erkannte eine Frau etwa in meinem Alter, die ebenfalls eine Semmel mit Leberkäse verzehrte, sie hatte einen eleganten, prallvollen Koffer neben ihrem Hocker geparkt und trug einen langen, fast bis zum Boden reichenden Mantel, der jetzt vorne weit offen stand.

Kennen Sie Filme von Jacques Tati?, fragte ich, ich wurde eben an eine Szene in einem seiner Filme erinnert. Sie lächelte, ja, sie kannte Filme von Jacques Tati, sie begann, einige Titel zu nennen, und ich vervollständigte die Liste, so kam unser Gespräch in Gang.

Sie war auf dem Weg nach Köln, um dort ihren Ex-Mann zu besuchen, sie hatte eine Tochter wie ich, lebte aber – anders als ich – nicht mehr mit ihr zusammen, sie erkundigte sich ausführlich nach Venedig und einem Hotel für einen möglichen Aufenthalt, und ich erzählte ihr, dass ich eine kleine Wohnung gemietet hatte, ein *Appartamento* mit Wohn-, Schlafzimmer, Bad und kleiner Küche, sehr bequem, geradezu ideal gelegen.

Wir tauschten unsere Telefonnummern aus, nach ihrer Rückkehr aus Köln wollte sie mich anrufen, um alle Details wegen einer Anmietung der Wohnung zu erfragen, es ist eine Wohnung für genau zwei Personen, sagte ich, und sie schaute einen Moment länger zurück, als wollte sie überprüfen, ob ich der richtige Begleiter für einen solchen Aufenthalt wäre. Dann aber musste sie gehen, ich stand mit ihr auf und begleitete sie noch die wenigen Schritte zum Zug, ich gab ihr die Hand und musste mich meiner guten, beinahe beschwingten Laune wegen fast zurückhalten, ihr keinen Abschiedskuss zu geben.

Als sie verschwunden war, spürte ich für einen Moment eine traurig machende Enttäuschung, die sich mit den Bildern der venezianischen Wohnung verband, mit dem steinernen, kühlen Treppenhaus, in dem mir niemals ein einziger Mensch begegnet war, mit dem süßlichen Tabakgeruch nach Öffnen der schweren Etagen-Tür, mit dem Blick aus dem Fenster des Schlafzimmers in das Rechteck eines von hohen Ziegelmauern umfassten Gartens, in dem nur manchmal zwei Katzen wie graue, kunstvoll zusammengedrehte Wollknäuel im dünnen Sonnendunst schlummerten.

Um mich von diesen Erinnerungen abzubringen, ging ich den Weg zurück in die Halle, als wäre ich zum zweiten Mal angekommen, diesmal zögerte ich auch nicht länger, sondern ging bis zum Haupteingang weiter, wo ich einige Schritte hinaustrat, ins Freie, in die Nähe der langen Taxi-Schlangen unter den leichten Dächern des Vorbaus. Taxis waren also in genügender Zahl vorhanden, ich konnte sofort einsteigen, und als wollte ich mich nun nicht mehr länger versäumen, griff ich nach dem Handy und wählte Lisas Nummer.

Sie meldete sich erst nach einer Weile, ihre Befragung stand noch immer bevor, sie geben sich hier nicht die geringste Mühe, die Sache schnell abzuwickeln, sagte sie. Ich riet ihr zur Geduld und sagte, dass ich nun ein Taxi nach Hause nehmen werde, ist gut, antwortete sie, dann sehen wir uns zu Haus, ich werde zu Mittag etwas kochen.

Ich steckte das Handy wieder in meine Manteltasche, steuerte aber, als ich die Bahnhofshalle von Neuem betrat, nicht zielstrebig auf die Schließfächer zu, sondern ging noch einmal am Zeitungsstand vorbei, um die bereits bezahlte Nummer von *Il Gazzettino* abzuholen. Sie war nun wirklich zur Hand, der Verkäufer übergab sie mir mit einem breiten, triumphierenden Lächeln, als habe er sich persönlich um diese Zustellung verdient gemacht.

Der Erhalt der Zeitung verbesserte aber auch meine eigene Laune, ich konnte mir nicht vorstellen, dieses so geduldig und hartnäckig erworbene Gut gleich wieder wegzupacken oder gar später in meiner Wohnung zu lesen, nein, *Il Gazzettino* wollte sofort gelesen werden, hier im Bahnhof, bei einem Glas Prosecco.

Wie von einem leichten Übermut gepackt, steuerte ich wieder den Restaurantbereich an, natürlich gab es dort auch eine Theke mit italienischen Getränken und Speisen, ich bestellte einen Prosecco und schaute einen Moment zu, wie bereits die Mahlzeiten für den Mittagstisch vorbereitet wurden, große Platten mit in Olivenöl gedünstetem Gemüse wurden in den Vitrinen postiert, glitzernde Fischfiletstreifen mit Zitrone beträufelt, Lagen geviertelter, mit kleinen Thymian- und Rosmarinzweigen belegter Kartoffeln in einen Ofen geschoben.

Ich schlug die Stadtnachrichten von *Il Gazzettino* auf, ich ging sie in der gewohnten Manier durch und trank dazu meinen Prosecco, auch in Venedig hatte ich nach den morgendlichen Stunden des Fußwegs kurz vor dem Mittagessen ein kleines Glas Wein oder einen frischen Prosecco getrunken, ich dachte an die kleine Bar im Erdgeschoss des Hauses, in dem sich meine Wohnung befand, jetzt, vor dem Essen, füllte sich der niedrige Raum mit der dunklen Holztheke rasch und immer wieder neu, die meisten Gäste kamen nur herein, um ein einziges Glas zu trinken und ein kurzes Gespräch zu führen, dann verschwanden sie wieder, als genügten solche minimalen Mengen, um auf Touren zu kommen.

Auch ich hatte plötzlich das Bedürfnis, mit jemandem zu sprechen, und so rief ich Martha an, Martha, meine Ex-Frau, dachte ich etwas spöttisch, denn seit einiger Zeit hatte ich diesen Begriff sehr häufig gehört, anscheinend war es Mode geworden, sich mit dem Ex-Mann oder der Ex-Frau zu treffen, solche Treffen hatten, wie Bekannte mir erläutert hatten, etwas Entspannendes und Besänftigendes, die alten Konflikte und Reibereien waren vergessen, stattdessen konnte man sich dem anderen wieder anvertrauen, niemand wusste schließlich so genau über einen Bescheid.

Martha meldete sich gleich, schon ihrem Tonfall entnahm ich, wie beschäftigt sie war, seit unserer Trennung arbeitete sie manchmal bis in die späten Abendstunden in einem Verlag. Ich begann, ihr von Venedig zu erzählen, aber ich bemerkte schnell, dass es sie nicht interessierte, sie hörte anscheinend nicht einmal richtig zu und fragte erst recht nicht nach, sondern erwiderte meine Sätze nur mit einem regelmäßigen Brummen, um wenigstens irgendeinen Laut von sich zu geben.

Ich ließ mich davon aber nicht beeindrucken, sondern erzählte von meiner einsamen, glücklichen Stunde hoch oben im Glockenturm des alten Torcello inmitten der venezianischen Lagune, ich sprach vom Vibrieren des Lichts auf den gewundenen, schmalen Kanälen, die sich wie Fühler durchs Land tasteten, von den violett getönten Teppichflächen der Salzwiesen und den in sich zusammengebrochenen alten Hütten und Unterständen der Fischer, überall Asymmetrien, sagte ich, als müsste ich abheben zu einem Fazit, da aber hörte ich Martha sagen, ja, dort unten ist es recht schön.

Ich erschrak über den dummen, gleichgültigen Satz, es kam mir so vor, als hätte ich ihr von einem fernen Nebel- oder Märchen-Reich erzählt, das sie sich nicht vorstellen konnte, erinnerst Du dich nicht mehr an den alten Glockenturm von Torcello, fragte ich nach, doch, antwortete sie und, etwas leiser, dochdoch. Ich konnte dieses nur noch hingeseufzte Dochdoch nicht ertragen, es vernichtete meine ganze Erzählung und machte sie zu einem reizlosen Andenkenbildchen, gut, sagte ich und versuchte, nicht ausfällig zu werden, ich merke, du hast viel zu tun, ich melde mich demnächst mal wieder. Ja, tu das, sagte sie rasch, und entschuldige, dass ich dir so schlecht zuhören kann, ich bin gerade wirklich mit einer verteufelt komplizierten Sache beschäftigt.

Verteufelt kompliziert, murmelte ich nach dem Telefonat vor mich hin, alle meine Bekannten waren anscheinend mit verteufelt komplizierten Sachen beschäftigt, ich aber saß hier in der Mittagsstille des Münchener Bahnhofs, um in grundlos guter Laune zu beobachten, wie im hinteren Teil des Restaurantbereichs die Tische gedeckt wurden.

Weiße Tischdecken, frisch gestärkt, sagte ich und dachte daran, mich auch fein zu machen, ich sollte mich fein machen, sagte ich sogar laut, der Kellner hinter der Theke hielt das jedoch für einen Scherz und grinste kurz. Kann man hier im Bahnhof eigentlich duschen und sich etwas auffrischen?, fragte ich ihn, er schaute mich kurz prüfend an, dann nickte er und erklärte mir knapp und trocken, wo ich eine Duschgelegenheit finden könne.

Keine zehn Minuten später stand ich unter einem tellergroßen Brausekopf, aus dem das Wasser wie ein lauer, dichter Frühlingsregen schoss und meinen Schädel massierte, minutenlang schloss ich die Augen, das Höhenbild im Glockenturm von Torcello war wieder sehr hell und intensiv da, die grünbraunen Flächen und Inseln in der Lagune erschienen vor den hellblauen Wasserfarben, die sich in der Ferne zu einem flirrenden Weißfilm verdichteten.

Nach dem Abstieg aus dem Turm hatte ich mich auch wirklich für einige Zeit zu Fuß auf den Weg gemacht, ich war den schmalen Tretpfaden durch brachliegende Lagunenflächen gefolgt, irgendwann aber war es nicht mehr weitergegangen, ich hätte Schuhe und Strümpfe ausziehen müssen, um durch grauen Schlick und grüne, an Entengrütze erinnernde Sumpflachen zu wandern. Ich hatte mich später gefragt, was ich in diesen Gegenden eigentlich gesucht hatte, für einen Augenblick hatte ich an eine schöne, einsame Wüste gedacht, in der sich die eigene Spur bald verlieren würde.

Ich trocknete mich mit dem großen, weißen Laken ab, das man mir am Eingang zu den Duschen und Bädern gereicht hatte, ich kämmte und rasierte mich vor einem meterbreiten, die ganze Wand des Vorraums vom Boden bis zur Decke füllenden Spiegel, packte die getragene Wäsche in meinen Koffer und zog frische an, jetzt fühlte ich mich vital und hellwach, in dieser Verfassung war ich genau der Richtige, um an den weißen, frisch eingedeckten Tischen oben im Restaurantbereich Platz zu nehmen.

Ich bezahlte und stieg aus den etwas entlegenen Kellerräumen wieder hinauf ans Licht, ich nahm den Stadtplan von Venedig aus meinem Koffer und verstaute den Koffer erneut in einem Schließfach, ich setzte mich, nur den Stadtplan und die aktuelle Ausgabe von *Il Gazzettino* in Händen, an einen freien Ecktisch im hinteren, von den kleinen Theken abgetrennten Restaurantbereich, griff zur Speisekarte und bestellte wenig später Seezungenstreifen mit kleinen, lange im Ofen geschmorten Kartoffeln, dazu ein Glas Weißwein aus dem Friaul.

Rechtzeitig bevor das Essen serviert wurde, rief ich Lisa ein zweites Mal an, sie war gerade auf dem Weg nach Hause, stell dir vor, ich habe Peter hier im Bahnhof getroffen, log ich, wir essen zusammen zu Mittag und gehen schon einmal die Projekte durch, die in meiner Abwesenheit liegengeblieben sind. Ach, Mensch, rief Lisa etwas empört, ich hatte mich so auf unser Essen gefreut, am Abend habe ich nämlich keine Zeit, ich übernachte bei Georg in Murnau. Tja, sagte ich leise, während mein Herz einen leichten Sprung tat, dann wird es wohl noch etwas dauern, bis wir uns sehen, mach es gut und grüß Georg von mir.

Ich schaltete das Handy aus, niemand sollte mich heute noch stören, ich befand mich längst in ganz anderen Zonen, auf geheimen Wegen zu den weißen Inseln der Zeit. Ich faltete den Stadtplan von Venedig auseinander und breitete ihn auf dem Tisch aus, nach dem Mittagessen hatte ich meist einen Vaporetto bestiegen und mich eine Stunde lang irgendwohin fahren lassen, ich hatte vorne, im Freien, gesessen, um den Atmosphären und Umgebungen möglichst nahe zu sein. Ich fuhr mit dem Finger die Anlegestationen des Canal Grande einmal ganz entlang, dann schaute ich auf und versuchte, sie mir in der richtigen Reihenfolge vorzustellen, ich dachte darüber nach, welche Stationen mir wegen des Namens oder ihrer Lage am besten gefielen, dann versuchte ich mich auch an den Stationen der anderen Linien, die den Canal Grande nicht weiter berührten.

Als das Essen serviert wurde, ließ ich den Stadtplan geöffnet liegen, ich bat den Kellner, den Teller und das Glas Weißwein ruhig daraufzustellen, dann zerteilte ich die von etwas zerlassener Butter umschäumten Seezungenstreifen in kleine Stücke und aß sie dann langsam, auch in Venedig hatte ich mittags nur eine kleine Mahlzeit verzehrt, ein Stück Fisch, etwas Gemüse, nie mehr.

Ich kostete den Fisch, ich trank einen Schluck Wein – so verbrachte ich einige Zeit, indem ich während des Essens mit meinen Blicken den Stadtraum Venedigs durchstreifte, ich saß an einem Tisch im Münchener Hauptbahnhof und war doch unterwegs in Venedig. Schließlich bestellte ich eine große Flasche Wasser und leerte gierig rasch hintereinander mehrere Gläser, nach der Mahlzeit schob ich dann den Stuhl etwas vom Tisch zurück, zog die Karte wie eine bunte Decke nahe an mich heran und ließ meinen Erinnerungen und Träumen endlich freien Lauf, lautlos schwamm ich durch die feinen, auf der Karte nur angedeuteten Seitenarme des großen Canal, ich verfing mich im Netz dieser Stadt, es war früher Nachmittag, aber hier, in der weiten Bahnhofshalle, floss das Sonnenlicht jetzt zu beiden Seiten hinab und ließ nur noch den letzten goldenen Zucker der Spiegelungen in einigen Fenstern und Scheiben zurück.

Ich hatte mir einen doppelten schwarzen Kaffee bestellt und begonnen, nun auch die längeren Artikel in *Il Gazzettino* zu lesen, als ich bei einem kurzen Aufblicken plötzlich in der Ferne Lisa erkannte. Ihr Anblick durchfuhr mich so sehr, dass ich mit einem kräftigen Ruck aufstand, der aufgeschlagene Stadtplan rutschte zu Boden, ich ließ ihn aber vorerst liegen und machte einige Schritte nach vorn in die jetzt längst wieder mit den herumeilenden Scharen der Heimreisenden gefüllte Bahnhofshalle.

Lisa hatte sich anscheinend wieder einmal verspätet, sie tippelte mit geschickten kleinen Schritten um die ihr im Weg stehenden Gruppen herum, ich hätte, um sie einzuholen, hinter ihr herlaufen müssen, aber ich erstarrte, es ist zu spät, dachte ich und wusste gleichzeitig, als wäre ich nach langer Suche endlich bei meinem Ziel angekommen, dass ich damit nicht die konkrete, reale Minute und Jetzt-Zeit meinte, in der ich ihr nur hinterherblicken konnte, sondern die ganze lange Zeit, die ich bisher hier verbracht hatte und noch weiter verbringen würde, bis in die tiefe Nacht.

Ich schaute nach draußen, draußen begann es schon langsam zu dämmern, und noch weiter draußen, im immer näher rückenden Süden, würden die weißen Inseln der Lagune bald in der dunklen, schlierigen Tinte der Nacht versinken, und Schwärme von

Vögeln würden lautlos aufsteigen, um ihre Ruheplätze bis zum frühen Morgen woanders zu suchen.

Ich ging langsam zu meinem Tisch zurück, ich hob den Stadtplan vom Boden auf und faltete ihn zusammen, ich trank den Kaffee aus, dann zahlte ich und begann einen kleinen Rundgang durch den Bahnhof. Ich wollte mir eine Fahrkarte kaufen und mich mit Büchern und etwas Reiseproviant versorgen, ich wollte mich einstimmen auf meine Rückreise, die, wie ich jetzt wusste, bereits am Morgen heimlich und langsam begonnen hatte und mich in kaum vier Stunden im Nachtzug nach Venedig zurückführen würde.

Die Ankunft in Sizilien

Rom und Venedig waren die ersten längeren Stationen meiner Italienaufenthalte. Schließlich kam noch Sizilien hinzu, das ich mehrmals wochenlang mit einem Leihwagen durchfahren habe. Oft bin ich in einer Stadt (etwa in Palermo oder Catania oder Syrakus) hängengeblieben, um sie genauer kennenzulernen. Überall hatte ich es dort nicht nur mit den italienischen Kulturen zu tun, sondern mit vielen mittelmeerischen zugleich, die diese Insel geprägt und ihre bunte Vielfalt gestaltet haben.

Meine Neugierde auf Sizilien war dadurch eine ganz besondere. Ich wollte wissen, was »das Sizilianische« ausmachte, woraus es sich zusammensetzte, wie die noch immer lebendigen Rituale der Glaubens- und Lebensformen entstanden waren und was sie bedeuteten.

Ein Ergebnis dieser Fragen zeigt sich in meinem Sizilienroman Das Kind, das nicht fragte in der Gestalt des Ethnologen Benjamin Merz, der sich lange in der kleinen sizilianischen Ortschaft Mandlica aufhält, um eine Studie über das Fühlen und Denken ihrer Bewohner zu schreiben. Sizilianer sind für ihn rätselhafte und sehr »eigene« Menschen, deren Verhalten man erst allmählich versteht und deren Zuneigung man nur sehr langsam gewinnt.

Das erste Kapitel des Romans erzählt von der Landung des Erzählers in Catania. Er ist von den Düften und Aromen der Insel vom ersten Moment an hingerissen – sie sind der atmosphärische Teil des Zaubers, den er gleich zu spüren meint. Genau diesen Zau-

ber möchte er erforschen – und gerät dabei auf Abwege, die ihn
weit von der Ethnologie entfernen und (letztlich) zum Erzähler und
Romanschriftsteller machen.

So gesehen, erzählt Das Kind, das nicht fragte von einer wunder-
baren Verwandlung: Aus einem peniblen Forscher wird der Erzäh-
ler einer Symbiose mit der Insel, deren Bewohner ihm am Ende ein
Bleiberecht zuerkennen.

An einem sonnigen Aprilmorgen komme ich mit dem Flugzeug
in Catania an. Wie schon so oft bin ich der letzte Fluggast, der das
Flugzeug verlässt. Ich habe beim Anflug auf die Stadt in der Ferne
den Ätna entdeckt, und das Bild des breit hingelagerten Vulkans
mit seinen deutlich erkennbaren Rauchspuren und dem kegel-
förmigen Schneegipfel fesselt mich so, dass ich ihn von meinem
Fensterplatz aus fotografiere. Zwei Stewardessen sind schließlich bei mir und bitten mich, das Flugzeug zu verlassen, sie sind
freundlich und höflich, aber ich merke ihnen an, dass sie über
meine Langsamkeit leicht verstimmt sind.

Ich nicke nur, obwohl mir die Frage auf der Zunge liegt, warum
denn eine solche Eile geboten ist. Schließlich ist jedem Fluggast
doch klar, dass man in einer scheußlichen Wartehalle lange auf die
Koffer und das Gepäck warten wird. Warum kann ich dann aber
nicht noch einen kleinen Moment im Flugzeug verweilen und die
Schönheit des Ätna bewundern, anstatt ein rotierendes Laufband
anzustarren?

Das sind einfache Fragen, die vielleicht sogar zu jenen seltenen
Fragen gehören, über die man länger nachdenken könnte. Ich

stelle diese Fragen jedoch nicht, ich habe Hemmungen. Auch als ich mein Handgepäck geordnet und den Weg zum Ausgang gefunden habe, frage ich nicht nach, obwohl mir lauter Fragen zu dem Thema, was die beiden Stewardessen mit dem weiteren Tag anstellen werden, auf der Zunge liegen: Zurück nach Deutschland fliegen? In Catania übernachten? Dort irgendwo (aber wo und vor allem mit wem?) einen schönen Abend verbringen?

Ich mag Stewardessen, ich sehe in ihnen weniger attraktive als mütterliche Gestalten, die den still und steif dasitzenden Fluggästen etwas Nahrung in die geöffneten Vogelmünder träufeln und stopfen, ich sehe sie als große, langbeinige Vögel, die sich über die Vogelnester zu beiden Seiten des schmalen Laufstegs hermachen und sie laufend beäugen. Gerne wäre ich mit einer von ihnen einmal einen Abend zusammen und würde sie alles fragen, was ich mir in meinen Flugjahren an Fragen für sie notiert habe. Doch leider – ich schweige, meine Hemmungen sind zu stark, und so nicke ich nur blöde auf ihren Abschiedsgruß hin und greife schweigend nach einer der sizilianischen Begrüßungsorangen, die sie den Fluggästen beim Verlassen des Flugzeugs in einem Korb hinhalten.

Als ich die Orange zu fassen bekomme, bemerke ich sofort, dass sie aus Marzipan ist, ich habe zu stark zugegriffen und dadurch das Marzipan etwas gedrückt und gequetscht. Und so lege ich die aus der Form geratene Süßigkeit wieder in den Korb zurück und nicke den beiden etwas angewidert dreinblickenden Stewardessen erneut zu. Es ist eine Szene wie in einem Loriot-Sketch, sie werden dich jetzt für einen Verrückten halten, der Loriot-Sketche im richtigen Leben nachspielt, denke ich noch und werde bei diesem Gedanken so verlegen, dass ich, um meine Verlegenheit wegzulächeln, laut *Arrivederci!* sage. Auf Wiedersehen!, antworten die beiden Stewardessen da beinahe unisono, und die dezidiert deutschsprachige Antwort macht mich noch unsicherer, so dass ich zum dritten Mal nicke und dann mit meinem verzerrten Lächeln die Gangway hinabtrotte.

An den Fingern meiner rechten Hand klebt aber noch etwas Marzipan, ich versuche, es unauffällig am Geländer abzustreifen, da sehe ich, dass mir eine der beiden Stewardessen hinterherläuft und mir eine Serviette reicht. Wir stehen dicht nebeneinander auf einer mittleren Stufe der Gangway und sorgen uns gemeinsam um meine verklebten Finger, es muss ein seltsames, irritierendes Bild sein, jedenfalls starren uns die anderen Fluggäste aus dem Innern des wartenden Busses so entsetzt an, als wäre gerade ein großes Unglück passiert. Um der Sache ein Ende zu machen, nehme ich die Serviette in die rechte Hand und schlinge sie dann geschickt wie einen Verband um meine Finger, die Stewardess schaut mir etwas besorgt hinterher, doch ich schaffe es dann wirklich, den Boden Siziliens ohne weitere Komplikationen zu betreten.

Jetzt erst spüre ich die angenehme Wärme, die weiche Frühlingswärme Siziliens, dichte, niemals schwüle, sondern vom Meerwind gesiebt wirkende Luft, eine Luft voller Aromen, ein Duft von Orangen, Zitronen und Kräutern. Ich kenne diesen Geruch schon von meinen früheren Aufenthalten her, doch ich bin sofort wieder überrascht und gebannt. Kein mir bekanntes Land verströmt einen solchen Duft, er ist einzigartig, und er erinnert mich an die Bilder der südlich des Ätna gelegenen großen Orangenhaine, in denen ich einmal eine Nacht im Freien verbracht habe, um den

Düften der Früchte ganz nahe zu sein. Ich bleibe also stehen und atme diese herrliche Luft ein, als die auf der Gangway stehende Stewardess mir erneut hinterherkommt. Anscheinend nimmt sie an, dass es mir nicht gut geht oder dass sonst irgendetwas mit mir nicht stimmt, jedenfalls fragt sie mich genau das: ob es mir nicht gut gehe und ob sie mir helfen könne. Da weiß ich sofort, dass es mir nun aus dem Stand heraus gelingen wird, endlich eine Frage zu platzieren, es ist eine richtige Erlösung, denn schließlich habe ich schon die ganze Zeit etwas fragen wollen und es doch nicht geschafft. Riechen Sie auch diese herrliche Luft? frage ich also und bin etwas stolz auf diese sich direkt aus der Situation ergebende Frage.

Es kommt jedoch nicht zu einer Antwort, denn die Stewardess wendet sich sofort, als machte ich nur einen Scherz, von mir ab und trippelt die Gangway so auffallend schnell wieder nach oben, als wollte sie mir ihre Verstimmung nun deutlich zeigen. Ich schaue ihr nach, als der Busfahrer hupt, und so betrete ich mit einer nicht beantworteten Frage den Bus, wo ich meine Frage gleich der nächstbesten Mitreisenden erneut stelle: Riechen Sie auch diese herrliche Luft? Anstatt auf diese Frage einzugehen und sie endlich mit einer Antwort zu würdigen, antwortet die Mitreisende aber nur: haben Sie sich die Finger verbrannt oder was?, was mich sofort wieder schweigen lässt, worauf die Mitreisende sagt: Sie sollten die Finger mit Wasser kühlen. Was soll ich? Wovon ist denn überhaupt die Rede? Ich presse die Finger in der Serviette zusammen und verstumme, ich muss schlucken, es geht mir nun wirklich nicht gut, meine gut platzierte Frage wird von aller Welt ignoriert, was mir zeigt, dass diese Frage eben doch nicht so gut platziert ist, wie ich gedacht habe. Der Bus fährt los, ich lasse meine rechte Hand sinken und die Serviette zwischen den dicht gedrängt stehenden Mitreisenden auf den Boden fallen. Dann aber trete ich unauffällig darauf und zerstampfe sie mit beiden Füßen, bis ich sie – weiter vollkommen unauffällig und heimlich – in kleinste Teile zerrupft und vernichtet habe.

Im Innern des Flughafengebäudes stehen wir dann alle, genau wie ich befürchtet habe, um das unsäglich langsam rotierende Laufband herum und warten auf unsere Koffer und das Gepäck. Ich setze mich an den Rand der weiträumigen Halle, hole meinen Notizblock hervor und notiere: Riechen Sie auch diese herrliche Luft? – Ja, Sie haben recht, jetzt rieche ich sie auch. – Orangen? Zitronen? Was meinen Sie? – Ja, Orangen, Zitronen und vielleicht etwas Minze oder Melisse, jedenfalls etwas Grünes, Kühles.

In guten Dialogen reiht sich ganz selbstverständlich und weiterführend Frage an Frage, und die Antworten fordern immer neue Fragen heraus und verwandeln sich selbst wieder in Fragen. Das Fragen und Antworten ist in guten Dialogen eine Lust und ein Fest, doch man muss von dieser Kunst etwas verstehen, um sie als Lust und Fest zu erleben. Ich glaube davon viel zu verstehen, ich bin eine Art Fachmann für diese Kunst, und es ist mir gelungen, daraus sogar meinen Beruf zu machen.

Von Beruf bin ich nämlich Ethnologe, ich befrage Menschen fremder Kulturen und ziehe aus diesen Fragen meine Schlüsse. Nun bin ich auf Sizilien gelandet, um einer solchen Forschungsarbeit nachzugehen. Ich werde ein paar Monate auf der Insel bleiben, um nichts anderes zu tun, als Fragen zu stellen und Antworten in Fragen zu verwandeln. Wenn das gelingt, beginnt eine vorher noch weitgehend stumme oder verschwiegene Menschengegend mit einem Mal zu reden. So etwas ist wie ein Zauber. Alte und junge Menschen, Menschen jeder Herkunft und jedes Geschlechts, antworten und fragen selbst etwas und sprechen und reden und beginnen vielleicht sogar zu erzählen. Einige Male ist mir das bereits ansatzweise gelungen, ja, es ist mir gelungen, das Schweigen in Reden zu verwandeln, und ich habe Bücher über die Erzählungen aus der Fremde geschrieben, erfolgreiche und nicht nur von meinen Fachkollegen, sondern weit über eine so begrenzte Leserschaft hinaus gelesene Bücher.

Die Stadt der Dolci soll mein nächstes Buch heißen; ich habe diesen Titel im Kopf, halte ihn aber noch geheim. Der Titel spielt auf den sizilianischen Ort an, in dem ich meine Forschungsarbeiten durchführen will. Es ist ein Ort, der in der Welt der Süßigkeiten und Desserts, für die es im Italienischen den schönen, klingenden Namen *Dolci* gibt, sehr bekannt und berühmt ist. Fast alle Familien dieses Ortes sind nämlich in irgendeiner Weise mit der Herstellung solcher Dolci beschäftigt, mit Schokolade und Marzipan, mit Eis und Gebäck, mit Kuchen, Bonbons und dunkelfarbigem Fruchtsirup, den man über zerstoßenes Eis gießt. Um gute Fragen zu stellen, habe ich über diese geheim gehaltenen Künste viel gelesen, doch geht es mir nicht in erster Linie darum, über diese von Generation zu Generation vererbten Geheimnisse mehr zu erfahren. Mein eigentliches Ziel ist es vielmehr, die Einwohner dieses Ortes so zum Sprechen zu bringen, dass ich von den noch tiefer liegenden Geheimnissen des Ortes etwas erfahre. Diese Geheimnisse betreffen das innerste Leben und Fühlen der Menschen und die Art und Weise, wie sie auf den Tiefenschichten dieser Geheimnisse ihr Leben und ihre Welt eingerichtet haben. Stufe für

Stufe will ich fragend bis zu diesen Schichten hin vordringen, und beginnen werde ich diese Tiefenbohrungen mit ein paar wenigen, sehr einfachen Fragen: Leben Sie gerne hier? Wo halten Sie sich am liebsten auf? Warum hier, im kleineren Café auf der Piazza – und nicht drüben, im größeren?

Ein Gang durch Mandlica

Auch Benjamin Merz ist ein leidenschaftlicher Fußgänger, der die Ortschaft Mandlica tagelang durchwandert, um ihre Zeichensprachen genauer zu verstehen. Während dieser Wege sammelt er erste Fragen, macht Notizen und erstellt so ein Programm für seine späteren ausführlichen Befragungen bestimmter Bewohner.

Ich biege auf die Hauptstraße des Dorfes ein und erkenne sofort, dass die mittägliche Siesta vorbei ist. Einige Männer trudeln gerade draußen vor dem kleinen Café ein, das sich unterhalb der Pension an einer Straßenkreuzung befindet. Als sie mich bemerken, blicken sie alle zugleich, ohne ein Wort zu sagen, hinter mir her. Vielleicht wissen sie bereits etwas über mich, vielleicht haben sich längst Gerüchte über meine Person und mein Vorhaben verbreitet.

Ich gehe langsam die breite Straße entlang und lasse den Verkehr, der gerade wieder einsetzt, an mir vorbeigleiten. Die jungen Burschen sitzen zu zweit in ihren angeschredderten Autos und taxieren mich, in den kleinen Läden sind noch keine Kunden zu sehen, die Verkäuferinnen sitzen tief drinnen in diesen chicen Verliesen und telefonieren. Ich lasse mir Zeit, ich werde all diese Wege mehrmals und zu den verschiedensten Tageszeiten gehen, um ein

Gefühl für die Zeitabläufe in diesem Ort zu bekommen. Wohin bewegen sich die Menschen, wo treffen sie in kleineren oder größeren Gruppen aufeinander? Gibt es zentrale Punkte, an denen sie sich immer wieder begegnen, um sich auszutauschen?

Daneben aber will ich auch herausfinden, wo ich mich selbst wohlfühle, denn für meine Arbeit brauche ich solche Wohlfühlpunkte ganz unbedingt. Habe ich solche Räume nach einigen Tagen noch nicht gefunden, kann ich das ganze Projekt vergessen. Wohlfühlpunkte sind Orte, an denen ich mich häufig aufhalte und zur Ruhe komme. Meist üben sie eine geheime Anziehung auf mich aus, deren Ursache mir erst nach einiger Zeit klar wird. Ich nehme Platz, ich schaue mich um – und alles stimmt, wie durch Zauberei.

Es gibt große, von begeisterten Touristenscharen durchwanderte Städte, in denen ich niemals solche Räume für mich entdecke, und es gibt kleine, auf den ersten Blick unbedeutende Dörfer, in denen ich mich bei jedem Aufenthalt mehr zu Hause fühle. Wohlfühlpunkte sind Räume einer zweiten Heimat, sie haben mit den Jahren ein geheimes Netz entstehen lassen, in dem jeder Punkt mit den anderen in einer intensiven, aber undurchsichtigen Beziehung steht.

Jetzt, während meines ersten Rundgangs, ist es nicht klug, hier und da einzukehren, um einen Kaffee zu trinken oder eine Zeitung zu kaufen. Ich muss in Bewegung bleiben, ich muss diese Hauptstraße, die sich wie ein Reif um den Stadthügel schlingt, mehrmals abgehen, ich muss genau hinschauen und die sich rasch verändernden Atmosphären studieren.

Auf der weiten Piazza vor dem Dom stehen Trauben von schwarz gekleideten, älteren Frauen, die wie die älteren Männer vorhin im Café schweigen, als sie mich bemerken. Ich gehe an ihnen vorbei und betrete den leicht stickigen, lauwarmen Innenraum des großen Kirchengebäudes. Ein Bettengeruch, ein Geruch von alten Gewändern und Vorhängen! In den Seitenschiffen stehen weitere Gruppen von Frauen, jetzt aber sind auch viele jüngere darunter. Sie reden heftig und laut, sie stehen an kleinen Ständen und blättern in bunten Broschüren. Was regt sie so auf? Und warum sind sie in so großer Zahl in diesen Kirchenraum eingefallen, in dem es doch zu dieser Tageszeit keinen Gottesdienst gibt?

Ich tue, als schaute ich mir die Altarbilder der kleinen Altäre in den Seitenschiffen an, doch anders als draußen vor der Kirche blicken die Frauen hier nicht hinter mir her. Sie beachten mich nicht, sie sprechen nicht einmal leiser, als ich dicht an ihnen vorbeigehe. Warum also ist das Verhalten der Frauen draußen und das der Frauen hier drinnen derart verschieden? Was lässt sie einmal schweigen und das andere Mal so tun, als sei ich gar nicht vorhanden?

Ich setze mich für einen Moment in eine Kirchenbank und nehme ein x-beliebiges Buch aus meinem Rucksack. Ich blättere darin herum und schaue dann immer wieder hinauf zur barocken Kassettendecke des Hauptschiffs, die dem ganzen Kirchenraum etwas von einem gewaltigen Schlafzimmer verleiht. Ich hole meinen Notizblock hervor und notiere: Im Dom. Ein Betten- und Schlafzimmerambiente. Die schweigenden Frauen draußen, die redenden Frauen hier drinnen. Ich verstehe nicht, was sie verhandeln, es scheint etwas von äußerster Wichtigkeit zu sein.

In dem, was ich da gerade notiere, werde ich später vielleicht erste Forschungsthemen erkennen: Die Frauen von Mandlica! Die Räume, in denen sie sich bewegen! Die Gespräche, die sie in diesen Räumen führen!

Ich blicke mich vorsichtig um, wahrhaftig hält sich kein einziger Mann in diesem großen Kirchenschiff auf. Die lauten Stimmen der Frauen klirren wie überdrehte Stimmen aus einem uralten Radio, mal bilden sie dunkle, nachhallende Cluster, dann zerfallen sie wieder in kurze Arien, Stoßgebete und Litaneien. Keine von all diesen Frauen aber blickt zu mir, es ist, als hätten sie sich hinter die Schallmauern ihrer starken Stimmen zurückgezogen.

Vor dem Dom sind jetzt beinahe alle Frauen verschwunden, nur noch ein paar letzte Nachzüglerinnen stehen zu zweit oder zu dritt zusammen und staunen mich wieder an. Ich tue so, als bemerkte ich sie nicht, ich gehe langsam weiter, an dem in üppigem Grün schimmernden Parkgelände vorbei, in dem jetzt Scharen von Kindern spielen. Die jungen Mädchen, die sie betreuen und ihr Spiel beobachten, sind zu jung, um ihre Mütter zu sein, anscheinend sind es ältere Geschwister oder Kindermädchen, man sieht ihnen jedenfalls an, dass sie nicht bei der Sache sind und sich am liebsten sofort wieder davonmachen würden. Manche von ihnen schauen minutenlang nur auf ihre Handys, als spielten sich dort die eigentlichen Dramen des Lebens ab, andere unterhalten sich leise und lachen immer wieder auf, als falle ihnen mühelos ein guter Scherz nach dem andern ein. Als ich den Park betrete und hinüber zu dem großen Brunnen in seiner Mitte schlendere, bewegen sie sich unwillkürlich von mir weg.

Auch in diesem Park ist kein einziger Mann unterwegs, anscheinend betrete ich auch hier ein Terrain der Frauen, das so dreist und unvermittelt höchstens ein Fremder betritt. Reflexartig setze ich mich wie in der Kirche auf eine Bank und hole erneut meinen Notizblock hervor: Die noch sehr jungen Frauen im Park. Auch hier eine streng geschlossene Zone. Keine von ihnen hält sich in der Nähe des kleinen Kiosks auf, an dem es Zeitungen, Süßigkeiten und Eis zu kaufen gibt. Sie tun so, als kämen sie nie auf die Idee, dort etwas zu kaufen. Wer also kauft überhaupt etwas an diesem Kiosk, was ist, verdammt noch mal, mit diesem Kiosk los? Ich bin etwas gereizt, weil sich gleich bei meinem ersten Rundgang so viele Fragen ergeben, auf die ich keine Antwort weiß. Niemand hier kommt mir auf irgendeine Weise entgegen, niemand geht auf mich zu, begrüßt mich, unterhält sich mit mir, fragt, woher ich komme oder was mich hierhergeführt hat. Ich rede mir gut zu und befehle mir, nicht ungeduldig zu werden und meinen Weg einfach fortzusetzen. Setzen Sie Ihren Weg bitte fort, sage ich laut, und die sehr jungen Frauen drehen sich plötzlich alle nach mir um, als wäre ich ihnen zu nahe getreten oder hätte ihnen ein unsittliches Angebot gemacht.

Ich gehe weiter, ich verlasse den Park wieder und lenke mich damit ab, dass ich die Farben der zu beiden Seiten der Straße sich dicht nebeneinander hinziehenden, niedrigen Häuser studiere. Die auf der linken, zum Meer hin gelegenen Seite sind meist dunkelblau, während die auf der rechten Seite meist einen fahlen, von der Sonne gebleichten Ockerton haben. Die Tür- und Fensterrahmen sind oft weiß gestrichen, und jedes Haus hat im ersten Stock einen kleinen Balkon, auf dem ein paar Blumen und ein einzelner Stuhl stehen. Jetzt ist doch die beste Zeit, dort zu sitzen und das

Treiben auf der Straße zu beobachten! Warum sitzt dann aber auf all diesen Balkonen kein einziger Mensch? Und warum sind die Balkontüren andererseits doch überall weit geöffnet, als säßen die Bewohner gleich dahinter, im Innern?

Je länger ich umhergehe, umso mehr Fragen ergeben sich. Ich komme kaum noch dazu, sie mir alle zu merken, ich muss mich unbedingt irgendwo hinsetzen, um sie in Ruhe und detailliert zu notieren. Wohin aber soll ich gehen? Ich mag mich nicht in die Cafés setzen, in denen die älteren Männer den Ton angeben und Stunden bei einem Glas Wasser zubringen. Ich mag aber auch nicht die schnieken kleinen Eissalons aufsuchen, in denen jetzt die Schüler herumlümmeln und sich die neusten Computerspiele vorführen. Die Restaurants wiederum öffnen erst später, gegen acht Uhr, und so etwas wie eine Wein- oder Bierstube, in der man bei einem guten Glas etwas Zeit verbringen könnte, gibt es in dieser Stadt nicht.

Vor lauter Ratlosigkeit bleibe ich schließlich stehen. Weil ich von der Reise sehr müde bin, nerven mich jetzt der Verkehr und all dieses Treiben, das mir nur Rätsel aufgibt. Das Dorf scheint jetzt beinahe übervölkert, und vor den berühmten und in vielen Reiseführern erwähnten Pasticcerien stehen große Gruppen von Menschen, die sich irgendeine Süßigkeit gekauft haben, um sie draußen, auf der Straße, in Gesellschaft zu verzehren. Ich könnte mir all das genauer anschauen, ich könnte die Pasticcerien betreten und erkunden, welche Süßigkeiten favorisiert und immer wieder gekauft werden. Ich bin jedoch einfach zu müde, und so beschließe ich, den ersten Forschungsrundgang zu beenden und ohne weitere Überlegungen in meine Pensionszimmer zurückzukehren.

Als ich die Tür meiner kleinen Wohnung öffne, höre ich mich laut sagen:

– *Na bitte, endlich sind wir wieder zu Hause! Warum nicht gleich so?*

Ich erschrecke ein wenig und schließe die Tür hinter mir zu, als wäre ein Verfolger hinter mir her. Ich ziehe den Schlüssel ab und lege ihn auf meinen Arbeitstisch. Die Farbe des Meeres hat sich seit dem frühen Nachmittag stark verändert. Es schimmert jetzt an vielen Stellen dunkelblau, als wären hier und da dicke Tintenblasen aufgebrochen oder als hätte ein gewaltiger Fisch sein Revier markiert.

Ich spüre Durst und einen starken Hunger, weiß aber gleich, dass ich nicht mehr nach draußen gehen werde. Mein Versuch, irgendwo einen passenden Wohlfühl-Unterschlupf oder zumindest eine erste Anlaufstation zu finden, ist gescheitert. Ich werde an diesem Abend nur noch Leitungswasser mit Zitronensirup trinken, und ich werde irgendeinen langweiligen Forschungsbericht lesen, um möglichst schnell einzuschlafen und nichts mehr zu hören oder zu sehen.

Das Leben in Mandlica

Mit der Zeit findet Benjamin Merz, der Erzähler meines Romans Das Kind, das nicht fragte, *zu einem festen Stunden- und Tagesrhythmus. Er hat sich in Mandlica eingerichtet, schließt die ersten Freundschaften und begreift allmählich, dass er zum Geschichtensammler wird.*

Inzwischen habe ich mir das Leben hier eingerichtet und verbringe die Tage in einer durchaus wohltuenden Gleichförmigkeit. Die aber ist unbedingt notwendig, damit ich mit meinen Forschungen vorankomme. Ich brauche an jedem Tag, und das ist immer schon so gewesen, ein gewisses unveränderliches Korsett von Aktionen, das die Grundlagen für ein bestimmtes Pensum an täglicher Arbeit schafft.

Gegen acht Uhr frühstücke ich dann meist allein unten im Innenhof der Pension. Während des Frühstücks ist Maria beinahe immer in meiner Nähe. Natürlich setzt sie sich nicht an meinen Tisch oder an einen der anderen Tische, nein, das nicht, sie sorgt aber dafür, dass sie immer etwas zu tun hat, so dass es auch immer etwas zu berichten gibt. Im Grunde spricht sie aber gar nicht mit mir, sondern eher mit sich selbst, und ich bekomme auf diese Weise nebenbei mit, was an dem jeweiligen Tag in der Pension alles so ansteht:

– Heute sollen zwei Engländer kommen, liebe Leute, wenn
man den Stimmen am Telefon glaubt. Der Mann spricht
ein wenig Italienisch, und die Frau, die niemals telefoniert,
denkt wohl, sie könne es besser, und korrigiert ihn aus dem
Hintergrund. Meistens sind beide Versionen grammati-
kalisch komplett falsch, aber ich finde es rührend, wie sie
sich bemühen, und tue so, als wäre alles perfekt. Ich werde
ihnen Zimmer sieben geben, denn sie wollen kein Doppelbett und auch kein Letto matrimoniale, sondern zwei
einzeln stehende Betten, der Mann sagt, zumindest nachts
bräuchten sie etwas Raum zwischen sich, ich habe geantwortet: Warum ausgerechnet nachts? Darauf hat er nichts
zu sagen gewusst, sondern nur dreimal »oh, hallo!« gesagt,
als hätte ich einen deftigen, schottischen Witz gemacht.

Natürlich denke ich darüber nach, warum Maria so erzählt, wie sie
erzählt, was steckt dahinter?, frage ich mich, und ich frage mich
auch, ob sie dieses Reden nur mir oder auch anderen gegenüber
so lebhaft hinbekommt. Das Reden fließt nur so aus ihr heraus,
wie ein sanfter Strom leicht abgeführten und nicht allzu konzen-
trierten Urins, der gleich wieder im trockenen Boden versickert.
In keinem Moment wartet sie darauf, dass auch ich etwas sage
oder sonstwie reagiere, sie spricht schubweise, und die Schübe lassen sie dann ohne Unterbrechung sprechen.

Ihre Auftritte stören mich aber nicht im Geringsten. Ich finde
es gut, während des Frühstücks etwas Sprachmusik um mich zu
haben, das ist allemal besser als die sogenannte *Popmusikpisse*,
wie einer unserer bedeutendsten Ethnologen die gängige Hintergrundmusik in Flugzeugen oder Frühstücksräumen einmal tref-

fend benannt hat. Neben der angenehm belebenden Klanglichkeit hat Marias Sprachmusik auch den Nebeneffekt, dass ich den neusten Tratsch mitbekomme und von Menschen oder Neuigkeiten im Ort erfahre, von denen ich zuvor noch nie gehört habe:

- Heute kommt gegen elf der Bäcker, darf ich nicht vergessen, muss ich drandenken. Sie haben irgendeine neue Sorte von Mandelgebäck mit Ingwer kreiert, ich bin gespannt, ob es wirklich was taugt.

Gegen neun Uhr verlasse ich die Pension, und wenig später stecke ich mittendrin in der Arbeit. Im Augenblick beschäftige ich mich noch mit Alberto, den ich weiter ausführlich befrage, ich gehe aber alle zwei Tage auch für ein, zwei Stunden ins Stadtarchiv, um dort nach Quellen zur Stadtgeschichte und nach aufschlussreichen Details zum Thema Sitten und Gebräuche der Einheimischen zu forschen.

Gegen dreizehn Uhr esse ich zu Mittag, wobei ich an jedem Tag immer dieselbe kleine Trattoria aufsuche, die mir Alberto empfohlen hat. Diese Empfehlung ist ein großes Glück, denn ich kann mir kaum vorstellen, irgendwo eine bessere und für mich geeignetere Mahlzeit zu bekommen. Die Trattoria besteht aus einem einzigen, nicht allzu großen Speiseraum mit einer langen Glasfront zur Straße hin. Es gibt lauter Vierer-Tische mit karierten Decken, und an der Wand gegenüber der Glasfront hängt eine Schiefertafel, auf die der Wirt die Speisen des Tages mit Kreide notiert hat. Er ist bereits etwas älter und betreibt die Trattoria zusammen mit seiner Frau, er bedient, sie kocht, und manchmal taucht sie ebenfalls aus der Küche im Speiseraum auf, und dann stehen sie beide nebeneinander stumm hinter der Theke und beobachten, wie ihren Gästen das Essen schmeckt. Es ist ein sehr einfaches, aber gutes Essen, Gemüsesuppe mit Gemüse aus dem Garten der beiden, ein paar dünne Scheiben Braten und dazu geschmorte Kartoffeln, ein Obstsalat oder ein Sorbet als Dessert und dazu natürlich ein Quarto Weißwein, etwas Wasser und später der obligatorische starke Kaffee. Die meisten Gäste kommen allein und sind nicht selten Männer auf Durchreise, die einige Tage in Mandlica zu tun haben. Sie setzen sich an einen Tisch, falten die mitgebrachte Tageszeitung auseinander und lesen, während sie essen, ein paar Artikel. Ich tue es ihnen inzwischen nach, obwohl ich das Lesen von Zeitungsartikeln während des Essens eigentlich eine Unsitte finde. In diesem Fall aber begehe ich diese Unsitte, weil ich mich so in die Phalanx einer männlichen Typenreihe einordne: Mann zwischen dreißig und vierzig, allein und in Geschäften auf Reisen, beim Genuss der mittäglichen Mahlzeit. Meist bin ich der letzte Gast, der noch in der Trattoria sitzt und etwas liest oder notiert. Warum und was ich notiere, hat sich inzwischen herumgesprochen, so dass Mario, der Wirt der Trattoria, manchmal zu mir kommt und mir ohne jede Aufforderung zuflüstert, wen er heute und gerade eben noch zu Gast hatte: Das war Signor Volpi, früher war er Direktor unseres Gymnasiums, heute hat er eine hohe Stelle in Palermo, in irgendeiner Kommission des Erziehungssektors, glaube ich. Er ist unverheiratet, aber bei den Frauen – wie soll ich sagen? – ist er sehr erfolgreich. Er ist ein feiner, zurückhaltender Mensch, mit einer unglaublich leisen Stimme. Irgendwas an den Stimmbändern, irgendeine Kindheitsgeschichte. Er kommt alle paar Wochen hierher, um – na, Sie dürfen raten, warum er hierher nach Mandlica kommt! Richtig, um seine alte, fast neunzigjährige Mutter zu besuchen.

Nach dem Mittagessen gehe ich in meine Zimmer unter dem Dach der Pension zurück und ruhe mich ein wenig (höchstens aber eine halbe Stunde) auf dem breiten Bett aus, dessen Breite ich oft als stummen Vorwurf empfinde. Schon immer fand ich es durch und durch beschämend, eine Hotelnacht allein in einem Doppelzimmer oder in einem Zimmer mit einem besonders bequemen oder auffälligen Doppelbett zu verbringen. Manchmal war meine innere Unruhe dann sogar so groß, dass ich eine kleine Flasche Sekt aus der Minibar holte und den Inhalt auf zwei Sektgläser verteilte. Ich tat so, als sei ich mit Begleitung unterwegs, ich sprach sogar etwas vor mich hin und begann eine Unterhaltung, musste mir aber schließlich eingestehen, dass meine Phantasie nicht einmal ausreichte, mir eine entsprechende Begleitung auch konkret vorzustellen. Mit wem wäre ich denn gern unterwegs gewesen? Gewiss nicht mit einer der bekannten TV- oder Vorzeigefrauen, deren Lebensgeschichten in den entsprechenden Internet-Portalen von Hunderten unruhiger Voyeure neidvoll diskutiert wurden. Gewiss aber auch nicht mit irgendeiner insgeheim Angebeteten, nach deren Präsenz ich mich ununterbrochen gesehnt hätte. Nichts da, es gab solche entrückten Frauen, denen ich mich gerne zu Füßen geworfen hätte, nicht, selbst die Gegenwart einer Marilyn Monroe hätte mir wenig zugesagt, zumal ich mich um eine Marilyn Monroe ununterbrochen hätte kümmern müssen. Der stumme Vorwurf, der von breiten Hotel- oder pompösen Doppelbetten ausging, betraf also weniger die Tatsache, dass ich allein unterwegs war, als eher die Unfähigkeit meiner Phantasie, mir eine Frau vorzustellen, mit der ich gerne unterwegs gewesen wäre. (Brillant, das haben wir nun auch für immer geklärt ...)

Die Nachmittage vergehen meist mit den vielen Schreib- und Abschreibarbeiten, für die ich an den Vormittagen Stoff und Material gesammelt habe. Vier bis fünf Stunden benötige ich für dieses unermüdliche Schreiben, das nur durch einen kurzen Gang in den Ort unterbrochen wird. Ich habe mir angewöhnt, während dieses Rundgangs eine der vielen Pasticcerien von Mandlica aufzusuchen, um dort jeweils eine kleine Süßigkeit zusammen mit einem entsprechenden Nachmittagsgetränk zu kosten. Ich sagte bereits, dass Mandlica vor allem von diesen Pasticcerien, Cafés und Dolci-Tempeln lebt, beinahe die gesamten finanziellen Erträge des Ortes haben mit diesen Luxusstätten und ihren Nebenbetrieben zu tun. Nachmittags arbeite ich mich den zentralen Corso der Stadt entlang und suche jeweils einen dieser Lustplätze auf, manchmal nehme ich auch nur ein einziges Getränk zu mir, denn eine Tasse Schokolade zum Beispiel ist in Mandlica nicht nur eine Tasse Schokolade, sondern fast schon eine kleine Mahlzeit. Die Schokolade ruht nämlich, sphinxähnlich verschlossen und mit der dunklen Patina einer beinahe lederähnlichen Haut überzogen, in einer großen Tasse, die man nicht austrinkt, sondern mit einem silbernen Löffel leert und am Ende auskratzt. Dabei taucht der Löffel in die Schokolade ein wie in eine Mousse und stößt erst auf ihrem Grund zu etwas leicht Flüssigem vor, das wie eine feurige Lava scharf und bittersüß zugleich ist. Ich erkundige mich immer wieder danach, wie man eine solche Lava herstellt und woraus sie besteht, niemand antwortet mir aber darauf mit der Angabe von konkreten Details, sondern eher mit so ausweichenden Bemerkungen wie der, dass der flüssige Schokoladensud der schwarze Ätna genannt werde. Und woraus ist Euer schwarzer Ätna gemacht? frage ich nach und erhalte die Antwort: Jeder macht ihn anders, und keiner weiß, wie ihn der andere macht.

Die Dolci, die ich am Nachmittag verzehre, sind meist so mächtig, dass ich am Abend keinen Appetit mehr habe. Ich esse also nur noch etwas Obst und gehe gegen acht oder neun Uhr hinaus ins Freie. Beinahe jeden Abend nehme ich eine der breiten Freitreppen hinunter zum Hafen und setze mich dann für eine Weile in eine der vielen Bars, die das große Hafengelände säumen. Ich lese, oder ich schaue zu, wie sich allmählich all die Jugendlichen auf ihren Motorrädern einfinden, die schon bald den Ort verlassen werden, weil sie in ihm keine Arbeit mehr finden. Das Nachtleben der Stadt findet hier unten am Hafen statt, und es dauert meist bis zum Morgengrauen. Als Erstes werden die Bars geflutet, und es wird ausgiebig und laut getrunken. Dann, gegen zehn Uhr, verteilen sich alle in die Fischrestaurants an der Küste, die vor einigen Jahren noch recht armselige Holzbuden gewesen sein müssen. Inzwischen aber haben ihre Besitzer die Erlaubnis erhalten, sie aus- oder umzubauen, und so sind daraus weiträumige Esssäle geworden, in denen um Mitternacht oft Hunderte von Menschen nichts anderes essen als Fisch. Ein einziges Mal habe ich mich bisher getraut, an einer solchen nächtlichen Orgie teilzunehmen. Ich habe mich an einen Einzeltisch unter all die Familien und Freundeskreise gesetzt, die immer ausgelassener und fröhlicher werden und dabei kaum einen Tropfen Alkohol trinken. Die Kellner taten so, als würden sie mich übersehen, ich musste sie immer wieder um dieses oder jenes bitten, und am Ende wäre ich am liebsten verschwunden, ohne zu bezahlen, denn im Grunde hatten sie mich weder versorgt noch bedient, sondern eher wie Luft behandelt.

Weit mehr Vergnügen macht es, die Nacht über im Hafengelände spazieren zu gehen. In den Bars lese ich Zeitung und bekomme ganz nebenbei viele Geschichten mit, und manchmal sitze ich bis kurz nach Mitternacht auch nur bewegungslos auf einer der lang gestreckten Molen, die sich weit hinaus ins Meer erstrecken. Gern würde ich in einer solchen Nacht einmal mit einem Boot hinausfahren. Und mittlerweile wüsste ich auch sehr genau, mit wem ich das gerne tun würde.

Herrgott, wohin ist Paula denn nur verschwunden? Und habe ich mich geirrt, als ich annahm, dass unser Gespräch ihr ebenso gefallen haben könnte wie mir?

Die Geschichten der Einheimischen

Wie aber verlaufen die Befragungen der Bewohner von Mandlica durch Benjamin Merz genau? Schon bald hat er verstanden, dass ein zentrales Thema in der Ortschaft die Herstellung und der Verkauf sizilianischer Dolci ist. Überall gibt es Konditoreien, die solche Süßigkeiten nach geheimen Familienrezepten anfertigen und vertreiben.

Immer häufiger stößt Benjamin Merz auf dieses Thema, zum Beispiel, wenn er von den Einheimischen zu einer gemeinsamen Mahlzeit eingeladen wird. Er nutzt solche Gelegenheiten, um von ihnen so viel zu erfahren wie nur irgend möglich. Durch ihr Erzählen kommen sie ihm näher, und er begreift, dass diese Geschichten nicht den Fragen eines Ethnologen, sondern denen eines Mannes zu verdanken sind, der dabei ist, wie ein Schriftsteller zu handeln und zu leben.

Während der familiären Mittagessen, zu denen ich jetzt zweimal in jeder Woche eingeladen werde, spricht beinahe ausschließlich die mittlere Generation. Es ist jener Teil der Großfamilie, der am härtesten arbeitet, mindestens zwölf Stunden täglich. Der Vater und seine (meist sehr schweigsamen) Söhne stellen die Dolci her und leiten das angeschlossene Café. Mutter und Töchter helfen, so gut es geht, in ihren freien Stunden. Die Mutter sitzt an der Kasse, die Töchter leiten den Service. Gegen zwölf Uhr mittags verschwindet die Mutter, um das Mittagessen für die gesamte Familie zu kochen. Die Großeltern tauchen dann und wann in den Betrieben auf, helfen manchmal auch aus, kümmern sich sonst aber um das wichtige Thema Konversation mit den Kunden. Gäste und Besucher wollen gut unterhalten sein und haben viele Fragen.

Bei Tisch sitzen die Großeltern jeweils am Kopf des Tisches. Die Speisen werden ihnen zuerst gereicht und wandern dann langsam (über die Enkel) zur Mitte des Tisches, wo sich wiederum Mutter und Vater gegenübersitzen. Die Großeltern sagen kaum etwas. Wenn sie aber sprechen, stellen sie etwas klar, ergänzen etwas oder erweitern ein Thema um einen kleinen Akzent. Die zentrale Rede führt das Elternpaar der mittleren Generation, und zwar durchaus gleichmäßig verteilt auf den weiblichen und männlichen Part. (Es gibt auch Männer, die eher wortkarg oder sogar schweigsam sind, dann sprechen die Frauen umso mehr. Umgekehrt ist das fast nie der Fall.)

Das offizielle Reden von Mann und Frau hört sich an, als bestünde es aus immer denselben Bruchstücken, die, jedes Mal leicht variiert, in einen öffentlichen (und das heißt: vertrauten, aber dennoch fremd bleibenden) Raum hineingesprochen werden. Die anderen Mitglieder der Familie kennen diesen Text bereits, sie haben ihn wohl schon Hunderte Male gehört. Es handelt sich um einen Text, der die offizielle Version dessen darstellt, was eine Familie von sich berichten und preisgeben will. Ein solches Reden ist von der Familienrede streng zu unterscheiden.

Die Familienrede besteht aus den Gesprächen, die eine Familie nur dann führt, wenn keine Fremden im Raum sind. Im Rahmen der Familienrede werden die entscheidenden Dinge besprochen, die Beziehungen verankert, die Abhängigkeiten fundamentiert. Sie ist daher vertraulich, denn sie kreist um die Familiengeheimnisse, die niemals nach außen dringen dürfen, selbst nicht zu entfernten Verwandten. Wer die Familienrede alles zu hören bekommt, ist von vornherein klar geregelt. Heiratet ein Fremder in eine Familie ein, wird er auf diese Rede eingeschworen. Verletzt er die Absprache und kommuniziert er etwas nach außen, wird er verstoßen und gehört nicht mehr zur Familie (selbst wenn er noch weiter am Familientisch sitzt).

Familientische sind Tische am Stück. Sie werden in Mandlica in drei Schreinereien eigens für jede Familie nach ihren besonderen Vorgaben hergestellt. Die größten Familientische können etwa vierzig bis fünfzig Personen Platz bieten.

Was sind eigentlich Familiengeheimnisse? Woraus bestehen sie? Ich stelle Ricarda Chiaretta, der über achtzigjährigen Patronin der Familie Chiaretta, während eines Gesprächs unter vier Augen genau diese Frage.

– Die Herstellung der Dolci ist das wichtigste Familiengeheimnis, antwortet Ricarda. Jede Familie stellt die Dolci, die sie verkauft, auf eigene, unverwechselbare Weise her. In meiner Familie kennen nur drei Menschen das Geheimnis unserer Dolci. An Jüngere wird es nie weitergegeben, sie erfahren es erst, wenn die Ältesten gestorben sind.
– Wurden solche streng gehüteten Rezepte schon einmal verraten? frage ich nach.

– Ich weiß davon nur in einem einzigen Fall, antwortet Ricarda. Ein Eingeheirateter wollte sich bereichern und die verratenen Rezepte zur Grundlage einer eigenen Dolci-Produktion machen. Angeblich wollte er seine Dolci bis nach Japan oder sogar China vertreiben.

– Was ist daraus geworden?

– Nichts, er arbeitet heute als Strandwächter.

Auf Marias Empfehlung hin besuche ich an einem frühen Abend das hoch gelegene Kastell. Es ist gut restauriert, aber so leer geräumt, dass es wie ein Architekturmodell wirkt. Es gibt einen Hauptturm, von dem aus der Blick weit hinaus auf das Meer, die angrenzenden Hügel und Hochebenen geht. Seltsamerweise stehen ausgerechnet auf der Aussichtsplattform dieses Turms zwei Stühle, die den älteren Besuchern der Anlage eine Möglichkeit zum Verschnaufen bieten. Als ich selbst aber die beiden Stühle wahrnehme, verstehe ich sie sofort als einen unfreiwilligen, versteckten Hinweis darauf, dass ich auch auf dem Gelände des Kastells Befragungen durchführen könnte. Befragungen zum Beispiel mit Menschen, die nicht gesehen werden wollen. Ich denke an Personen, die mir etwas anvertrauen, und ich denke an jüngere Frauen, die sich abends aus dem Haus stehlen, um mit mir zu sprechen. Gibt es solche Frauen? Maria behauptet, dass die jüngeren Frauen des Ortes über nichts anderes miteinander reden als darüber, wie sie mit mir ins Gespräch kommen und von mir befragt werden könnten. Ein solches Gespräch allein mit einem Mann zu führen wäre auch heutzutage nicht ganz ungefährlich. Vor einigen Jahren galt eine junge Frau, die so etwas tat, noch als entehrt. Maria behauptet aber, sie könne solche Gespräche sofort vermitteln, ich brauche bloß einen entsprechenden Wunsch zu äußern.

Seit ich davon weiß, schaue ich mich während der familiären Mittagessen in den Dolci-Kreisen der Stadt besonders nach den jüngeren Frauen um. Mit welcher sollte ich reden? Und was sollte ich sie fragen?

Ich frage Ricarda Chiaretta während unserer dritten Befragung, was die älteren und jüngeren Frauen an den Nachmittagen in die Kirche des Ortes treibt.

- Wir gehen nachmittags in die Kirche, um uns dort zu treffen und miteinander zu unterhalten. Allein umherzugehen gehört sich nicht, und in ein Café oder eine Bar dürfen wir uns selbst zu zweit oder zu dritt nicht setzen. Das Sitzen draußen im Freien ist nämlich noch immer den Männern vorbehalten. Die aber sitzen dort stundenlang, und es ist vollkommen gleichgültig, mit wie vielen anderen Männern sie dort sitzen. Auch das Alleinsitzen ist für einen Mann nichts Außergewöhnliches, ja, er legt manchmal sogar Wert darauf, als einer gesehen zu werden, der allein auf einem möglichst alten Stuhl sitzt und nichts anderes tut als über zwei Stunden an einem Glas Wasser zu nippen. Auf diese Weise beweist er, dass er ein Mann ist, dem es gut geht und der es sich leisten kann, zwei Stunden lang nichts anderes zu tun. Zwei Stunden bei einem Glas Wasser sind Zeichen einer höheren Lebensart, mit der ein Mann zeigt, dass er über den Dingen steht, sich nicht mehr in die alltäglichen Probleme einmischt und seinen eigenen Gedankengängen nachgeht. Viele Männer halten das für aristokratisch.
- Worüber unterhaltet Ihr Frauen Euch in der Kirche?

– Über alles. Wir erzählen uns den ganzen Tratsch der Welt
und der Tage. Leider können wir dabei nicht sitzen, denn
wohin sollten wir uns auch setzen? Sich in die Kirchen-
bänke zu setzen und dann drauofloszuerzählen, das gehört
sich nicht. Also bleiben wir stundenlang stehen und reden.
Oft nehmen wir sogar die kleinen Enkelinnen mit in die
Kirche und beschäftigen sie dort. Sie dürfen Kerzen anzün-
den und das Weihwasser nachfüllen und die Blumen in den
Vasen austauschen. In vielen Enkelinnen wächst dadurch
eine erstaunliche Liebe zum Kirchenraum. Wenn sie älter
werden und die Kirchen seltener und schließlich gar nicht
mehr besuchen, steckt in ihnen doch noch immer die Liebe
zu Kirchenräumen. Kommen sie dann aus der weiten Welt
einmal wieder hierher und sind hier für ein paar Wochen
zu Besuch, gehen sie ganz selbstverständlich auch wieder in
die Kirche. Viele nimmt das dann so mit, dass sie zu weinen
anfangen. Es ist aber kein verzweifeltes, hartes Weinen, sondern ein ergriffenes, sanftes, ja, es ist ein schönes Weinen.
– Schönes Weinen? Ist diese Formulierung von Ihnen, Ricarda, oder nennen es auch die anderen Frauen so?
– Auch die anderen Frauen nennen es so, wir sprechen gar
nicht so selten von einem schönen Weinen. Es ist eine
sizilianische Formulierung, ja, so eine Formulierung gibt
es nur auf Sizilien. Wir sprechen davon, wenn Menschen
plötzlich von etwas ergriffen sind und dann die Fassung
verlieren. Etwas Schönes, das sie vergessen oder nicht mehr
bemerkt haben, überwältigt sie. Der Glaube hat viel Schönes, das die Menschen in der Kindheit noch genau kennen,
dann aber vergessen. Stoßen sie durch einen Zufall darauf,
sind sie erschüttert und weinen das schöne Weinen.

- Haben Sie selbst auch oft so geweint?
- Nein, ich habe den Glauben nie verloren oder vergessen. Ich habe viele Male allein und für mich geweint, aber es war kein Weinen wegen Sachen des Glaubens.
- Warum haben Sie dann geweint, Ricarda?
- Ich möchte darüber nicht sprechen.
- Sie haben geweint, weil Sie oft allein waren und Ihnen niemand mehr zugehört hat, wenn Sie etwas erzählen wollten.
- Ja, ich möchte darüber aber nicht sprechen.
- Sie haben geweint, als Sie bemerkten, dass Ihre Enkelin Pia aufgehört hat zu singen. Ihre Enkelin Pia hat sehr schön gesungen, im Kirchenchor, später auch als Solistin des Chores. Alle haben ihre Stimme gemocht, dann aber hat sie plötzlich und ohne dass klar geworden wäre, warum, aufgehört mit dem Singen.
- Woher wissen Sie denn das?! Ich habe nicht darüber mit Ihnen gesprochen.
- Stimmt es denn? Stimmt, was ich sage?
- Ja, es stimmt. Und es stimmt anscheinend auch, was die Leute von Ihnen erzählen.
- Was erzählen Sie, Ricarda?
- Dass Sie vieles wissen, was niemand sonst weiß. Dass Sie geheime Dinge wissen und dass nur Sie diese Dinge wissen. Ist das so? Haben die Leute recht?
- Ich beantworte keine Fragen, Ricarda. Ich habe Ihnen zu Beginn unserer Gespräche gesagt, dass ich keine Fragen beantworte. Das gehört zu den Regeln. Ich bitte Sie um Verständnis.
- Entschuldigen Sie, professore, ich möchte die Regeln ja einhalten und nicht verletzen.

– Gut, dann frage ich zum Schluss noch etwas Wichtiges, das
mit der Kirche zu tun hat. Warum gehen noch immer so
viele Menschen an den Sonntagen zu den Gottesdiensten
in die Kirche? Es wird doch nicht so sein, dass sie es alle
aus lauter Frömmigkeit tun. Ich kann mir das nicht vorstellen. Oder ist es doch so, sind die meisten noch immer sehr
gläubig?

– Natürlich sind sie das nicht, professore. Sie gehen in die
Kirche, weil sie in der Kirche für die Dauer eines Gottes-
dienstes eng zusammen sind. Sie können einander heimlich beobachten, sie können den Blick auf einem anderen Menschen ruhen lassen. Den Blick ruhen lassen – so
nennen wir das. Die jungen Männer können den Blick
auf den jungen Frauen ruhen lassen, sie können sie lange
anschauen, ohne dass es auffällt. Sie gehen einfach in die
letzten Reihen der Kirche, denn die jungen Frauen sitzen
weiter vorne, in den vorderen Reihen. Die jungen Männer
können ihre Blicke schweifen lassen und die junge Frau,
die sie verehren oder sogar lieben, ohne Scheu über fast
eine Stunde betrachten. Ihr Kleid, ihre Haartracht, ihre
Hände, ihre Bewegungen, ihre Strümpfe, ihre Schuhe – die
jungen Frauen überlegen genau und lange, was sie anziehen, wenn sie in die Kirche gehen.

– Und die älteren Frauen? Überlegen die auch lange?

– Aber natürlich. Sie tun es schon aus Gewohnheit, und sie
tun es, lachen Sie jetzt nicht, weil sie sich trotz ihres Alters noch für junge Mädchen halten. Das junge Mädchen
in einem selbst wird man nie los – das ist wieder so eine
sizilianische Redensart, wissen Sie. Auch die älteren Frauen
wünschen sich nichts mehr, als von älteren oder jüngeren

Männern angeschaut und beobachtet zu werden. Sie möchten die Blicke anziehen, sie möchten beachtet und durch die Blicke geehrt werden. Es ist schön, voller Achtung oder sogar Bewunderung angeschaut zu werden. Was gibt es denn Schöneres, professore?

– Die jungen Leute wählen sich also während der Gottesdienste ihre Partner. Und sie tun es zunächst ausschließlich durch Blicke. Stimmt das?

– Ja, das stimmt. Sie tun es zunächst nur durch Blicke, weil sie ja nicht einfach zum anderen hingehen und mit ihm reden können. Hingehen und reden gilt bei uns nicht als anständig. Die jungen Männer müssen also genau überlegen, ob sie es riskieren wollen, mit einer jungen Frau direkter in Kontakt zu kommen. So ein direkter Kontakt durch Sprechen und Reden bedeutet meistens schon viel. Tauchen zwei junge Menschen längere Zeit zusammen in der Öffentlichkeit auf, sind sie oft schon miteinander verlobt. Und eine Verlobung kann man nicht mehr ungeschehen machen.

– Gibt es Verlobte, die das versucht haben? Erinnern Sie sich an solche Paare, Ricarda?

– Ich erinnere mich an Lucio und Paula, professore. Die beiden waren vor Jahrzehnten ja einmal verlobt und haben die Verlobung dann aufgelöst, und Lucio hat dann Paulas Schwester, die Maria, geheiratet. Aber das werden Sie ja längst wissen, Sie wissen ja beinahe alles.

Die Durchdringung der Geschichten

*Schließlich ist Benjamin Merz fähig, seine Erfahrungen und Er-
kenntnisse genauer zu fixieren. Er schreibt einen längeren Bericht
und skizziert, was er vom sizilianischen Leben verstanden zu haben
glaubt.*

*Einen solchen Text hätte er nicht schreiben können, wenn es ihm
nicht auch gelungen wäre, Einblicke in das eher private und intime
Leben der Einheimischen zu erhalten. Dazu verhalf ihm eine Frau,
die schon seit Langem in Sizilien lebte und in die er sich verliebt
hatte. Die Nähe zu ihr hatte gleichsam noch eine engere Verbindung
mit dem Leben der anderen Bekannten und Freunde ermöglicht.*

*Kurz bevor er nach Deutschland zurückreisen will, ist diese Nähe
so stark geworden, dass er sich überlegt, in Sizilien zu bleiben.*

*Auch hier zeigt sich wieder das alte Motiv, das mich ein Leben
lang verfolgt hat. Bei fast jedem Abschied aus Italien habe ich mir
die Frage gestellt, ob es nicht besser und richtiger wäre, einfach zu
bleiben und nur noch für Kurzaufenthalte nach Deutschland zurückzukehren. Bis heute ist das eine offene Frage – und ich bin während jeder Reise in den Süden unsicher, ob ich nicht wirklich mit
dem Bleiben ernst machen werde.*

Nach einer langen, scheinbar ewig währenden Hitzeperiode gibt
es nun die ersten, schweren Gewitter. Sie dauern meist einen hal-

ben Tag und sind so heftig, dass man glaubt, nie zuvor ein Gewitter erlebt zu haben. Kurz bevor sie ausbrechen, regt sich der Wind, pfeift durch die Gassen und wirbelt alles vor sich her, was nicht zwei- oder dreimal befestigt oder angebunden ist. Die Läden der Geschäfte werden rasch geschlossen, die Auslagen draußen im Freien hastig in das Geschäft geräumt, alles duckt sich ins Dunkle weg und verharrt dort für die Zeit des Sturms.

Nach den ersten Gewittern wird es allmählich sogar etwas herbstlich. Die Temperaturen sinken um zehn, fünfzehn Grad, und manchmal hocken oben, am früher noch schwerblauen Himmel, graue, aufgedunsene Wolken, so missmutig und gelangweilt, dass man nicht hinschauen mag. Im Ort breitet sich eine verhaltene Trauer um den verschwundenen Sommer aus, ja sogar eine Sehnsucht nach Hitze (die vor einigen Tagen noch heftig beklagt wurde). Der Herbst bedeutet nicht nur unsicheres, sich laufend veränderndes Wetter, sondern auch Arbeit, viel Arbeit. In den Gärten und auf den Feldern wird jetzt geerntet, und in den hoch an den Steilhängen neben der Stadt gelegenen Weinbergen stehen kleine Menschengruppen und arbeiten sich von einem Weinstock zum anderen vor.

Meine Arbeit kommt ebenfalls sehr gut voran. Ich habe viele Gespräche geführt und bin dabei, die Tonaufnahmen durchzuhören und mir zu ihnen Notizen zu machen. Jedes Gespräch höre ich mindestens fünfmal an, ich achte auf jeden Verweis und jede Kleinigkeit und erstelle kurze Protokolle über die zur Sprache gekommenen Themen. So entstehen Vorfassungen des späteren Buches, für das ich wohl noch viel Zeit brauchen werde, denn noch nie habe ich so komplex und ideenreich gearbeitet. Im Vordergrund meiner jetzigen Untersuchungen stehen mehr als jemals zuvor die Biografien der einzelnen Menschen, während die großen Themen nicht das Hauptgewicht bilden. Aus den Biografien heraus soll also das Buch entstehen und sollen die einzelnen Themen dann weiter verfolgt werden. Dieser Zugang zu meinem Stoff wird sich in der Endfassung spiegeln. In ihr werde ich immer die Geschichten einzelner Menschen erzählen und schließlich auch die größeren Themen in erzählender Form behandeln. (Ich nähere mich den erzählerischen Darstellungsformen der ethnologischen Meister, endlich werde auch ich zum Erzähler.)

Immer wieder verblüfft mich, wie gut die Einwohner von Mandlica das Erzählen beherrschen. Sie können es, als wären sie damit geboren worden, und sie haben nicht die geringste Mühe, verzweigte Sachverhalte konkret und anschaulich darzustellen. Selbst ältere Männer, die im Ort als schweigsam und etwas verstockt gelten, erzählen nach einigen Auflockerungsübungen mit großer Bereitschaft und als wären sie froh, endlich einmal länger sprechen zu dürfen. Genau hierin besteht die Macht meiner Fragen. Sie entlocken den Menschen Details und Geschichten, die sie zuvor nicht loswurden und die sie seit Langem nur für sich behielten. Ich wittere solche Details und Geschichten relativ rasch, und wenn ich auf solche Details und Geschichten (Nebenfiguren, übersehene Verwandte, Sehnsüchte nach bestimmten Erlebniszuständen) gestoßen bin, versuche ich, zu den Erzählzentren vorzudringen.

Bei den Erzählzentren handelt es sich um Urszenen oder Urkonstellationen einer Biografie. Trifft man auf ein derartiges Zentrum, wird der Erzähler unruhig, beredsamer (oder aber plötzlich schweigsamer) als sonst, bricht häufig ab, setzt wieder neu an und zeigt überhaupt eine gewisse Angespanntheit oder Übererregtheit. (Sie rührt daher, dass er noch keine endgültige Fassung seiner Erzählung besitzt. Das Erzählte befindet sich vielmehr noch in einem kruden Rohzustand.) So etwas kann bei der Erwähnung einfachster und scheinbar unauffälliger, ja sogar nichtiger Details geschehen, denn schon ein einziger, winziger Pfirsich, den ein älterer Bruder einmal langsam durchschnitten und geteilt hat, ohne ihn dann wirklich mit dem jüngeren Bruder zu teilen, kann ein Leben vergiftendes Zeichen sein, das sich tief eingebrannt hat. Eingebrannte Details sind Zeichen, die man sich ein Leben lang merkt. In Momenten von Traurigkeit treten sie geradezu inflationär auf und bilden lauter kleine Ketten aus vielen Vorwürfen oder Abneigungen (Typische Redensarten sind dann: Schon immer hat er/sie ... – Seit ich mich erinnern kann, war dies/das ... – etc.).

Natürlich habe ich mich oft gefragt, wodurch das besondere Erzählvermögen der Mandlicaner Bevölkerung entstanden sein mag. Einige einfache Beobachtungen haben mir geholfen, diese schwierige Frage zu beantworten. (Und ich vermute nach einer längeren Unterhaltung mit Paula über genau dieses Thema, dass meine Antworten nicht nur auf Mandlica, sondern auf große Teile Siziliens, ja vielleicht sogar Italiens zutreffen.) Ich habe nämlich beobachtet, dass es in vielen Familien meist immer eine Person gibt, die wie ein Erzählmotor wirkt. Oft steht sie als Erste auf und beginnt dann gleich, die anderen Familienmitglieder, sobald sie auf sind, in ihr fortlaufendes Sprechen einzubeziehen. Schon in den frühsten Morgenstunden geht das los: Der Erzählmotor wird angeworfen und schnurrt dann ohne größere Pausen, bis auch die ruhigeren Familienmitglieder in das Gespräch einsteigen und zu sprechen beginnen.

Dieses frühmorgendliche Sprechen taut die nächtliche Steifheit und Verlegenheit (die in eher nördlichen Ländern wie Deutschland den ganzen Tag mehr oder weniger anhält) rasch auf. Sie wirkt wie ein Morgentraining in Sprache und Eloquenz und ruft allen Familienmitgliedern in Erinnerung, dass der Mensch ein sprechendes und sich darstellendes Wesen ist. Die Hilfsmittel dieses Trainings aber bestehen aus einer jahrtausendealten Rhetorik, und das meint: Es werden bestimmte Stilmittel (wie etwa die Wiederholung, die Aneinanderreihung, die Umdrehung, der Kontrast etc.) eingesetzt, die gute Sprecher, ohne es deutlich zu wissen, von Natur aus und von den frühsten Kinderjahren an beherrschen. Darüber hinaus haben sie seit diesen ersten Jahren ein Reservoir an bestimmten Vokabeln und Begriffen gesammelt, das sie immer neu miteinander kombinieren und Stück für Stück erweitern. So entsteht ein fester Vokabelvorrat, auf den sich ein guter Sprecher verlassen kann. (Einen guten Sprecher zeichnet aus, dass er diesen Vorrat fast täglich abruft, er spricht über die verschiedensten Themen an immer neuen Orten auf meist dieselbe, höchstens leicht variierte Art.)

So muss man sich Mandlica in der Frühe (etwa ab sechs Uhr und damit seit Sonnenaufgang) als einen Ort vorstellen, der zum Sprechen erwacht. In den Wohnhäusern und in den Geschäften wird der Erzählmotor angeworfen, werden Erzählkerzen entzündet und erste Erzählpirouetten gedreht. Das Sprechen schwillt an und beginnt dann zu rauschen, und die verschiedenen Sprecher tauchen langsam ein in die Sprech- und Erzählströme. Dabei kommt es eben nicht darauf an, von sich selbst oder überhaupt von etwas Neuem, höchst Mitteilenswertem zu erzählen. Es wird gesprochen, um sich des Sprechens zu vergewissern, um im Sprechen warm zu werden und dieses Warmwerden auf andere Sprecher zu übertragen: Ah, da liegt ja meine Haarspange, da habe ich sie also gestern hingelegt! – Was du nicht sagst, ich dachte, du hast sie vorgestern verloren? – Vorgestern? Nein, gestern erst habe ich zu dir gesagt, ich könnte sie gerade verloren haben, beim Fahrradfahren. Aber ich wusste nicht genau, wo, ich hatte überhaupt keine Ahnung. – Richtig, du hattest überhaupt keine Ahnung, und jetzt fliegt dir das blöde Ding einfach ruckzuck zurück in die Hände. Du hast Glück. – Ja, heute habe ich Glück, ruckzuck fliegt mir das Ding in die Hände. – Ruckzuck. – Ja, ruckzuck. So sollte es immer sein mit Dingen, die man vermisst: Einfach ruckzuck. – Ja, genau. Neulich habe ich meinen Lippenstift gesucht, stundenlang...

So ein Reden und Gegenreden ist durch und durch rhetorisch. Der Inhalt ist zunächst nichtig, viel wichtiger ist, dass das gegenseitige Reden sich langsam verstärkt und anschwillt. Dabei ist auch von Bedeutung, dass sich die Gesprächspartner nicht laufend widersprechen (wie das in eher nördlichen Ländern beinahe zu einer fatalen, letztlich gesprächshemmenden Mode geworden ist), sondern sich eher in der Rede bestärken. (Widerspruch wird zumeist vorsichtig, als zögernde Frage, als Annäherung oder als Nachfragen artikuliert, während das Bestärken und Zusprechen eine unterstützende, anheizende und aufhellende Funktion hat.)

Gutes miteinander Reden und Sprechen hat dadurch etwas Helles, Klingendes, Freundliches, Verlockendes, manchmal sogar dezidiert Albernes. Es hört sich an wie ein immer flotter, leichter und brillanter werdendes Duett, mit kurzen Rezitativen beiderseits. Die Sprechmusik trällert, windet sich in die Höhe, ruht sich aus in den Tiefen, legt wieder los, holt Luft, wird hektisch und nervös, fast bis zur Besinnungslosigkeit. Diese Hektik und Raschheit lässt sie immer weiter ausholen, als müsste sie die halbe Welt neu erzählen. Bald fallen von allen Seiten schwere Themenbrocken ins Reden, werden unwirsch beiseitegestoßen, rühren sich von selbst wieder, kollern umher und werden schließlich doch noch in Angriff genommen (der Tod eines nahen Menschen, ein Verkehrsunglück, die Taufe der Nichte … – also sowohl negativ wie positiv besetzte, schwerer wiegende Ereignisse).

Irgendwann muss dann aber aus verständlichen, zeitlichen Gründen Schluss gemacht werden. Die Sprecher müssen raus aus ihren Häusern und sich unter andere Sprecher mischen, die ebenfalls am frühen Morgen das große Training des Sprechreigens durchlaufen haben. Günstig ist es, wenn bereits die Straße, die direkt vor dem eigenen Haus liegt, solche anderen Sprecher zum erneuten Gespräch anbietet. Das Sprechen und Reden verlagert sich dann vom Haus hinaus auf die Straße – und wird dort den ganzen Tag über mit neuen Sprechern und in neuen Konstellationen weitergeführt. Der ganze Tag – ein einziges Sprechen mit immer denselben Versatzstücken an immer neuen Orten! (Genau dafür wurden in Italien die Bar, der Tabacchi-Laden, das Lebensmittelgeschäft etc. erfunden, und genau deshalb gibt es in Italien in fast allen Orten und Städten noch immer derart viele kleinere Läden. Es sind Sprechzentren, von denen man sich nicht trennen mag.)

So besteht jeder normale Tag für einen Mandlicaner aus vielen kurzen Duetten und Gesprächen, die sich manchmal auch zu größeren Runden (einem Trio, einem Quartett) hin erweitern. Die Oper ist in Italien (und nirgends sonst) entstanden, weil sie die Umsetzung solcher Gesprächsformen ins Musikalische ist. Als

Kunstform führt sie vor, dass Leben aus Sprechen und Sprechen aus Musik besteht und dass alles Leben nur existiert, insofern es ausgesprochen und besungen wurde. (Selbst im Sterben wird noch gesungen, selbst der tödlich Getroffene bäumt sich noch ein letztes Mal auf, um zu verkünden, dass er gerade tödlich getroffen wurde.)

Jeder Tag führt also die Bewohner Mandlicas zu immer neuen Sprechgesängen zusammen, jeder Tag ist ein Meister der Komposition, ja ein Komponist. Und manchmal, in besonders schönen Momenten, bilden diese Menschen dann sogar einen Chor. Wie etwa nach schweren Gewittern, wenn die Frauen Mandlicas, ohne sich dazu verabredet zu haben, in den Dom strömen, um dort Marienlieder zu singen. Höre ich sie von Weitem, laufe ich jedes Mal auf den Domplatz und zeichne ihre Gesänge auf. (Eine natürliche Scheu verbietet mir, den Dom als Mann zu betreten, die Frauen von Mandlica wollen unter sich bleiben – das spüre ich und habe davor auch Respekt. Es gibt aber kaum Schöneres, als die alten Marienlieder leicht gedämpft auf dem Domplatz zu hören und dabei zu erleben, wie der Regen abzieht, die Dinge wieder Farbe und Geruch annehmen, die Erde noch dampft und die Pfützen im langsam wieder aufstrahlenden Sonnenlicht blinken. Der Chor der Sängerinnen dankt Maria für die Rückkehr des Lichts – genau diesen Eindruck hinterlassen solche Szenen. Großer Film ist auch das, aber auch in diesem Fall interessiert sich wahrscheinlich kein Mensch für mein Drehbuch.)

Und ich?! Wie steht es inzwischen mit meinem Erzählen? Sagen wir es so: Noch nie bin ich an einem Ort derart leicht und effektiv mit anderen Menschen ins Gespräch gekommen. Dadurch ist hier in Mandlica alles anders als sonst. Ich verstecke mich nicht den halben Tag in den Zimmern meiner Pension, und ich sitze längst nicht mehr allein an einem Tisch, um in der Gesellschaft von ein paar Zeitungen oder Büchern einsam zu Abend zu essen. Kaum habe ich die Pension verlassen, strömen Menschen auf mich zu, grüßen mich, beginnen ein zumindest kurzes Gespräch mit mir, erzählen mir etwas. Das alles ist wohltuend, erleichternd und angenehm, und ich habe mich noch in keinem Moment über diese Veränderungen gegenüber meinem bisherigen, extrem scheuen Leben beklagt. Im Grunde könnte es nicht besser und schöner sein: Die Bewohner von Mandlica haben mich eingemeindet, und ich habe eine bestimmte, von ihnen anerkannte Aufgabe übernommen, um ihr Sprechen, Denken und Leben zu dokumentieren.

Andererseits aber bemerke ich (fast schmerzhaft) weiterhin, dass ich in all diesen Situationen, die mein Leben jetzt so bereichern, noch immer der Zuhörer bin. Die Mandlicaner sprechen mit mir, aber sie tun es aus eigenem und meistens konkretem Verlangen heraus. Keiner von ihnen befragt mich, keiner will wissen, wie es mir geht, was ich denke und woraus mein Leben besteht. Ich höre genau zu, mache ein paar Anmerkungen, halte das Gespräch in Gang, kommentiere eine Neuigkeit oder eine Frage, stelle mich für jedes Thema als Gesprächspartner zur Verfügung. (Alles ist ja von Interesse, ja, genau, ein Ethnologe hat das Glück, dass eigentlich alles, was ein Befragter sagt, von Interesse ist.) Ich selbst aber bringe mich in all diesen Unterhaltungen nicht ein. Und so bin ich weiter der fleißige Diener der Forschung, der Mann aus Deutschland, der das Fragen so unglaublich gut beherrscht und der von den Menschen Dinge weiß, die sie selbst oft nicht einmal mehr von sich wissen.

Sollte es aber nicht genau so sein? Besteht eines der stillschweigend eingehaltenen wissenschaftlichen Gebote nicht genau darin, dass der Ethnologe sein eigenes Leben aus dem Spiel der Befragungen heraushält? Natürlich, so soll es sein. Doch es hat noch nie einen Ethnologen von einigem Können gegeben, der sich an eine solche Regel gebunden gefühlt hätte. Im Gegenteil, große Ethnologen wurden vor allem deshalb groß und bedeutend, weil ihren Texten die Beziehung zu ihren Themen anzumerken ist. Letztlich waren es Menschen, die ihre Zurückhaltung und Schüchternheit im Umgang mit der Fremde zunehmend verloren. Genau deshalb gingen sie ja in die Fremde: um dort die sie störenden Eigenschaften ihrer früheren Identität gegen eine neue, von der Fremde begründete und geformte Identität einzutauschen. In der Fremde verwandelten sie sich, blühten auf und spürten die positiven Auswirkungen ihrer Forschungen am eigenen Leib und an der eigenen Seele.

Was nun aber Deutschland betrifft, so habe ich die Kontakte dorthin beinahe vollständig abgebrochen. Ich habe meine Brüder eindringlich gebeten, mich nicht mehr laufend anzurufen, und ich selbst rufe einen von ihnen höchstens einmal pro Woche an. Unsere Gespräche sind kurz und berühren keine wichtigen Themen. Ich melde, dass ich am Leben bin und meine Forschungen Fortschritte machen, mehr möchte ich nicht sagen. Die Kürze meiner Telefonate hat aber auch damit zu tun, dass ich mir eine Rückkehr nach Deutschland immer schwerer vorstellen kann. Wenn ich die Augen schließe und an Deutschland denke, sehe ich ein Land der Quiz-und Kochsendungen, der überdrehten, wichtigtuerisch vorgetragenen Wetterberichte und der sich täglich ins Kleinste verlaufenden politischen und ökonomischen Kommentare, die ein immerwährendes Unwohlsein verbreiten und dieses Unwohlsein kultivieren. Ich will diese Welt nicht mehr sehen, und ich will auch nicht mehr tagaus, tagein in meinen Kölner Zimmern sitzen, um mich auf universitäre Seminare mit Erstsemestern vorzubereiten.

Am liebsten würde ich den größten Teil des Jahres hier im Süden Italiens verbringen. Ich würde die Sonne spüren und damit die Leichtigkeit meines Körpers, ich würde überhaupt ein freundlicheres, geselligeres Leben führen. Ich hätte nicht das Gefühl einer niemals aufhörenden Bedrückung, sondern eine Empfindung von lebenswertem Elan. Schon wenn ich morgens die Pension verlasse, ist dieser Elan da, er hat damit zu tun, dass ich in das Leben hier eintauche, ich wittere die Atmosphären der Gassen und Straßen, die Düfte und Gerüche fliegen auf mich zu, und ich betrete eine Bar, in der die Menschen das Leben nicht laufend beklagen, sondern munter, ironisch oder sarkastisch von ihm erzählen. Ob ich noch weiter in Deutschland leben werde, hängt auch von der weiteren Entwicklung meiner Liebesgeschichte ab. Sollte ich mit Paula zusammenbleiben, würde ich den größten Teil des Jahres hier in Mandlica bleiben wollen. Ich kann mir das gut vorstellen, und ich möchte nichts lieber. Ich warte aber noch, dass mit mir etwas geschieht, ja, verdammt, ich warte darauf, dass sich mein Herz endlich öffnet.

Die Insel der Dolci

Der Sizilien-Roman Das Kind, das nicht fragte *hat mich, während ich an ihm schrieb, zumindest in meinen Phantasien auf der Insel leben lassen. Als ich ihn beendet hatte, verabschiedete ich mich von Benjamin Merz und fuhr selbst wieder einmal nach Sizilien, um dort noch mehr über genau jenes Thema zu erfahren, mit dem sich auch Benjamin Merz unter anderem beschäftigt hatte.*

Ich machte eine längere Rundreise und erkundete die Welt der Dolci, die in meinen Augen etwas typisch Sizilianisches sind. Indem ich die Werkstätten und Cafés aufsuchte, wo man sie kosten und probieren kann, erhielt ich anhand dieser kulinarischen Besonderheiten zugleich auch tiefere Einblicke in Geschichte und Kultur der Insel.

Meine Reiseerzählung beginnt (analog zur Reise des Benjamin Merz) in Catania. Diesmal ist es aber keine fiktive Figur, die sich in der Stadt umschaut, sondern ich bin es selbst, der Schriftsteller Hanns-Josef Ortheil.

Am kommenden Morgen nehme ich mir Zeit, die lang gestreckte Via Etnea von meinem Hotel aus bis hinunter zum Domplatz zu gehen. Im Erdgeschoss vieler Häuser befinden sich kleine Garküchen, in denen man in Windeseile einen Imbiss für unterwegs bekommt. Am häufigsten werden die safrangelb schimmernden

Arancini gekauft, die von Weitem wie kleine Orangen aussehen. Es handelt sich aber um Reisbällchen, die mit Fleisch, Fisch oder Gemüse gefüllt sind. Sie werden von einem dünnen Backteig mit Semmelbröseln umhüllt und wurden einige Minuten in Öl frittiert. In den gläsernen, dampfenden Auslagen der Garküchen werden sie warm gehalten und einem dann auf die Hand gereicht. Sie sind der ideale Imbiss für unterwegs: nahrhaft, gut gewürzt, eine kleine Speise für nebenbei.

Und was gibt es ganz nebenbei zu trinken? Alle paar Hundert Meter trifft man auf einen Kiosk, an dem Fruchtsäfte ausgeschenkt werden. Es gibt ausgepressten Orangen- oder Zitronensaft, aber es gibt im Besonderen alle nur denkbaren Sorten von Sirup, der jeweils mit etwas abgekochtem oder destilliertem Wasser verdünnt wurde. *Sciroppo* heißt das hellfarben (orange, gelb, grün) schimmernde Getränk in einem kleinen Becher, das in großen, gut gekühlten Glasbehältern aufbewahrt wird. Ein Becher kostet nicht einmal 50 Cent, und man hat dann eine winzige, rasche Kühlung zum Beispiel von Kaktusfeigensirup mit Wasser auf der Zunge. An heißen Tagen sind die *Sciroppi* das ideale Getränk: Sie erfrischen sofort, haben einen kräftigen Fruchtgeschmack und einen nicht zu hohen Zuckergehalt. Damit sind sie allemal besser als die gängigen Limonadensorten, die man höchstens flaschenweise bekommt und die den Durst weniger stillen als vermehren.

An den größeren Plätzen jedoch stehen kleine Eiswagen, die bereits am frühen Morgen stark frequentiert sind. Es gibt die traditionelle Eiscreme, es gibt aber auch *Sorbets* und schließlich die besonders erfrischenden *Granite*, die meist nur aus Wasser, Zucker und Fruchtsaft (Zitrone!, Mandarine!) bestehen. Auch die *Granite* werden in kleinen Bechern serviert, die in einem Stück gefalteten Papier stecken, damit die Hand keine Tropfen abbekommt. Überall an den Rändern eines solchen Platzes stehen Paare und Gruppen von *Granite*-Essern herum, die sich während des Löffelns der sofort belebenden Erfrischungen ruhig unterhalten und immer wieder einen Blick auf die *Granita* des Gegenübers werfen: Wie schmeckt heute die Melonen-*Granita*? Und wie die aus Espresso? Jede Unterhaltung wird grundiert vom Gespräch über das gerade Verzehrte, refrainartig kommen die Esser auf diese Themen zurück, berühren sie, wechseln das Thema und landen doch immer wieder bei den zentralen Fragen: Wie war die *Granita* heute, zu viel Zucker, gutes Wasser? Und welche wird man morgen probieren?

In den Jahren 1801/1802 befindet sich der Schriftsteller Johann Gottfried Seume auf einer der längsten Fußwanderungen der damaligen Zeit. Allein, nur ausgerüstet mit dem nötigsten Behelf, geht er von Grimma bei Leipzig durch ganz Italien bis ins sizilianische Syrakus. Auf Sizilien besteigt er auch den Ätna und arbeitet sich am frühen Morgen durch hohen Schnee auf den Gipfel zu. Um sich zu stärken, isst Seume dann und wann von den Apfelsinen, die er in einer Tasche dabeihat. Sie sind leicht angefroren, aber gerade diese leichte Kälte intensiviert ihren Geschmack. Seume glaubt, nie etwas derart Köstliches gegessen zu haben. Was er kostete, war eine Apfelsinen-*Granita,* und wahrhaftig ist die *Granita* später vor allem deshalb zu einer sizilianischen Köstlichkeit geworden, weil man sich des Schnees vom Ätna bediente und ihn in die Ebene beförderte. Als Seume alle Apfelsinen verzehrt hatte, stillte er seinen Appetit mit Schnee, er konnte nicht ahnen, dass er eine später typisch sizilianische Speise entdeckt hatte.

In Gestalt der *Granite* ist der gewaltige, das ganze Jahr über schneebedeckte Ätna in den Städten und Dörfern seiner Umgebung präsent. Manchmal schauen die Einwohner hinauf zu dem im Sonnenlicht leuchtenden Gipfel, und wenn während dieser Blicke etwas von dem gestoßenen, körnigen Eis der *Granite* auf der Zunge zergeht, ist die Phantasie nicht weit, dass man auf der Zunge direkt den fernen Schnee des Ätna kostet. (Viele Sizilianer beginnen das Frühstück mit einer *Granita*, in die kleine Stücke *Brioche* getaucht werden. Erst nach langsamem Verzehr dieses Duos von Kälte und duftiger Basis wird der erste starke *Caffè* getrunken, danach folgt noch ein Glas Wasser. Die Dreiheit von *Granita* (mit *Brioche*), *Caffè* und *Wasser* ist wie ein von innen belebendes, eiskaltes und gleichzeitig stärkendes Bad, die pure Erfrischung der Frühe ...)

Da, wo die größeren Plätze in schmalere Gassen übergehen, locken nun aber wiederum andere *Dolci*. Denn hier stehen Männer meist mittleren Alters an den Straßenecken mit allerhand Süßigkeiten und Bonbons, die in buntes Papier gewickelt sind und, in großen Holzkisten aufgetürmt, daliegen wie süße Spreu, die man sich nun zur weiteren Versorgung mit Süßem in die Taschen stopft. (Nie soll diese Versorgung enden, das Süße ist in allen Formaten und Formationen präsent, es ist dafür gesorgt, dass es einen den ganzen Tag begleitet und jederzeit zur Hand ist. So macht es den großen Grundakkord aller anderen Ernährung aus, die immer wieder vom Süßen ausgeht und zu ihm zurückkehrt.) Es handelt sich um *Ossa di morto (Totenknochen)*, die aus einfachsten Zutaten (etwas Mehl, Zimt, Gewürznelken und Zucker) bestehen und meist auf der Unterseite leicht dunkel karamellisiert sind, sonst aber vollkommen weiß und porös erscheinen, als wären es luftige Baisers.

Das aber sind sie nicht, sie sind erheblich fester und süßer, man bricht sie durch und lässt die Stücke dann auf der Zunge zergehen, erst nach einer Weile lösen sie sich langsam auf und geben den starken Zimt- und Nelkengeschmack frei.

Fulco di Verdura, Herzog von Verdura, einer der letzten, großen Aristokraten Siziliens, der später ein weltbekannter Juwelier zunächst in Diensten Coco Chanels, dann in eigener Regie wurde, schreibt in seinen Kindheitserinnerungen, dass in den Nächten vom 1. auf den 2. November die Toten der Familie bei den Lebenden zu Besuch waren. Altem heidnischem Brauchtum entsprechend, deponierten sie ihre Geschenke für die Kinder an den Fußenden der Kinderbetten. Di Verdura erzählt, dass der alljährliche Besuch der Toten ihn nicht erschreckt oder geängstigt habe, im Gegenteil, er habe vielmehr das Gefühl gehabt, mit den Toten (wie zum Beispiel mit seinem bereits verstorbenen älteren Bruder) verbunden zu sein. Um diese Verbindung noch zu betonen, zog die ganze Familie am Allerseelentag auf den Friedhof, um an den Gräbern ausgiebig und unter Einsatz von Gesang, Musik und allerhand anderen Deklamationen zu speisen. In den Dörfern gab es an diesem Tag kleine Märkte, die das Zusammensein mit den Toten zu Dorffesten gestalteten, die bis in die tiefe Nacht dauerten. Auf diesen Märkten wurden die *Ossa di morto* angeboten, die übersüßen und immer etwas harten und bleichweißen *Dolci*, die an die Gebeine der Toten erinnerten. Di Fulco erzählt davon, als Kind an allen Ständen des Marktes die Rufe der Verkäufer gehört zu haben: *Chi ti portaru i morti? (Was haben dir die Toten gebracht?)*

Der Gang die Via Etnea hinab endet in der Nähe des großen Hafens, auf dem Domplatz. Bis hierher sollen sich die Lavamassen des Ätna bei seinem großen Ausbruch im Jahr 1669 vorgeschoben und alle Häuser unter sich begraben haben. Jetzt ist der Domplatz eine helle, weite Insel, die an den Rändern von vielen Cafés eingerahmt wird. Dass es so viele Cafés gibt, ist durchaus eine sizilianische Besonderheit, denn im Gegensatz zu den italienischen Städten auf dem Festland wird auf Sizilien die eher nordeuropäische Errungenschaft des Cafés kultiviert. Wo es im sonstigen Italien nur die Bar mit der langen Bartheke gibt, an der ein Gast in wenigen Minuten einen starken *Caffè* oder eine andere Erfrischung trinkt, gibt es auf Sizilien das Café, in dem man sich an kleinen, runden Tischen Zeit für die *Dolci* des Landes lässt. Die Kultur der *Dolci* brachte daher hier auch eine Kaffeehauskultur hervor, und so beobachtet man als fremder Besucher mit großem Erstaunen, wie an den Freilufttischen der Domplatz-Cafés Kuchen und Eis, *Granite* und *Sorbets* beinahe andächtig genossen werden. Kein Alkohol, keine anderen festen Speisen haben hier Platz, das Kaffeehaus dient einzig und vor allem dem Verzehr der *Dolci*, begleitet von *Caffè* oder einem Glas Wasser nach dem andern.

Unterhalb des Domplatzes aber schließt sich zum Meer hin der große Fischmarkt an, der nicht nur ein Fischmarkt ist, sondern ein Markt für all die agrarischen Produkte, die in den fruchtbaren Lavaregionen rund um Catania angebaut werden. Die Fruchtberge werden von einzelnen, in der Mitte durchgeschnittenen und daher in der Form von zwei offenen Hälften präsentierten Früchten bekrönt, deren funkelndes Innere direkt zum Verzehr auffordert. Am stärksten wirken die Bilder der *Cedro*, einer schweren Zitronatzitrone, die erheblich größer ist als die normale Zitrone und nur wenig Fruchtfleisch enthält. Statt des Fruchtfleischs wird vor allem die Schale mit ihrer dicken, inneren, weißen Schicht zur

Herstellung von Zitronat verwendet. In dünne Scheiben geschnitten und mit etwas Öl angemacht, schmeckt dieses Innere der *Cedro* aber auch roh vorzüglich. Daneben gibt es natürlich Orangen aller Art, gelbe Zitronen und vor allem die dunkelgrünen, kleineren Limetten, die bei der Herstellung von *Dolci* oft eine nicht unbedeutende Rolle spielen.

Auch in der Umgebung des Fischmarkts kann man an kleinen Kaffeehaustischen Platz nehmen, wo man mit den Händlern rasch ins Gespräch kommt. Sie empfehlen, die berühmte Orangenstraße, die *Via dell' Arancia Rossa*, von Syrakus aus ins Landesinnere zu fahren. Oder nach Norden aufzubrechen, in die Honigregionen von Zafferana Etnea, wo der beste Honig Siziliens gewonnen wird. Oder nach Westen, Richtung Enna, wo es in einem kleinen Ort namens Catenanuova die Firma *Daidone* gebe, die zu den ältesten und berühmtesten *Dolci*-Herstellern Siziliens gehöre. Es gibt starken *Caffè* und dazu kandierte, in dunkle Schokolade getauchte Orangenspalten, so mischt sich der Geschmack des *Caffès* (als Basis) mit dem des Kakaos, während in diese Mischung die leicht bittere, konzentrierte Süße der Orange hineinspielt.

Aus Catania meldet der Fußwanderer Johann Gottfried Seume seinen Freunden in Deutschland, dass er dort eine der besten Mahlzeiten seines Lebens genossen habe. Und das, obwohl die Mahlzeit nur aus frischen Produkten der näheren Umgebung bestanden habe: aus Fischen, Orangen, Wein, Feigen, Kastanien und – Schnepfen (!), alles vom Fuß des Ätna.

Das Leben am Meer

Die Fahrt ans Meer

Anfang der neunziger Jahre bin ich zum ersten Mal an die adriatische
Meeresküste südlich von Ancona gefahren – und habe genau das seit-
her fast jedes Jahr getan. Ich habe mich in einer Stadt direkt am Meer
(in San Benedetto del Tronto) oder in einem nahe gelegenen kleinen
Ort in den Bergen (Acquaviva Picena) in einem Hotel oder bei guten
Freunden eingemietet und mich dort einige Wochen aufgehalten.

Während dieser Tage bewege ich mich vor allem in Meeresnähe.
Ich verbringe viele Stunden am Strand, und ich gehe oft ins Meer,
um weit hinauszuschwimmen.

Dieses Leben begeistert mich bis heute. Etwa zehn Jahre nach
meinem ersten Aufenthalt habe ich einen Roman (Die große Liebe)
geschrieben, in dem ich von ihm erzähle. In der Gestalt eines Mün-
chener Fernsehredakteurs habe ich einen fiktiven Stellvertreter mei-
ner realen Person erfunden, der die Rolle des Ich-Erzählers über-
nimmt.

Und wie fast immer in meinen Italien-Texten eröffnete ich auch
diesen längeren Text mit der Anreise des Erzählers und der Schil-
derung des Glücksgefühls, das sich während einer solchen Fahrt re-
gelmäßig einstellt.

Plötzlich das Meer, ganz nah, eine graue, stille, beinahe völlig be-
ruhigte Fläche. Ich reckte mich auf und schaute auf die Uhr, zwei,

drei Stunden hatte ich vielleicht geschlafen, jetzt war früher Morgen, kurz nach fünf, ein Juli-Morgen an der italienischen Adria-Küste. Ich hatte das Meer einfach vergessen, jahrelang hatte ich es nicht gesehen, jetzt lag es mir wie eine weite Verheißung zu Füßen, unaufdringlich und groß, als bekäme ich mit ihm zu tun. Noch war die Sonne nicht da, der Himmel noch graublau und fahl, am Strand keine Bewegung, kein einziger Mensch, nur hier und da einige verlassene, verstreut stehende Liegestühle, Kinderspielzeug, Gerümpel, die schiefen, zusammengeklappten Sonnenschirmpilze, Liegengebliebenes... Doch all das reichte schon, mich zu erregen, es war eine meinen ganzen Körper erfassende Erregung, wie sie mich nach langen Nachtfahrten in Zügen oft in der Morgenfrühe befiel.

Zwei weitere Fahrgäste teilten das Zugabteil mit mir, ein stiller, keinen Laut von sich gebender Japaner und ein junger Schweizer, der sich in der Nacht umgezogen und schlafen gelegt hatte, als wäre er noch immer ein wenig bei sich zu Haus. Ich kletterte vorsichtig über die steifen, schlafenden Körper und trat auf den Gang, ruhig und schnell glitt der Zug durch die Landschaft, in der Ferne die grünen Olivenhügel des Südens, mit einem Mal spürte ich mein aufgeregt klopfendes, hellwaches Herz. Im Waschraum wusch ich mir durchs Gesicht, dann schaute ich, als müsste ich mich vergewissern, durch das heruntergezogene Fenster der Waggontür noch einmal hinaus. Das Meer!... ja, das Meer, die Überraschung hielt an, der Eindruck stimmte, am liebsten wäre ich ausgestiegen, um jetzt, sofort, am Meer entlangzugehen, stundenlang, den ganzen Morgen, wie schön wäre es, dachte ich, so anzukommen, irgendwo ausgespuckt und gleich in der Weite verschwindend.

Dann blieb der Zug stehen, die Wolken hingen schwer und staubgrau über dem Wasser und verdeckten noch immer die Frühsonne, es war sehr still, die meisten Fahrgäste schliefen, der stehende Zug atmete aus, immer matter und ruhiger. Draußen, auf dem kleinen Dorfbahnsteig, ging das Zugpersonal auf und ab, als hätte alles so seine Ordnung und als befänden wir uns in einem Film der fünfziger Jahre. Niemand sprach, eine wattige, dichte Wärme drang herein, vollgesogen mit dem Erdgeruch der nahen Umgebung, dann ein Pfiff, das Personal stieg wieder ein, und die Lok zog vorsichtig an, um unerwartet schnell zu beschleunigen. Mit einem Mal erreichte der Zug eine hohe Geschwindigkeit, die Küstenlandschaft raste wie klein geschnitten vorbei, gefräst oder zerhäckselt von diesem Tempo.

Ich ging in den Speisewagen und trank einen starken schwarzen Kaffee, als ich ins Abteil zurückkam, waren auch die beiden anderen Fahrgäste wach. Der Japaner, der die ganze Nacht unter einem bunten, wie ein Linnen über den Körper gebreiteten Tuch verbracht hatte, verbeugte sich kurz, während der junge Schweizer schon seine Verpflegung auspackte. Ich nahm die kaum handgroße, digitale Kamera, die Rudolf mir mitgegeben hatte, aus meinem Gepäck, setzte mich wieder ans Fenster und filmte das vorbeigleitende Meer. Manchmal drängten sich hässliche Häuser aus unverputztem Beton vor den Anblick, minimale Gerippe auf ein paar dürftigen Fundamenten, aber ich filmte weiter, denn das Meer leuchtete immer wieder zwischen diesen Bauten hervor. Allmählich belebte sich die Kulisse, einzelne Figuren standen am Strand und schauten mit verschränkten Armen in die Weite, manche waren auch in die Hocke gegangen, als wollten sie den Strand abtasten, es waren fast immer Männer, Männer ohne Begleitung oder höchstens zu zweit, tastende, lauschende, schauende Männer, vom Anblick des Meeres in eine seltsam ruhige Andacht versetzt.

Ich stoppte die Aufnahme, ein heller, kurzer Signalton erklang, plötzlich grinsten wir alle drei, sogar der Japaner tat amüsiert. Seit wir zusammen reisten, hatten wir kaum miteinander gesprochen, jeder reiste auf seine Weise, und als folgten wir einer unausgesprochenen Regel, blieben wir stumm und verkehrten miteinander nur pantomimisch, der Japaner schwieg wie ein Meister des Zen, während der junge Schweizer beinahe ununterbrochen werkelte, leise mit sich selbst redend.

Ich packte die Kamera weg, holte mein schwarzes Notizbuch hervor und begann zu schreiben. Die verhangene Sonne presste noch eine Weile ein mattes Licht gegen den dichten Wolkenvorhang, dann sah ich die ersten, durch das Grau schießenden Sonnenflecken, sie sprangen über das Meer und zitterten in der Ferne, ich äugte immer wieder dorthin hinaus, während ich schrieb. Zum ersten Mal seit vielen Jahren fahre ich wieder allein, ohne Kollegen, ohne Freunde, ohne eine Frau an meiner Seite. Ich hätte den Billigflug nach Pescara nehmen können, es hätte kaum mehr als eine Stunde gedauert, aber ich wollte noch einmal fahren wie früher, als Schüler und als Student, als es eine Sache der Ehre war, so billig wie möglich zu reisen. So habe ich zwei Stunden mitten in der Nacht auf dem Bahnhof von Bologna verbracht und später versucht, ausgestreckt, auf zwei harten Sitzen eines Zugabteils zu schlafen. Wie früher dehnte sich die Nacht und schien kein Ende zu nehmen, und wie früher war mit der ersten Helligkeit das alles vergessen und die Übermüdung wie weggeblasen. Sogar das alte Glücksgefühl ist wieder da, ein Gefühl, das mit dem Alleinreisen zu tun hat, als bräuchte man zum Alleinreisen Kraft, Überwindung und Ausdauer und als belohnte einen das Glück, wenn man von alledem genug aufbietet. Vielleicht ist das Glück aber auch eine Entspannung, denn erst jetzt, jenseits der Alpen, ist es mit den ersten Sonnenstrahlen da, erst jetzt, wo ich aufhöre, an München, die Arbeit und die Freunde zu denken. Seit einem Jahr gibt es die Frau an meiner Seite nicht mehr, noch vor wenigen Monaten hätte ich oft an sie denken müssen, ich glaube, das ist jetzt vorbei, auch die Frau an meiner Seite denkt nicht mehr an mich, vielleicht ist es uns tatsächlich gelungen, unsere gemeinsame Zeit hinter uns zu lassen, hinter uns, meine ich, nur ein Stück weit hinter uns, denn ich will nicht so tun, als hätte es diese Zeit nie gegeben.

Am Strand 1

Viele meiner Freunde können nicht verstehen, wie man fast täglich lange Zeit am Strand verbringen kann. Sie wollen noch etwas anderes unternehmen und sich höchstens kurze Zeit für ein Bad im Meer aufhalten.

Ich möchte genau das Gegenteil, denn ich bewege mich so gut wie überhaupt nicht vom Strand weg, fahre mit keinem Auto herum, steuere keine »Sehenswürdigkeiten« an, sondern verbringe viel Zeit mit Lektüren und mit Gesprächen, in die ich von den Einheimischen rasch verwickelt werde. Gegen 10 Uhr am Morgen tauchen viele Bewohner von San Benedetto am Strand auf, beziehen ihre seit Jahren reservierten Liegeplätze und bewegen sich ebenfalls den ganzen Tag kaum von der Stelle.

So lebe ich synchron mit den Einheimischen. Ein Unterschied besteht nur darin, dass ich viele Male ins Meer gehe, lange Zeit schwimme und auch häufiger weite Spaziergänge am Meer entlang mache. Die Nähe zum Wasser gebe ich niemals auf, ich esse sogar regelmäßig am Strand, meist in einem der kleinen, familiär geführten Trattorien, in denen es fast ausschließlich Fisch gibt.

In dem Roman Die große Liebe *habe ich einige dieser typischen Strandszenen beschrieben.*

Im Hotel war ich wenig später einer der ersten Gäste, die den Speisesaal betraten. Die biedere Ordnung der Tische mit den kleinen, gefüllten Brotkörben, den gefalteten Servietten und den winzigen Paar-Kännchen mit Essig und Öl tat mir gut, ich genoss diese ganz und gar gewöhnliche Atmosphäre. Selbst das ältere Ehepaar am Nebentisch störte mich diesmal nicht, ja ich suchte sogar das Gespräch mit ihm und plauderte drauflos, als hätte ich wirklich etwas zu erzählen. Natürlich erwähnte ich das morgendliche Erlebnis nicht, ich sprach vom Hafen, von der Fischmarkthalle und davon, dass mir der Anblick der Verkaufsstände Lust gemacht habe, selbst etwas zu kochen. Carlo grüßte von seinem Beobachter-Tisch herüber, und ich hob kurz die Hand, so wie ich sie noch vor kaum einer halben Stunde gehoben hatte.

Nach dem Essen packte ich einige Utensilien zusammen und ging zum ersten Mal zu einem Nachmittagsbad an den Strand. Ich meldete mich an der kleinen Bar, die zum Hotel gehörte, nannte meine Zimmernummer und wurde von einem jungen Burschen zu einem Liegestuhl mit dazugehörigem Sonnenschirm geführt, das war nun mein Strandplatz, dieser Stuhl, dieser Schirm, der Junge sagte es dreimal, als müsste er es mir einschärfen. Ich fragte ihn, ob ich statt des Liegestuhls auch einen Strandstuhl zum Sitzen bekommen könne, er murmelte etwas vor sich hin, kam wenig später aber mit genau dem richtigen Stuhl wieder, ich bedankte mich und erklärte ihm, dass ich zu arbeiten hätte und daher nicht liegen, sondern sitzen wolle, sitzen, nicht liegen, eine komödiantische Lust an der Wiederholung hatte mich gepackt, ich hätte gern immer so weitergemacht, aber der Bursche wurde missmutig und verschwand zwischen zwei dicken gestutzten Palmstümpfen.

Ich schlug ein Bein übers andere, holte das schwarze Notizbuch wieder hervor und schaute mich um: Jetzt, am Mittag, sind die Strandpartien gähnend leer, viele haben ihre Sporttaschen, Handtücher oder Zeitungen aber liegen gelassen, so erweckt das Terrain den Eindruck eines unvermittelten Aufbruchs, als wäre die badende Meute nach allen Seiten geflohen… Die Hitze nistet wie eine dünne, beißende Folie auf dem Sand, die Füße halten die Berührung kaum aus, so geht man schnell und springt beinahe von Reihe zu Reihe, um endlich einen dunklen Schattenflecken zu finden… Die unglaubliche Lethargie, die sich in alle Bewegungen einschleicht: Das verzögerte Gehen und Schlurfen, das langsame Trinken und Nippen, vorhin sah ich zwei, die beisammenstanden und beide auf den Sandboden schauten, wo ihre mahlenden Zehen winzige Spuren und Zeichen hinterließen… Wenn man sich in einen Liegestuhl legt, packt einen die Hitze ein, sie rollt sich von unten her aus und schlägt dann wie eine Decke von beiden Seiten über dem Körper zusammen…

Auf solche Beobachtungen sollte sich, denke ich jetzt, ein Film konzentrieren. Genauigkeit, die Schönheit des Einfachen, der exakte Blick, keine Bilder, um etwas zu demonstrieren oder sonst wie zu beweisen. Ich bin durch die vielen Auftragsarbeiten verdorben, ich habe mir einen Fernseh-Blick antrainiert, einen Blick, der beherrscht ist vom Schauen für andere und davon, wie ich mir das Schauen der anderen denke…

Immerhin wehre ich mich gegen die Hitze, ich sitze gerade, aufrecht, auf der Lauer, ich blicke wie ein Vogel nach allen Seiten, ich sitze auf dem Posten, so wie ich in der kleinen Hafenbar auf dem Posten saß… Sie winkte, ich grüßte zurück, das war alles, und doch hat mir dieser kurze Moment des Austauschs so sehr gefallen. Am liebsten ginge ich jetzt, am Nachmittag, ins Museum zurück, um den morgendlichen Gang noch einmal zu wiederholen und mir ihre Worte in Erinnerung zu rufen. Damit aber könnte ich alles verderben, ich könnte ihr unversehens begegnen, ich könnte mich hinreißen lassen zu einer einfallslosen Bemerkung, ich neige zu solchen unüberlegten Aktionen. So habe ich mich gezwungen, hier am Strand auszuharren, ich will diesen einzigartigen Morgen auskosten, das muss genügen ... Übrigens, ich mag Frauen, die auf eine bestimmte Art Fahrrad fahren, wenn ich eine Frau auf diese Art fahren sehe, fühle ich mich stark zu ihr hingezogen. Die Bewegung darf nicht zu schnell sein, sondern eher kontinuierlich oder, sagen wir, stetig, dazu aber kraftvoll, ich muss erkennen können, dass diese Frau schon immer Fahrrad gefahren ist, das Fahren ist für sie keine Pose, sondern etwas, das vollkommen zu ihr gehört, seit Kindesbeinen, könnte man sagen, ist sie daran gewöhnt ... Was schreibe ich da? Worüber denke ich nach? Bin ich verrückt?

Ich versteckte das Notizbuch in meiner Tasche und stand auf, niemand badete jetzt im Meer, es war der ideale Zeitpunkt, es ganz allein zu tun. Die roten Rettungsboote vorn am Strand standen schräg gegen die erste Reihe der Liegestühle, ich sprang auf eines hinauf und wippte kurz auf und ab, als machte ich mich bereit zum Absprung. Eine kaum merkliche Sandwelle, über die unaufhörlich die letzten Wellenausläufer streiften und sich verzettelten, markierte die Grenze, danach ging es sacht hinab, die Füße stemmten sich noch ein wenig gegen den Abwärtsgang, dann kam die schäumende, perlende, kleine Tropfenketten knüpfende Gischt, die Füße sanken allmählich ein, das Wasser stieg an bis zur Brust, ich schwamm los, weit hinaus, mit gleichmäßigen, ruhigen Stößen. Irgendwann wurde es mir zu viel und die Bewegung auch lästig, ich drehte mich auf den Rücken und ließ mich tragen, den Kopf halb unter Wasser, so dass die Landgeräusche verebbten, ich war eingetaucht in das gleichmäßige Summen des Meeres, stilles Summen, dachte ich, Ur-Ton, ich schloss die Augen und spürte die brennende Sonnendichte auf meinem Gesicht.

Als ich hörte, wie hier und da wieder die Musik angeworfen wurde, entschloss ich mich, noch weiter hinauszuschwimmen. Der Küstenlinie war ein schmales Riff vorgelagert, es bestand aus mächtigen Felsbrocken, die starken Wellengang brechen sollten. Ich sah einige Felsspitzen, ockergelb, bleich streckten sie sich in der Sonne, ich schwamm auf sie zu und tauchte dann mit offenen Augen wenige Meter vor ihnen ab.

Unter Wasser waren die Felsen dicht mit Muscheln besetzt, ihre wüstenartige, staubtrockene Dichte machte sie zu einem urzeitlichen versteinerten Wald, Schwärme bunt gestreifter Fische kreisten, unaufhörlich die Schwimmrichtung wechselnd, zwischen den im Rhythmus der Wellen hin- und herschwankenden Gräsern. In der Tiefe erschien das Grün des Wassers wie aufgeladen, eine gallertartige schlingernde Masse voller Treibstoffe, auf den Sandböden taumelten die flachen Rautenkörper der Rochen über den Kalkzonen geborstener Schalen. Ich griff nach den Muscheln, ich tastete an ihren Körpern entlang, sie fühlten sich pelzig und doch so lebendig an, als pulsierten sie tief in ihrem Innern.

Ich versuchte, immer länger unter Wasser zu bleiben, die Welt dort unten hatte etwas Geheimes, Abgeschlossenes, das sich jedem Zugriff entzog und einem nur noch die Rolle des Beobachters ließ. So war die Wahrnehmung auf das Visuelle beschränkt, schon die Lautlosigkeit sorgte dafür, aber auch die Distanz zur Umgebung, keine Berührung, lediglich ein Schweben, wie eine unendlich angenehme Schwerelosigkeit, ich konnte mir sofort vorstellen, dass man nach diesen Zuständen süchtig werden konnte, der reine Selbstbezug der Wahrnehmung euphorisierte.

Schließlich klammerte ich mich an einer Felsspitze fest, die scharfen Kanten der Muscheln ließen nicht zu, dass ich mich anlehnen oder gar ausruhen konnte, Seeigel pressten sich gegen den Stein, und winzige Krebse versuchten bei jedem Wellenschlag, nicht von ihrem Ruheplatz weggeschwemmt zu werden. Ich tauchte noch mehrmals, ich kam nicht los von dem grünblauen Film mit den hellen, kalkfarbenen Grundierungen, die stillen Bewegungen der Fische erschienen mir wie ein Vorbild, so wollte ich gleiten, traumwandlerisch sicher durch die Tangmatten und Felsspalten, völlig eins mit dem Element.

Als ich viel später wieder den Strand erreichte, waren fast alle Liegestühle besetzt, die Paare lagen meist regungslos mit geschlossenen Augen dicht nebeneinander, nur die älteren Männer blätterten noch in ihren Zeitungen oder starrten auf die Sandburgen der Kinder. Ich war vom weiten Schwimmen ermüdet, doch ich wollte mich nicht in diese Verhältnisse einordnen, deswegen setzte ich mich auf eines der Rettungsboote weit vorn und schaute den Joggern und Strandläufern zu. Der Meeressaum war jetzt die Zone der langen Gespräche, kleine Gruppen von drei, vier Personen standen bis zu den Fußknöcheln im Wasser und unterhielten sich, als warteten sie in einem Vorzimmer auf Einlass, vor hundert Jahren, dachte ich, hatte hier noch kein Mensch gestanden, in noch viel früheren Zeiten war das Meer einmal etwas Furchtbares, Dämonisches gewesen, die Heimat der Seeschlangen und Ungeheuer.

Ich schaute mich um, nein, es war ganz unmöglich, jetzt hier am Strand zu bleiben, laufen wollte ich nicht, liegen kam nicht in Frage, die Musik ließ kein Schreiben zu, am ehesten hätte ich noch mit den Allerältesten Boccia gespielt, denn das passte hierher, das krause Geschwätz über die Platzierung der Kugeln, die wichtigtuerischen Mienen, mit denen man einen Wurf verfolgte, gerade an der Grenze zur sonnenstichigen Blödheit hätte ich so etwas noch ertragen.

Ich wollte mich anziehen, als ich bemerkte, dass ich von allen Seiten angestarrt wurde, niemand zog sich jetzt an, wie sich überhaupt nie jemand aus- oder anzuziehen schien, sie trafen in ihrer Badekleidung hier ein und verließen in ihr wieder den Strand, die meisten gingen mit ihr nicht einmal ins Wasser, es handelte sich um eine Art Sommerunterwäsche, die sie vielleicht noch im Bett anbehielten. So raffte ich meine Kleidung zusammen und ging hinüber zu einer der hölzernen Umkleidekabinen, ich öffnete die Tür und betrat den dunklen Raum, der nur durch ein kleines Guckloch Luft und Licht bekam. Die plötzliche Dunkelheit und der Geruch feuchten Holzes erinnerten mich an früher, vor sehr langer Zeit hatte ich mit den Eltern einmal Ferien am Meer verbracht, ich erkannte den Geruch wieder, genau dieser hier war es gewesen, und dazu die Enge der dunklen Kabine, in der sich zwei Personen zugleich drängten.

Während ich mich anzog, ging ich die möglichen Zeiten für ein Bad durch, morgens in der Frühe, noch vor dem Frühstück, wäre nicht schlecht, mittags, bei allerdings großer Hitze, unter Umständen möglich, das Bad in der Nacht war eine Eskapade und daher von Launen abhängig. Ich nahm mir vor, die Tage gut einzuteilen, ich hatte keine Zeit zu verschenken, aber zumindest ein Bad am Tag musste möglich sein. Jetzt aber wollte ich in die Stadt, ich hatte noch kaum etwas von ihr zu sehen bekommen, bisher hatte ich mich vor allem auf die nächsten Strandgegenden beschränkt. Rudolf hatte mich in München gewarnt, keine Kirchen, keine Paläste, keine Kultur, hatte er mir eingetrichtert, er kannte meine Anfälligkeit für solche Abschweifungen, aber was hatte das schon zu bedeuten, zumindest einige solcher Bilder würden wir in den ersten zwei, drei Minuten brauchen, um die Stadt vorzustellen. Brauchten wir sie? Brauchten wir sie wirklich? Ich erinnerte mich an die guten Vorsätze, die ich noch vor wenigen Stunden in meinem Notizbuch vermerkt hatte, jetzt standen sie bereits auf dem Prüfstand, aber ich verschob die Entscheidung auf später, wenn ich mir die Stadt angeschaut hatte.

Ich zog den kleinen Rucksack über, alles Notwendige hatte ich dabei, dann ging ich den breiten Boulevard hinunter, wo mich ganze Rudel von Radfahrern überholten. Ich nahm mir vor, am nächsten Tag selbst ein Fahrrad zu mieten, ein Fahrrad war hier ideal, mit seiner Hilfe konnte ich leicht bis in die letzten Winkel der Stadt vordringen. Als ich daran dachte, überfiel mich eine seltsame Euphorie, ich begriff nicht genau, wodurch sie entstand, vielleicht hatte sie mit den Bildern unter Wasser zu tun, die mir nicht aus dem Kopf gingen, vielleicht entstand sie aber auch durch die Erinnerung an die kurze Szene gegen Mittag, als eine mir beinahe unbekannte Frau mir von einem Fahrrad aus zugewinkt hatte.

Am Strand 2

In späteren Jahren bin ich mit meiner Frau und unseren Kindern regelmäßig ans Meer gefahren. In dem Roman Lo und Lu *habe ich auch von diesen Strandaufenthalten erzählt, die ganz andere Rituale mit sich brachten als die in den Zeiten der Reise allein oder zu zweit.*

Das Vergnügen aber war mindestens ebenso groß, nur eben anders, ganz anders. In meinen Schilderungen schwingt das Erstaunen über diese Veränderungen gegenüber den früheren Aufenthalten mit, und es entsteht eine unübersehbare Komik, als spielte diese kleine Familie Szenen eines Drehbuchs, die auch in einem meiner Lieblingsfilme (Jacques Tatis Die Ferien des Monsieur Hulot*) hätten vorkommen können.*

Die ganze Familie sitzt in Reihe drei, Platz siebenundzwanzig: Zwei Liegestühle, ein Sonnenschirm, es ist später Sommer im südlichen Italien, die Flut der Feriengäste ist zum Glück längst abgezogen, aber es ist noch immer recht voll, zumindest um uns herum. Ein paar Schritte weiter jedoch, in Reihe zwei, ist es gähnend leer, doch als ich in einer stillen Minute dort Platz nehme, schlurft der Capitano dieses Strandstücks herbei und verweist mich wieder auf die hinteren Plätze. Warum kann ich hier nicht sitzen, frage ich ihn.

Weil diese Plätze vermietet sind, erklärt er.

Aber es ist doch niemand da, entgegne ich.

Das spielt keine Rolle, die Plätze sind vermietet, erklärt er. Wenn jemand kommt, ziehe ich mich sofort zurück, sage ich. Die Plätze bleiben frei, denn sie sind vermietet, erklärt er, und da gebe ich auf.

Lu sitzt neben uns in seinem Buggy, und Lo versucht, einen Tunnel unter dem Meer durch zu graben. Noch ist früher Morgen, und das Meer hat eine so hinreißend glatte und stille Fläche, als dächte es in der brütenden Sonne nur noch über sich selbst nach.

Man trinkt den ersten Caffè und nimmt einen Schluck Wasser, man horcht, ob es dem Meer nicht doch einfällt, ein paar Wellen zu schicken, und dann starrt man hinaus auf das unbewegliche Blau, das einen langsam und wohltuend betäubt. Seit Jahrzehnten habe ich nicht mehr so am Meer gesessen, denke ich, warum eigentlich nicht? Manchmal habe ich irgendwo einen Blick auf das Meer geworfen oder bin flüchtig an ihm entlanggegangen, das zählt aber nicht, man muss sich niederlassen in der Nähe des Meeres, sich zusammenkauern und spüren, wie das riesige Netz dieses lockenden Blaus einen allmählich einfängt.

La Mamma sitzt neben mir, sie trägt einen Sonnenhut und liest gerade die Zeitung. Wenn es Lo und Lu nicht gäbe, säße sie, wie sie erklärt hat, auf keinen Fall hier. La Mamma findet das Sitzen am Meer sehr banal, oft wird sie unruhig, wenn sie so sitzt, weil es dann einfach zu dumm und zu banal wird, und oft gebe ich ihr dann auch recht, dieses Hocken, Schauen und Sitzen ist ja banal, man könnte sich etwas Interessanteres vorstellen, durchaus.

Insgeheim aber genieße ich dieses Sitzen am Meer, ich habe es sogar völlig neu für mich entdeckt. Es gibt nämlich, denke ich jetzt so im Stillen, auch gewisse Wonnen des einfachen Lebens, die man nicht vorschnell verachten sollte, nur weil man sie mit Hunderten oder Tausenden teilt. Es stört mich sogar nicht einmal, dass ich in Reihe drei, Platz siebenundzwanzig, sitzen muss, obwohl sich das anhört, als wären wir hier nur eine armselige Nummer in einer Herde.

Richtig, ja, es wäre schön, etwas mehr Platz zu haben und freier zu sitzen, andererseits hat dieses beengte Sitzen neben der italienischen Familie mit drei Kindern und dem sich ununterbrochen küssenden Paar rechts von uns aber auch etwas Soziales. Außerdem sprechen all die Menschen in unserer Nähe ausschließlich Italienisch, hierhin, in den tiefen Süden, verlieren sich höchstens ein paar versprengte Deutsche, und mit Italienern zusammenzuliegen, ist etwas ganz anderes als dieselbe Erfahrung mit Deutschen zu machen. Das meiste, was Italiener sagen und tun, weicht nämlich davon, was Deutsche in derselben Lage tun würden, erheblich ab, und eben das ist dann doch interessant. Richtig betrachtet, kann das Liegen am Strand einen über so manches belehren, es kann der Anlass sein für ein Studium der Fremde, wenn man sich nur darauf einlassen will.

Ich habe bemerkt, dass La Mamma ein Studium der Fremde nicht in Betracht zieht. Sie kommentiert die Szenen des italienischen Volkslebens mit einem gewissen bissigen Spott, während ich diese Szenen beinahe gelassen genieße, als habe die Ruhe des Meeres mich infiziert. Manchmal geht sie sogar mit raschen Schritten ins Wasser und schwimmt dann weit hinaus, und ich stelle mir dann immer vor, dass sie dort draußen, wo sie niemand hört, ihren ganzen Groll ausscheidet, unter Wasser, mit lauten, grolligen Lauten, die alle Fischschwärme vertreiben.

In meinem Fall reicht es nicht zu diesem Groll, nur selten spüre ich so etwas wie eine gewisse Spitze des Zorns, zum Beispiel jetzt, wenn Signora Brino erscheint, dann richtet sich tief in mir etwas auf, eine Art Warn- oder Abwehrsystem.

Signora Brino ist um die siebzig, sie kommt jeden Morgen zu ihrem Alters-Privilegien-Platz, Reihe eins, ganz links außen. Wenn sie uns erreicht, bleibt sie stehen und nimmt Kontakt auf mit Lu. Sie erkundigt sich nach seinem Befinden, sie gurrt auf ihn ein, und sie streicht ihm mit der rechten Hand über eine besonders weiche und fleischige Partie seiner Beinchen.

An guten Tagen erträgt Lu diese Annäherungen stumm, an schlechten jedoch wehrt er sich. Er richtet sich auf in seinem Buggy, man sieht deutlich, dass er fort will, weit weg, während Signora Brino mich fragt, was ihm denn fehle. Bitte Signora, gehen Sie einfach weiter zur Reihe eins, dann ist er still, würde ich gerne sagen, aber ich bin höflich und sage: Es ist wohl doch etwas zu heiß heute für ihn.

Kleine Kinder lieben im allgemeinen die Hitze, sagt Signora Brino und schaut Lu weiter durch ihre Brille an, die allein schon ein gewisses Verderben bedeutet, denn Lu mag keine Brillen. Ziehen Sie bitte die Brille aus, Signora, dann ist er still, würde ich gern sagen, aber ich sage: Er liebt die Hitze durchaus, aber es fehlt einfach ein schwaches Lüftchen.

Sie sollten ihm etwas zu trinken geben, sagt Signora Brino, und ich verstehe plötzlich, warum La Mamma immer kurz vor Signora Brinos Erscheinen verschwindet. Oh, sagt die Signora und schaut hinüber zu Lo, die mit dem Graben jetzt unter dem Meer angekommen ist, Ihre Tochter sitzt in der prallen Sonne, das ist aber nicht gut.

Ah, wo habe ich nur meine Augen, Signora, sage ich und stehe auf, und dann schiebe ich Lu in seinem Buggy durch den tiefen Sand nahe ans Wasser und sage zu Lo: Komm, wir gehen am Strand entlang, ein paar Hundert Meter, hinüber zum Spielplatz.

Auf die Empfehlung »ein paar Hundert Meter« reagiert Lo überhaupt nicht, »hinüber zum Spielplatz« dagegen ist meist ein Erfolg. Einmal habe ich »hinüber zum Spielplatz, ein paar Hundert Meter« gesagt und gleich festgestellt, dass es falsch war, die falsche Reihenfolge, so etwas macht etwas aus, nicht zu fassen, dachte ich noch.

Lu wird sehr gerne im Buggy gefahren, was daran zu erkennen ist, dass er sich beim Fahren nie wehrt und auch niemals schreit, er rutscht vielmehr etwas nach vorn und sitzt betont aufrecht, als säße er auf einem Aussichtsposten und als wäre die Umgebung nur dazu da, von ihm inspiziert zu werden.

Ich habe mir angewöhnt, den Buggy sehr schnell und entschlossen zu schieben, nichts ist schlimmer als dröges Buggy-Schieben, das die geniale Erfindung dieses leichten Gefährts nur in ihr Gegenteil verkehrt. Der Buggy ist ein ausgesprochen schnelles Verkehrsmittel, er ist die Vorstufe des Motorrads oder der Vespa, im Gegensatz zum Kinderwagen, der so etwas wie die Nachhut der Wiege ist, denke ich und bleibe stehen, weil das gelungene, ruhige Fließen dieser vielleicht noch nie so gedachten Gedanken mich selbst ein wenig verblüfft.

Ich brauche unbedingt ein Diktiergerät, sage ich mir, doch dann haben wir den Spielplatz erreicht, Lu zappelt sofort in seinem Buggy, und deshalb nehme ich ihn jetzt heraus, schließlich sind wir am Ziel. Lu aber zappelt nicht, weil wir am Ziel sind, sondern weil er den großen Wal jetzt erkannt hat, ein Monster von einem Tier, das zu Beginn der Saison in dreitägiger Arbeit von einem großen Arbeitertrupp aufgeblasen und hergerichtet wird. Der Wal ist die Attraktion des Spielplatzes, am späten Nachmittag werden Hunderte von Kindern versuchen, über eine kleine Leiter hinaufzukriechen in sein weit geöffnetes Maul, um die dunkle Rutsche seines Schlundes hinunterzugleiten.

Lo ist schon verschwunden in diesem Maul, jetzt will auch Lu, und das bedeutet, dass ich auf allen vieren mit ihm die Leiter emporkriechen muss, eher auf allen dreien übrigens, denn mit der rechten Hand presse ich Lu wie eine Affenmutter an mich. Sehr unbequem ist das, doch Lu beschwert sich seltsamerweise darüber nie, der Gedanke an die Fahrt durch den dunklen Schlund nimmt ihn viel zu sehr gefangen.

Die Fahrt muss ein großer, elementarer Genuss sein, denn sowohl Lo als auch Lu würden am liebsten den ganzen Vormittag rutschen. Mir bedeutet diese Fahrt nicht ganz so viel, aber ich muss zugeben, dass es auch mich immer ein wenig packt, wenn es hinab ins Dunkle geht und schneller wird. Es kommt einem so vor, als gleite man in seine eigenen Gedärme hinein. Die schnelle Rutschfahrt zu Tal ist vielleicht nichts anderes als eine wollüstige Fahrt durch die Windungen des eigenes Darms, denke ich und hebe mir auch diesen Satz für das Diktiergerät auf.

Unvorstellbar schwer ist es dann, den Rückweg vom Spielplatz zu Reihe drei, Platz siebenundzwanzig, einzuleiten, diese Aufgabe lässt mich wegen ihres hohen Schwierigkeitsgrades sogar manchmal verzweifeln. Spielerisch und unauffällig muss man versuchen, sich vom Wal zu lösen, indem man zu anderen Attraktionen übergeht.

Beinahe völlig unmöglich aber ist es, Lo und Lu gleichzeitig für die neuen Spiele zu begeistern. Einer von ihnen nämlich möchte schon bald wieder zum großen Wal zurück, und wenn ihm das gelungen ist, muss ich mit meinen Ablenkungsversuchen ganz von vorne beginnen.

Wenn wir nach langen Verhandlungen und einigen Umwegen dann aber doch endlich zurück sind, hat La Mamma die Zeitung gelesen, war im Meer schwimmen gewesen und hat den zweiten Caffè getrunken und ist daher ein wenig versöhnt mit dem Sitzen am Meer.

Nun sind auch die Nachbarn da. Bis zum Mittagessen wird der Vater der Familie mit den drei Kindern unbeweglich in seinem Liegestuhl liegen, um die erste Seite der regionalen Zeitung zu lesen. Ich frage mich oft, wie er das macht, so lange mit einer einzigen Seite zu verbringen, und ich vermute, dass er wegen der großen Hitze das gerade Gelesene immer wieder vergisst, so dass er, ohne es überhaupt zu bemerken, laufend von vorne beginnt. Seine Frau hütet sich, ihn bei seiner Lektüre zu stören, sie kümmert sich ausschließlich um die drei kleinen Söhne, die alle zwanzig Minuten etwas anderes zu essen bekommen.

Rechts neben uns aber küsst sich das junge Paar. Manchmal finde ich es ein wenig peinlich, wenn die beiden sich so intensiv abschlecken wie zwei Pandas im Zoo, und es fällt mir dann schwer, kein böses Wort zu verlieren. Andererseits hält das Küssen sie von lärmenden oder ausschweifenden Beschäftigungen ab, ein sich küssendes Paar ist das denkbar ruhigste von allen Paaren, sage ich mir und erinnere mich wieder an den dringend notwendigen Kauf eines Diktiergeräts.

Kurz vor Mittag aber kommt dann die halbe oder auch dreiviertel Stunde meiner eigenen einsamen Begegnung mit dem Meer: das Meer und ich, wir beide, niemand sonst. Es ist die halbe oder Dreiviertelstunde eines seltsamen Zaubers, und manchmal vermute ich, ich halte es vor allem wegen dieses Zaubers ohne jede Klage einen ganzen Tag lang am Strand aus.

Seltsam ist, dass ich diesen Zauber nur durch einen Zufall entdeckt habe. Gleich am ersten Tag unseres Aufenthaltes bin ich nämlich ohne allzu große Gedanken etwas hinausgeschwommen, ziellos, planlos, wie man ins Meer hinausschwimmt, wenn man sich nicht immerzu am Ufer aufhalten und dort als Schwimmender oder Herumwatender beobachtet werden will. Nach einer Weile war ich froh, einen kleinen Felsen zu entdecken, denn plötzlich hatte ich ein Ziel.

Schwimmen mit Ziel sagt mir mehr zu als Schwimmen ohne Ziel, dachte ich und fing an, über die Untiefen dieses Satzes nachzudenken, während ich aus lauter Übermut tauchte und die letzten Meter zum Felsen mit offenen Augen unter Wasser zurücklegte.

Da aber sah ich das Riff. Es waren große, mächtige Steinbrocken, übersät von schwarzen Armeen glänzender Miesmuscheln, in deren Nähe Fischschwärme kreisten, als inszenierte jeder Schwarm dort unten ein geheimes Ballett. Es war ein völlig überraschender Anblick, als spähte ich durch eine sonst geschlossene Pforte in ein verborgenes Reich.

Ich tauchte immer wieder, zehnmal, zwanzigmal, doch ich ärgerte mich, dass ich es wegen der Luftknappheit nur so kurz dort unten aushielt. Der Moment meines Ärgers aber war beinahe gleichzeitig auch der Moment, in dem ich einen alten Vorbehalt korrigierte und mich innerhalb weniger Sekunden für Tauchermaske und Schnorchel entschied.

Über diese Ausrüstung habe ich mich oft lustig gemacht, ich gebe es zu. Irgendetwas an ihr reizte mich immer zum Lachen, vielleicht war es das Altertümliche und gleichzeitig etwas Hilflose dieser archaischen Dinge. Ein Taucher an Land ist nun einmal eine durch und durch komische Gestalt, vor allem, wenn er sich auf Schwimmflossen vorwärtsbewegt. Bis zu einem Taucheranzug und Schwimmflossen wollte ich aber gar nicht gehen, für mein Vorhaben reichten Maske und Schnorchel vollkommen aus.

Seither ist die halbe oder dreiviertel Stunde kurz vor Mittag die Zeit meines einsamen Eintauchens ins Meer und damit zugleich die Zeit meiner Abwesenheit vom oberirdischen Leben am Strand. All die Wartenden, die sich da draußen auf ihren Liegen räkeln, ahnen nicht, was sie verpassen. Das eigentliche Meer, das Meer an sich, ist nämlich von dort aus nicht zu sehen, sondern beginnt unterhalb der täuschend gleichförmigen Oberfläche. Dort unten tun sich ganze Regionen und immer neue Landschaften auf, so dass man sich nach einer Weile des Tauchens dabei ertappt, die andere Welt ganz zu vergessen.

Ich treibe also eine halbe oder Dreiviertelstunde dahin, nur der Schnorchel zeigt noch an, wo ich mich befinde, und in meinem Kopf entsteht eine vollendete Leere, ja, er entleert sich und scheidet alles Vertraute aus, als handelte es sich um Unmengen von Müll. Plötzlich sind nur noch die Bilder da: Fangarme, Schwämme und Muscheln, Medusen, Seesterne und Seeigel ... Bilder aus der frühsten, urweltlichen Region des Lebens, mit der man sich auf geheime Weise verbindet, selbst eine vorgeschichtliche Erscheinung, ein Reptil, ein Lurch.

Meine einsame Begegnung mit dem Meer findet kurz vor Mittag statt, weil ich nach meiner Rückkehr aus dem Wasser keine Menschen ertrage. Am Mittag ist der Strand zum Glück auch völlig leer. Schlagartig sind alle, die die zwanzig am Strand versammelten Liegereihen besetzt halten, zum Essen aufgebrochen, man hört das Tellerklappern und Gläserklirren aus den großen Speisesälen der direkt am Meer liegenden Hotels, und man riecht einen weichwarmen Fischdunst, eine Mischung aus Öl, Knoblauch und Wein, als hätte das Meer seine Tiefen direkt in die heißen Küchenbezirke gespült.

Einmal haben auch wir ein solches Mittagsgelage genossen. Man isst Fischsuppe und Fischpasta und Fisch, und man trinkt erst einen trockenkühlen Spumante und dann einen kühltrockenen Weißwein, und es wird einem ganz leicht, dass man gleich davonschwimmen möchte. Immer mehr Spumante und Weißwein trinkt man und nicht nur zu der Mahlzeit, sondern auch so, an und für sich. Nach anderthalb oder zwei Stunden ist die Leichtigkeit aber von einem Moment auf den andern wie weggeblasen, dann breitet sich eine sagenhafte Schwere aus, und es drängt einen auf eine Liege oder besser noch auf ein breites, sehr kühles Bett, wo man drei Stunden schläft.

Lo und Lu lassen sich nicht dazu bewegen, am Mittag einige Stunden zu schlafen, das ist ganz unmöglich. Deshalb haben La Mamma und ich beschlossen, den Mittag am leeren Strand zu verbringen. Der Entschluss fiel uns nicht leicht, und zeitweise haben wir auch daran gedacht, jeweils einem von uns zu erlauben, ein Mittagsgelage zu sich zu nehmen und dann einige Stunden zu schlafen. Jeder von uns hatte einen Versuch, La Mamma hat überhaupt nicht, ich habe eine halbe Stunde geschlafen, danach saßen wir wieder am Strand und waren zerknirscht, dass wir es nicht schafften, auf ein Gelage zugunsten eines gemeinsamen Mittags zu verzichten.

All diese Versuche liegen jedoch längst hinter uns, jetzt bleiben wir jeden Mittag zusammen am Meer, und ich öffne eine große Flasche köstlich kühltrockenen Wassers, und dann schneiden wir gelbdicke Birnen in kleine Stücke und essen Feigen und Trauben, und jeder von uns sagt mindestens ein Mal, wie gut das alles schmeckt, unerwartet gut, ganz einzigartig, am Ende nehmen wir den Mund meist etwas voll.

Nach dem Essen werden Lo und Lu sogar oft müde, legen sich auf unseren Liegestühle zurück und schlafen, so lange sie eben schlafen wollen, und La Mamma und ich gehen am Ufer des Meeres spazieren und passen auf, dass Lo und Lu nichts passiert.

Oberflächlich betrachtet, sind die Tage am Meer wirklich etwas banal, denn vom späten Nachmittag an wiederholt sich der Tagesablauf noch einmal, nur dass jetzt nicht mehr der große Wal, sondern Burgenbauen und Sandförmchenlegen im Mittelpunkt stehen. Manchmal greift man nach einem Buch oder nach einer Zeitung, aber es geht einfach nicht, Hitze und Meer dulden keine langen Lektüren.

Das Leben am Strand ist ein getreues Abbild der ewig anrollenden und sich ewig verflüchtigenden Wogen, ein einziger auf der Stelle kreisender Stillstand, denke ich oft. La Mamma wird dieser Stillstand manchmal denn auch derart zu viel, dass sie entschieden aufsteht und beginnt, mit schnellen und trotzigen Schritten am Ufer entlangzulaufen, zwei, drei Kilometer, um dem Stillstand zumindest eine Andeutung von Bewegung und Vorwärtskommen entgegenzuhalten.

Ich bewundere sie, ja, ich bewundere all die, die am Strand entlanglaufen, hartnäckig und eifrig, aber ich weiß auch, dass sie das Meer nicht richtig verstehen. Das Geheimnis des Meeres ist seine Stille und Tiefe, man stößt auf sie im Schlund eines Wals oder indem man sich wie Lo unter dem Meer hindurchgräbt oder auch indem man sich mit Maske und Schnorchel verwandelt in einen Lurch.

Und so strecke ich mich, wenn La Mamma der Szene entflohen ist, im Sand aus. Ich bin ein Lurch, denke ich, am Meer muss man ein Lurch sein, nichts sonst. Durch meinen Augenschlitz sehe ich, wie Lu langsam dem Meer entgegenkrabbelt, und wenn ich genau hinhöre, höre ich das helle, hohe Rollen in seiner Kehle, das ich sonst nur von Kanarienvögeln kenne und das er immer anstimmt, wenn er vergnügt ist. Vorne, im Auslauf der Wellen, tanzt Lo, das Wasser spritzt nur so nach allen Seiten, und noch weiter weg, in der Ferne des Riffs, wartet die offene Pforte, durch die ich Lo und Lu führen werde, in drei oder vier Jahren, wenn wir uns längst vorgearbeitet haben bis Reihe eins, Mitte, wo die vollkommenen Traumtänzer liegen, die das Meer an etwas unruhigeren Tagen in ihren Liegestühlen liebend umspült.

Acquaviva Picena – in den Bergen über dem Meer

In den städtischen Zonen direkt am Meer kann es abends und nachts sehr unruhig und laut zugehen. In vielen Strandlokalen wird die halbe Nacht Musik gemacht oder getanzt.

In den Zeiten, als ich mit der Familie dorthin fuhr, sind wir daher nach unseren Strandaufenthalten für die Nacht in einen kleinen, ruhigen Ort in den Bergen ausgewichen. Dort begegneten wir dem eher stillen, ländlichen Leben und hatten auch an den dörflichen Ritualen unsere Freude.

Das Leben in den Bergen über dem Meer habe ich in dem Essay über den Ort Acquaviva Picena porträtiert.

Vom nahen Meer aus sieht man die Häuserlinien des Ortes hoch oben, verteilt auf zwei Hügelkuppen, eine geduckt liegende Katze, die hinaufgeflohen ist in die Berge, wo sie sich jetzt in der Sonne streckt.

Man erkennt das Kastell, das mächtige Rund des Hauptturms, der aber vom Meer aus nichts anderes ist als der Katzenkopf, schwer auf den Boden gesunken. Vom Kastell aus dehnt sich die Rückenlinie des Tieres in braunen Erdtönen über die beiden Hügel, haltend und ruhend. Meerabgewandt, fern erscheint der Ort, eine hohe, stille Schwebe, ein Vorposten der nahen Bergwelt, ein ganz in sich kauerndes Wesen.

Fährt man vom Meer aus den langen Serpentinenweg hinauf, hält sich der Ort noch lange versteckt. Obwohl man kaum mehr als eine Viertelstunde unterwegs ist, zeigt er sich erst ganz zum Schluss des Panoramawegs, um einen dann zu umschließen und einzufangen.

Jetzt, am Ende des Wegs, hat man das Meer verloren, der lange schillernde Anblick des weiten Blaus mit seiner weißen Strandlinie ist Teil einer anderen Geschichte, der Geschichte der Ebene, während hier oben, in Acquaviva, kaum acht Kilometer vom Meer entfernt, eine Geschichte der Höhe geschrieben wird, eine Geschichte aus Stein und Erde.

So hat man innerhalb kürzester Zeit zwei extrem verschiedene Welten erfahren; eben noch gab es nur die unendliche Dehnung des Meeresblaus, die Phalanx der ausfahrenden Schiffe, nichts als Spieltänze auf Horizontalen, während der Ort oben erstarrt scheint in vertikaler Behauptung, die Häuser sich an die Hügel klammern und das Kastell sich mit seinen vier Türmen vierfingrig hält.

Man steigt aus, und plötzlich ist die eigentümliche Stille der Höhe da, kein Rufen, kaum Bewegungen, alles schaut, ist zur Ruhe gekommen. Doch, man sieht das Meer noch, wie ein nicht mehr erreichbares Traumterrain, das Gelände der freien Tage, unernst, heiter. Aber hier oben wird das alles nur noch erinnert; der Blick wendet sich anderen Verhältnissen zu, denen der umgebenden Hügel und denen der Berge, die Schluss machen mit den leichteren Bildern der Ebenen.

Die Landschaft, die man von der Höhe aus gewahr wird, eine beinahe klassische Landschaft der Marken, beschäftigt das Auge mit unendlicher Abwechslung auf engstem Raum. Der ungenaue Blick nimmt nichts anderes wahr als Felder und Weinberge, Olivenbäume, längst verlassene alte Bauernhäuser, schmale, kurvenreiche Wege und Pfade.

Schaut man sich aber in diese Landschaft hinein, so wird man die Abweichungen bemerken, die kleinen Unregelmäßigkeiten, Brüche, Verwerfungen, Schluchten, verstreut versetzte Bäume, eine absonderliche Geometrie der Flächen, die sich nirgendwo beruhigen und die seltsamsten Muster bilden.

Vertieft werden diese Muster durch die changierenden Farben: ein immer wieder ins Dunkle übergehendes Ackerbraun, ein fahler, ausgewaschener Ockerton, ein undeutlich bleibendes Grün ... all das aber nur wie der Untergrund zu den erhabeneren Flächen des Himmels, der sich von den Bergen her auf die Landschaft zurollt. Es ist der Himmel, der diesen Ort berührt, oben vielleicht, an den Turmspitzen des Kastells. Und so gelten die Blicke der Bewohner dem Himmel und seiner beunruhigenden Weite, in steter Erwartung, was kommen wird aus dem Jenseits der Berge.

In der Frühe ist der Ort eine Himmelsterrasse. Jeden, der einen kleinen Weg zurücklegt, springt diese Weite an, die Phalanx der nahen Berge, die an schönen Tagen immer näher zu rücken scheinen wie gewaltige Elephantenherden, das beunruhigende Blau, das über ihre Spitzen tropft. Unten, im Tronto-Tal, stehen die Nebel, kleine aufgeregte Tierherden aus weißem Gespinst, die den alten Fluss umschwärmen und zucken, als hielten sie noch mit dem Mondschein Verbindung. Auf den nahen Hügeln aber beginnt sich die Sonne zu spreizen, wie ein Fächer, der später seine kohledunklen Schatten in die Ritzen der Feldflächen wirft.

Im alten Kern des Ortes, der sich vom Kastell über die Höhenkuppen der Hügel erstreckt, wird die Morgenstille immer schwerer, bis hin zur völligen Reglosigkeit des Mittags. Alles ist Stein, Backstein, steinernes kleines Pflaster, als seien all diese Steine irgendwann aus den mächtigen Türmen des Kastells gerollt, wie bunte, erdfarbene Herbstäpfel, die durch einen Zauber zu Gassen, Häusern und Torbogen wurden.

So erscheinen diese alten Partien, verschlungene Wege, überall Treppchen, die einen verführen, den Berg hinabzusteigen, nur wie Auswüchse oder Ausflüsse des mächtigeren Kastells. Geht man gegen Mittag durch diese Zonen, glaubt man sich inmitten von Burgmauern. Alles hockt dicht zusammen, lautlos, wie in Wartestellung. Über den Dächern kreisen die Vögel, und plötzlich sieht man die einzelne, hilflose Möwe, die sich vom Meer bis hierhinauf verirrt hat, weil sie den kräftigen Blautönen des Himmels vertraute und das Sonnengold auf den Häusern hier oben für verlockenden Glimmer hielt, der tanzt auf diesen Himmelswogen aus Blau.

Die schmalen Gassen, für die jeder Wagen, selbst noch der kleinste, zu breit ist, reizen zum raschen Gang, zum Schleichen entlang der Mauern, zum katzenhaft plötzlichen Sprung seitwärts in eine sich unvermutet auftuende Öffnung. Man lässt sich eine Gassenwelle hinabtragen, erwischt für einen Moment einen Ausblick, steht sekundenlang still und wird wieder hinabgezogen, zur nächsten Eintauchbewegung in diese Wirbel aus Stein.

Der einzige ebene Platz, an dem man länger verweilt, ist der vor der Kirche. Es ist auch der einzige Platz, an dem sich die Bewohner in großen Gruppen, den kleinen Strudeln der sich immer neu bildenden Gesprächsinseln folgend, zeigen. Sonntags, nach der Messe, stehen sie so eine Weile, doch sie verstreuen sich schnell, so eilig es ihnen gelingt, als hörten sie dann und wann geheime Signale von den Türmen des großen Kastells, die ihnen auftrügen, zu einer bestimmten Viertelstunde zu Hause zu sein.

Zum Flanieren taugt nur ein schmaler Streifen unterhalb der alten Zonen, entlang der neuen Straße, die den Ort einmal umrundet. Man geht von der größeren Bar zur kleineren, bleibt dort stehen, um, mit deutlicher Verlangsamung, endlich doch wieder zurückzukehren zur größeren. Die kleine Strecke, die die Männer des Ortes immer wieder abgehen, verknüpft aber mehr als nur die beiden Zielpunkte der Bars. In Wahrheit leuchtet in der Ferne des einen Ziels noch das Meer auf, die Küstenstadt San Benedetto del Tronto, während das andere Ziel auf die Bergregionen verweist, das alte Ascoli, das irgendwo in der Ebene, nahe den großen Massiven, schimmert wie eine braunsilberne Zauberstadt.

San Benedetto am Meer und Ascoli nahe den Bergen – diese beiden größeren Städte bilden so das Raster der Ferne, das der kleine Flaniergang zwischen der größeren und der kleineren Bar andeutet, als könnten die Bewohner von Acquaviva sich noch immer nicht entscheiden, wohin sie gehören.

Schaut man von der Aussichtsterrasse des Ortes hinüber zu den nahen Hügeln, so haben sich auf den größeren ganz ähnliche Ortschaften postiert. Man denkt an jahrhundertealte Feindschaften, an kleine Kriege, die sich an einem Hahnenschrei entzündeten, an jahrelange Belagerungen und ein immer wieder aufgenommenes Anrennen.

Denn obwohl all diese Orte derselben Landschaft der Marken

ganz sichtbar angehören, betont ihre Hügellage doch den trotzigen Widerstand gegen jede Gemeinschaft. Und man vermutet, in jedem dieser Orte werde der Akzent der Region um eine jedem Fremden nicht weiter auffallende Nuance verschoben, so dass jeder Ort in der Sprache seiner Bewohner einen Lieblingston kultiviert, die Lieblingstöne der Orte zusammengenommen aber so etwas bilden wie eine Zwölftonreihe. Wehe dem Fremden, der diese Töne verwechselt! Wehe dem, der, ohne es weiter zu ahnen, in einem Ort den Ton des Nachbarortes anstimmt!

Erst am frühen Abend kommt Acquaviva Picena ganz zu sich selbst. Dann nämlich verlöschen langsam die den Tag über beinahe reizenden Raster der Ferne, die Berge fallen zurück in ihr schweres, animalisches Dunkel, das Meer teicht ein zu einem breiten, schwarztintigen Streifen, und nur die Lichter auf den nahen Hügeln halten noch fest an der Topografie, an gewundenen Straßenzügen, an Toreinfahrten und kleinen, sternförmigen Kreuzungen.

Die Zeit des Abendrots ist die Zeit der Zurücknahme der Bilder, niemand verlässt jetzt noch den Ort, nichts zieht mehr hinaus, und auf den schmallangen Holztischen der Lokale stehen die Bergspeisen, roher Schinken, Käse, Oliven, scharf gewürzte Nudeln, kleine Spieße mit gegrilltem Fleisch.

Und obwohl das Meer so nahe ist, denkt niemand an Fisch, denn Fische sind die Nahrung der fernen, längs des Meeres strandnah schwebenden Lokale, die ein starker Windsturm davonwirbeln könnte... während hier oben, nahe dem sicheren Kastell, nur die Land- und Bergspeisen gelten, große Platten mit Geräuchertem, Dauerndem, die jede Erinnerung an die mollusken Meeresfiguren rasch begraben.

Nachts, in der Tiefe der Nacht, schrumpft der Ort in der Stille aber noch weiter zusammen auf die schmale, feine Linie, mit der die alten Häuser vom Kastell aus die beiden Hügelkuppen umfassen.

Aller Klang gerinnt zu einem einzigen Höhensummen, einem anhaltenden Vibrato, in das sich die Ausdünstungen der Backsteine ebenso mischen wie der Generalbass des Kastells, überlagert von den Zwischenspielen der Steingassen. Die Landschaft ringsum steigt noch ein letztes Mal bis zu den Ringmauern und Toren hinauf, wie eine warme Woge von fern.

Und Acquaviva Picena neigt sich den Innenorganen der Hügelkuppen zu, auf denen es lagert, während auf seinem nächtlichen Katzenfell die kleinen Serien beinahe blinder Laternen blinken, immer stiller und matter, bis hin ins Flackern der Träume.

Epilog 1: Italien zu Haus

Auch in Deutschland ergeben sich viele Möglichkeiten, weiter ein Stück Italien zu erleben. So gehe ich gern in italienische Restaurants, wenn sie ein wenig von jenen Stimmungen aufbewahren, die es auch in der Ferne gibt.

Dazu tragen die oft familiären und freundschaftlichen Atmosphären bei. Vielen italienischen Gastgebern merkt man an, dass es ihnen Vergnügen macht, einen zu begrüßen und zu bewirten. Diese Freude erlebt man sehr direkt mit und verwandelt sich im besten Fall während einer Mahlzeit in einen zumindest partiell südländisch fühlenden und denkenden Menschen, der sich von den Tagesgeschäften und Sorgen im Norden immer weiter entfernt.

Eines meiner Lieblingsrestaurants ist das Luciano *in Köln, ich besuche es seit vielen Jahrzehnten. Heutzutage wird es nicht mehr von Luciano, sondern von seinen Nachfolgern Nunzio und Erasmo geleitet.*

Wenn du das Ristorante *Luciano* in der Kölner Marzellenstraße betrittst, kommt Luciano Falvini sofort auf dich zu. Zum blauen Hemd mit breiter Krawatte trägt er eine schwarze Hose mit weißer, langer Schürze, die Ärmel sind hochgekrempelt, Luciano lacht, er ist froh, dich wiederzusehen, wie geht es, Dottore?, fragt er und führt dich an deinen Tisch.

Ihr plaudert ein wenig, ihr erzählt euch einige kurze Geschichten, dann zieht sich Luciano zurück, und der Tischkellner bringt frisches Brot und eine kleine Schale mit in Öl eingelegtem Gemüse, mit Oliven, Paprika und anderen Köstlichkeiten, dazu das obligatorische »Quarto« Weißwein oder vielleicht auch einen Aperitif, das alles geht rasch, als sollten diese schnellen Handreichungen dich beruhigen und deine gute Laune und die Vorfreude aufs Essen noch steigern.

Luciano Falvini kommt aus dem Veneto, aus einem kleinen Ort in der Nähe von Vicenza, vor jetzt genau 35 Jahren hat er in der Marzellenstraße die kleine Pizzeria »Bella Napoli« übernommen. Anfangs gab es auch bei ihm noch Pizza und Pasta, dann jedoch entschloss er sich, die Speisekarte komplett zu ändern, er nannte sein Ristorante *Luciano* und setzte auf perfekt zubereitete, traditionelle Speisen der Saison, so wurde in Köln das erste italienische Lokal mit gehobenem Anspruch geboren.

Die Karte, die lauter Klassiker der italienischen Küche wie den vorzüglichen Lammrücken, die Kalbsleber »alla veneziana«, gefüllte Kalbsrouladen (»Involtini«), gebratene Seezunge oder frischen Steinbutt verzeichnet, ist seit diesen Tagen dieselbe geblieben und wird daher kaum noch herumgereicht. Die meisten Gäste, die zu 95 % Stammgäste sind, haben sie auch längst im Kopf und orientieren sich nur noch durch einen kurzen, aber intensiven Blick auf die große, kreidebeschriebene Tafel am Eingang, wo saisonale Besonderheiten wie frische Pilze, Wachteln oder beste Kalbsnieren in einer schwerelosen Senfsauce aufgelistet sind.

Daher ähnelt die Bestellung, die du bald aufgeben wirst, einer kurzen Träumerei, in Gedanken gehst du die Karte durch, nippst an deinem Aperitif, bist einen Moment unschlüssig, schaust den vielen Kellnern zu, die durch den Raum eilen, oder blickst durch eine große Glasscheibe direkt in die Küche, wo vier Köche und eine Aushilfe schon dabei sind, den frischen Feldsalat mit zartem Krebsfleisch zu belegen.

Auch dieses große Schaufenster zum offen einsehbaren Küchenterrain mit seinen Gasflammen und Öfen, wo die Köche mit ihren weißen Kochmützen, den dunkelblauen Schürzen und ihren schwarz-weiß karierten Hosen sich blind verstehen und ein Handgriff den andern mühelos ergänzt, hat Luciano Falvini erfunden, anfangs saßen die Gäste wie konsterniert vor der Scheibe und ließen sich nichts entgehen, jetzt haben sie sich an den Anblick gewöhnt und schauen höchstens noch genauer hin, wenn sie sicher sein wollen, genau das richtige, auf die Minute gebratene Stück Fleisch oder Fisch zu erhalten, das sie sich gewünscht haben.

Wenn es voll ist, haben etwa sechzig Gäste im »Luciano« Platz, mittags finden hier vor allem die klassischen Geschäftsessen zu zweit oder dritt, abends aber die festlicheren und ruhigeren Mahlzeiten in kleiner Runde statt, während an den Wochenenden und Feiertagen ganze Familien vorbeikommen und sich an die weiß gedeckten Tische setzen. Luciano Falvini ist stolz, dass er viele Gäste seit Jahrzehnten kennt, manche kennt er sogar von klein auf, er weiß genau, wo sie am liebsten sitzen und welche Speisen sie besonders mögen. Die meisten empfinden das »Ristorante Luciano« denn auch nicht als ein Restaurant, sondern als ihr Ess- oder Wohnzimmer, dessen Einrichtung sich seit Jahrzehnten ebensowenig verändert hat wie Lucianos Freude an der Gastgeberrolle oder das Tempo seiner Kellner.

Du bestellst jetzt, du bestellst eine kleine Vorspeise wie den Meeresfrüchtesalat oder ein hauchdünn geschnittenes Carpaccio, und dann bestellst du doch wieder die Spezialität, den Lammrücken oder den Lammsattel, obwohl du dir jedes Mal vornimmst, etwas anderes zu bestellen. Der junge Kellner, der dich betreut und aus Sizilien kommt, lächelt nachsichtig, er hat nichts anderes erwartet als diese Bestellung, im Grunde hätte er sie sogar selbst aufgeben können.

Jetzt ist alles getan, draußen fährt der bunte Zoo-Express vorbei, du lehnst dich zurück, und plötzlich durchdringt dich die große Ruhe dieses Lokals, es ist eine norditalienische Ruhe, die mit seiner langen Geschichte und seinem unveränderlichen Dasein zu tun hat, im Ristorante *Luciano* nehmen die Gäste sich Zeit, es ist eines der wenigen Lokale Kölns, in dem die Gäste eine wirkliche Mittagssiesta verbringen, von 12 Uhr an über zwei und oft sogar drei Stunden.

Luciano Falvini unterhält sich ruhig mit zwei älteren Damen, die jeden zweiten Mittag hier essen, der zukünftige Präsident des 1. FC sitzt ganz gelassen an einem Ecktisch und führt mit einem freundlich dreinschauenden älteren Herrn vielleicht ein Gespräch über die wirtschaftliche Zukunft des Clubs, im Ristorante *Luciano* nehmen die Kölner mit jeder Minute, die sie hier verbringen, wieder mehr etwas Römisches an, die Verwandlung ist deutlich bemerkbar und führt schließlich dazu, dass sich sonst ernste und geschäftstüchtige Männer beim Hinausgehen enthusiasmiert zuwinken, sie grüßen mit der Zeitung, oder sie umarmen sich sogar kurz, Luciano hat ihnen jene Ausgeglichenheit und Lebensfreude zurückgegeben, von der sie einige Zeit zehren werden.

Dein Lammrücken wird nun serviert, und du beginnst, das rosarote Fleisch langsam von den dramatisch aufragenden Knochen zu schneiden, »heute ist es schön, heute kenne ich alle Gäste«, flüstert Luciano dir zu und bringt dir ein besonders gutes Glas Rotwein, das er im Stillen längst für dich ausgesucht hat, »den müssen Sie probieren, unbedingt, Sie werden nichts anderes mehr trinken, glauben Sie mir«.

Du isst langsam, du trinkst, Lucianos lang gestrecktes, nirgends unterteiltes Wohn- und Esszimmer hat sich jetzt gefüllt, insgeheim freust du dich schon auf die wärmeren und die heißen Tage des Sommers, wenn die beiden Ventilatoren an der Decke unauffällig kreisen oder wenn du draußen sitzen wirst, auf der kleinen Terrasse, neben den dunklen Oleanderbüschen.

Zuvor aber wird Luciano Falvini am 14. Juni, abends ab 18 Uhr, den 35. Geburtstag seines Restaurants feiern, »es wird ein Abend werden, den niemand vergessen wird«, sagt er, es wird ein Straßenfest mit vielen Überraschungen geben, Luciano wünscht sich gutes Wetter, ist sich aber schon beinahe sicher, dass es so kommen wird, denn er sagt vollkommen gelassen und ruhig, »der liebe Gott wird mir helfen«.

Du genießt jetzt das Essen, du erinnerst dich daran, wie oft du hier schon eingekehrt bist, vor über einem Jahrzehnt haben deine Kinder hier noch auf dem deinem Schoß gesessen, jetzt bestellen sie längst Lammrücken wie du oder die dünnen Kalbsmedaillons («Scaloppine«), zu denen hier knusprige Kartoffelscheiben aus dem Ofen gereicht werden. Im *Luciano*, denkst du, hast du einen stillen, behüteten Teil deines Lebens verbracht, in diesem Restaurant warst du immer auf unpathetische Art glücklich.

Du schaust jetzt durch die weit geöffnete Tür, draußen hetzen ein paar eilige Passanten vorbei, hier drin aber, im Restaurant, steht die Zeit still, »nunc stans«, denkst du und ertappst dich dabei, lateinisch zu denken, denn du bist jetzt angekommen im Süden, bei den Gastmählern des alten Lucull, der sich heute Luciano nennt und seine Gäste um sich schart wie der Hausvater die ihm auf Lebenszeit Anvertrauten.

Epilog 2: Meine Italien-Bücher

Schon in meinem ersten Roman (Fermer, *1979 erschienen) spielen Italien und der Süden eine Rolle. Am Ende fasst die junge, kaum mehr als zwanzig Jahre alte Hauptfigur den Entschluss, bald nach Italien aufzubrechen, so, wie ich es selbst etwa im gleichen Alter Anfang der siebziger Jahre zum ersten Mal gemacht habe.*

In Rom spielen mein autobiografischer Roman Die Erfindung des Lebens *(2009), der Goethe-Roman* Faustinas Küsse *(1998), ein Kapitel des Romans* Schwerenöter *(1987), längere Passagen des Tagebuchs* Blauer Weg *(1996) und ein Roman, in dem vom Stipendiatenleben in der Villa Massimo, der* Deutschen Akademie, *erzählt wird* (Rom, Villa Massimo, *2015 erschienen).*

Von meinen realen Rom-Erkundungen habe ich dagegen in Rom. Eine Ekstase *(2009) berichtet und die deutschsprachigen Leser eingeladen, mir auf meinen Spuren durch die Ewige Stadt zu folgen.*

Daneben habe ich einen berühmten Rom-Reisenden, den französischen Schriftsteller Émile Zola, während seiner Rom-Reise des Jahres 1894 begleitet und diese Reise kommentiert (Émile Zola: Meine Reise nach Rom. Übersetzt von Helmut Moysich. 2014).

In Venedig wiederum spielen die historischen Romane Im Licht der Lagune *(1999) und* Der von den Löwen träumte *(2019).*

Meine eigenen realen Wege durch die Lagunenstadt und ihre Umgebung habe ich in Venedig. Eine Verführung *(2004) skizziert und bin auch durch diese Stadt einem anderen Venedig-Reisenden, dem amerikanischen Schriftsteller Henry James, während seiner vielen Aufenthalte gefolgt* (Henry James: In Venedig. Begleitet von Hanns-Josef Ortheil. *2016).*

Vom sizilianischen Leben habe ich in dem Roman Das Kind, das nicht fragte *(2012) in fiktiver Form erzählt. Meine realen Erfahrungen während einer Rundreise auf der Insel findet man dagegen in dem Buch* Die Insel der Dolci *(2013).*

Das Leben am adriatischen Meer und den benachbarten Bergen wiederum ist eingefangen in dem Roman Die große Liebe *(2003).*

Italien-Bezüge findet man auch in Erzählungen und Essays des Buches Die weißen Inseln der Zeit *(2004) sowie in vielen Artikeln und Rezensionen über Bücher anderer Autorinnen und Autoren, die in Italien spielen oder mit Italien zu tun haben. Diese Texte hier aufzulisten würde aber zu weit führen. Ihre Zahl ist einfach zu groß.*

Das Thema »Italien« hat mich also jahrzehntelang beschäftigt, denn all meine vielen Bücher und Texte erlaubten es mir, während ihrer Niederschrift weiter an Italien zu denken und zumindest in der Phantasie in diesem Land zu leben.

Quellenverzeichnis

Erste Ankunft in Rom, aus: Die Erfindung des Lebens. Roman. München 2009, S. 447–466, gekürzt

Goethes Ankunft in Rom, aus: Faustinas Küsse. Roman. München 1998, S. 7–15

In einer römischen Pension, aus: Schwerenöter. Roman. München 1987, S. 345–352, gekürzt

Römischer Hunger, aus: Die weißen Inseln der Zeit. München 2004, S. 78–85, gekürzt

Die zweite Ankunft in Rom, aus: Blauer Weg. München 1996, S. 181–184

Stipendiatenleben, aus: Blauer Weg. München 1996, S. 221–227

Mysterienfeiern, aus: Blauer Weg. München 1996, S. 206–214

Pranzo totale, aus: Blauer Weg. München 1996, S. 235–238

Die dritte Ankunft in Rom, aus: Blauer Weg. München 1996, S. 429–467

Die vierte Ankunft in Rom, aus: Rom, Villa Massimo. Roman einer Institution. München 2015, S. 65–93

Abschied von Rom, aus: Rom. Eine Ekstase. München 2009, S. 160–165

Ankunft in Venedig, aus: Venedig. Eine Verführung. München 2016, S. 11–21

Die Wege des frühen Morgens, aus: Venedig. Eine Verführung. München 2016, S. 22–30, gekürzt

Mit Ernest Hemingway in Venedig unterwegs 1, aus: Der von den Löwen träumte. Roman, München 2019, S. 43–64, gekürzt

Mit Ernest Hemingway in Venedig unterwegs 2, aus: Der von den Löwen träumte. Roman. München 2019, S. 132–146, gekürzt

Im Licht der Lagune, aus: Im Licht der Lagune. Roman. München 1999, S. 102–107, gekürzt

Venezianische Cicchetti, aus: Alessandra de Respinis: Cicchettario. Über-
  setzt von Lotta Ortheil. Mainz 2017, S. 162–171, gekürzt

Venedig mit Kindern, aus: Die weißen Inseln der Zeit. München 2004,
  S. 96–101

Die weißen Inseln der Zeit. Erzählung, aus: Die weißen Inseln der Zeit.
  München 2004, S. 101–114

Die Ankunft in Sizilien, aus: Das Kind, das nicht fragte. Roman. München
  2012, S.9–15, gekürzt)

Ein Gang durch Mandlica, aus: Das Kind, das nicht fragte. Roman. Mün-
  chen 2012, S. 57–64, gekürzt

Das Leben in Mandlica, aus: Das Kind, das nicht fragte. Roman. München
  2012, S. 170–178

Die Geschichten der Einheimischen, aus: Das Kind, das nicht fragte. Ro-
  man. München 2012, S. 222–230

Die Durchdringung der Geschichten, aus: Das Kind, das nicht fragte. Ro-
  man. München 2012, S. 317–332, gekürzt

Die Insel der Dolci, aus: Die Insel der Dolci. München 2013, S. 11–21

Die Fahrt ans Meer, aus: Die große Liebe. Roman. München 2003, S. 5–10,
  gekürzt

Am Strand 1, aus: Die große Liebe. Roman. München 2003, S. 46–53

Am Strand 2, aus: Lo und Lu. Roman. München 2001, S. 102–112

Acquaviva Picena, aus: Die weißen Inseln der Zeit. München 2004, S. 87–93

Epilog 1, aus: Die weißen Inseln der Zeit. München 2004, S. 43–47

Inhaltsverzeichnis

Penguin Random House Verlagsgruppe FSC® N001967

3. Auflage
Originalausgabe August 2020
Copyright © 2020 by btb Verlag
in der Penguin Random House Verlagsgruppe GmbH,
Neumarkter Str. 28, 81673 München
Covergestaltung: semper smile, München
unter Verwendung eines Motivs von © Lotta Ortheil
Satz: Uhl + Massopust, Aalen
Druck und Einband: GGP Media GmbH, Pößneck
cb · Herstellung: sc
Printed in Germany
ISBN 978-3-442-71912-9

www.btb-verlag.de
www.facebook.com/btbverlag

Hanns-Josef Ortheil

Die Mittelmeerreise

Roman eines Heranwachsenden

640 Seiten, btb 71965

An einem heißen Julitag 1967 geht der junge Hanns-Josef
Ortheil mit seinem Vater an Bord eines schwer beladenen
Frachtschiffes. Es ist der Beginn einer abenteuerlichen Fahrt
von Antwerpen durchs Mittelmeer bis nach Griechenland
und Istanbul. Die immer dramatischer werdende Reise führt
dabei weit über alle vorherigen Grenzen hinaus: als großer,
fesselnder Roman einer Odyssee ins Erwachsenenleben.

»Ein großes Vergnügen! Ortheil vermag entspannt zu
erzählen, man lässt sich mit Haut und Haaren auf diesen
realen Lebensroman ein.«
Denis Scheck / WDR 2

»Viel mehr an innerer Bewegung kann man von einem Stück
Literatur eigentlich nicht erwarten.«
Andrea Gerk / Deutschlandfunk Kultur

btb

Hanns-Josef Ortheil

Die Moselreise

Roman

224 Seiten, btb 74417

Im Zentrum dieses ungewöhnlichen Buchs steht das Tagebuch
einer Moselreise, das Hanns-Josef Ortheil als Elfjähriger verfasst
hat und das erkennen lässt, wie wichtig für den kleinen Jungen
schon das Reisen, die Sprache und das Schreiben waren. Ergänzt
wird dieses beeindruckende Dokument durch die Beschreibung
derselben Reise, die der Autor Jahrzehnte später unternommen
hat. Den Abschluss des Buchs macht eine Erzählung darüber,
warum Ortheil in seinem Leben bestimmte Landschaften und
Gegenden immer wieder aufsucht. So führt die Erzähltrias der
»Moselreise« den grandiosen Künstlerroman »Die Erfindung
des Lebens« fort und gibt faszinierende Einblicke in die
Geheimnisse jener frühsten, familiären Bindungen, die einen
Menschen lebenslang prägen.

»Ein zauberhaftes Kleinod!«
Der Spiegel

»Eine Reiseerzählung von großer Grazie.«
Frankfurter Rundschau

»Wahrnehmungsschule, die von innerem Wachsen erzählt.«
WDR 3

btb

Hanns-Josef Ortheil

Die Berlinreise

288 Seiten, btb 74997

Das zweite Reisetagebuch des jungen Hanns-Josef Ortheil.

Anfang der sechziger Jahre hat Hanns-Josef Ortheil zusammen
mit seinem Vater eine Reise in das geteilte Nachkriegsberlin
unternommen. Es ist eine Reise zurück an die Orte, an denen
sein Vater und seine Mutter als junges Paar während des
Zweiten Weltkriegs gelebt haben. Geduldig und fasziniert
hört er zu, was der Vater ihm von dem Leben damals erzählt.
Instinktiv begreift er, welche Bedeutung Berlin für das Leben
seiner kleinen Familie hatte und für ihn immer noch hat.
Tag für Tag notierend und schreibend, sucht der gerade einmal
zwölfjährige Junge sehnsüchtig nach einer Verbindung zu
dieser Welt.

»Eine wunderbare Lektüre – unterhaltsam, nachdenklich,
lebendig und vor allem voller Herz.«
Focus online

btb